生協くまもと

ふるる葬
Fleur

① ㈱落合葬儀社 〒864-0041 荒尾市荒尾 830-2 TEL　0968-62-0149	② ㈲石原葬祭 〒869-0223 玉名市岱明町中土 955 TEL　0968-57-0221	③ ㈲大石葬祭 〒865-0016 玉名市岩崎 405-4 TEL　0968-74-4646	④ ㈲かずや 〒865-0023 玉名市大倉 1408-1 TEL　0968-73-3420
⑨ 歌岡葬儀社 〒869-1233 菊池郡大津町大津 1230-1 TEL　096-293-2057	⑩ 菊陽葬儀社肥後和の会 〒869-1102 菊池郡菊陽町原水 1546-2 TEL　0120-939-753	⑪ ㈱清峰院 〒869-2612 阿蘇市一の宮町宮地 4375-1 TEL　0967-22-5525	⑫ ㈲明徳屋葬祭 〒861-0134 熊本市北区植木町舞尾 626-2 TEL　096-272-0244
⑰ 石橋葬儀社 〒860-0022 熊本市中央区横紺屋町 4 TEL　096-352-0694	⑱ ㈱出雲総業 〒860-0811 熊本市中央区本荘 6-2-23 TEL　096-363-0123	⑲ ㈱三島葬祭 〒862-0941 熊本市中央区出水 1-1-28 TEL　096-364-1227	⑳ ㈲託麻葬祭センター 〒861-8034 熊本市東区八反田 3-1-10 TEL　096-380-2176
㉕ ㈲伊津野公益社 〒861-4201 熊本市南区城南町坂野 38 TEL　0964-28-1128	㉖ ㈲葬祭公社 〒861-2231 上益城郡益城町安永 652 TEL　096-286-2258	㉗ ㈲藤木屋 〒861-3207 上益城郡御船町御船 791 TEL　096-282-0053	㉘ 矢部葬儀社 〒861-3514 上益城郡山都町城原 159 TEL　0967-72-0044
㉝ ㈱西山葬儀社 〒869-3601 上天草市大矢野町登立 187-6 TEL　0964-56-0132	㉞ ㈲大佛堂 〒863-0022 天草市栄町 6-17 TEL　0969-23-5969	㉟ ㈲一礼社 〒863-1901 天草市牛深町 1551-42 TEL　0969-73-4411	㊱ ㈲蓮田仏具店 〒869-5303 芦北町大字小田浦 1-28 TEL　0966-87-0115

お気軽にお問い合わせください

経済産業大臣認可

全日本葬祭業協同組合連合会
〒108-0075 東京都港区港南２丁目４番１２号　港南ＹＫビル４階

御船町 甲佐町 山都町にお住まいの方へ
葬儀・法要
「御船警察署近く みふね草庵」
熊本市及び嘉島町にお住まいの方へ
葬儀・法要
「コストコ近く くまもと草菴」
椿 厳かに亡き人想う式場
楓 光そそぐ四季の庭ある小式場
藤木屋のおもてなし
「みふね草庵」では、老舗の料理屋が運営する会場だからこそ、美味しいお料理でお客様をおもてなし致します。
創業132年
「藤木屋本店」
仕出し料理・佛壇・佛具
法要・お節料理・引出物・ギフト
〒861-3207
上益城郡御船町大字御船 791
TEL:096-282-0053

大佛堂
追憶の心
祈りの心
安心を届けよう
それが私たちの合い言葉。
大佛堂直営・仏事会館
天壽殿
☎0969-22-0002
〒863-0001 天草市本渡町広瀬465-2
仏事会館
ありあけ天壽殿
☎0969-52-0080
〒861-7314 天草市有明町大島子2841-1
大佛堂本店 ☎0969-23-5969 〒863-0022 天草市栄町6-17

Contents①

第1章

第2章

本書に掲載したデータや金額の目安は、特に断りのない限り、
2023年8月時点で確認したものです。

本書は一般的な葬儀と法要について記載したものです。
実際に葬儀や法要を行うとき、詳細は葬儀社などにお問い合わせください。
また、各種手続きを行う際は、必ず関係機関の窓口にご確認ください。

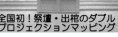

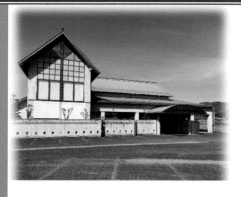

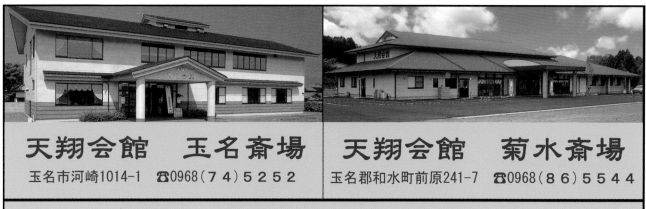

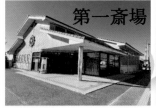

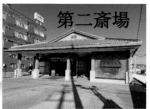

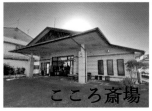

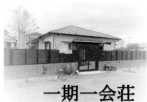

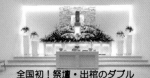

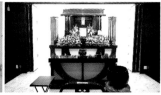

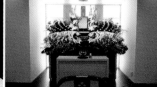

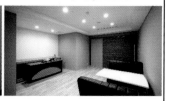

Contents②

第3章

第5章

第4章

第1章 終活のススメ

～どうする？ 葬儀・お墓・財産分与～

●どうする？「終活」　気になる5つの疑問
●自分の考えを家族に伝えよう
●さまざまな葬儀スタイル
●葬儀社選びと生前予約
●さまざまな埋葬スタイル
●お墓を準備する
●先祖の墓の改葬
●遺言について
●遺言書の作成例
●遺言の撤回と変更
●生前贈与を活用する
●贈与契約書の作成例

どうする？「終活」気になる5つの疑問

Q1 よく見聞きする終活って何ですか？

終活の定義は「誰にでもやってくる最期を受け入れ、人任せにせず、自分らしく、生き生きと暮らすための活動」というものです。決して、人生の終末へ向けた準備だけを指すものではありません。これまでの自分の人生を振り返ることで、この先の人生に目的と希望を見いだし、より楽しく生きるために行うものです。つまり、終活は人生を再起動させるための取り組みの一つといえます。

Q2 終活は何から手を付けるべき？

まずは自分の人生を振り返る作業から始めるべきです。そうすることで、今後の人生に目標を持って過ごすための方法が見えてくるはずです。

次にそれを家族と共有できるよう、「エンディングノート」「遺言書」「自分史」などの形として記録する必要があります。

特に、家族とのコミュニケーションが生まれ、形式や書き方にとらわれることなく自由に記せるエンディングノートはお勧めです。

Q3 終活の目的について教えてください

終活の最大の目的は、今をどう楽しく、生き生きと暮らすかを考えることです。そのためには、人とのつながりは重要になってきます。特に一人暮らしをされている人は、「家族や親戚と連絡をまめに取り合う」「近くで一緒に笑える人、困ったときに相談できる人をつくる」など、とにかく孤独感に襲われないようにすることです。また、介護や延命治療が必要になったとき、そして自分の葬儀やお墓、供養の仕方についてなど、家族に伝えたいことをしっかりと伝えておくことも、終活の役割です。誰しも自分がこの世を去った後、遺族が困らないようにしたいはずです。そうした意味でも、終活は家族との絆を深める取り組みでもあるのです。

Q4 エンディングノートと遺言書の違いは？

エンディングノートは備忘録であり、家族への手紙でもあります。そしてそれは、自身の死後も故人の存在をいつまでもそばに感じることができるものとして、大切な家族を支えるアイテムとなるでしょう。エンディングノートに取り組むことで、家族と話す機会が増えればなお理想的です。

気をつける点は、エンディングノートは遺言書と違い、法的な効力が一切ないことです。財産の分け方について詳細を明記しても、その効力は発揮されません。自分の葬儀やお墓の希望、延命治療などに対する考えを伝えるのがエンディングノート。財産の分け方については遺言書と、それぞれの違いを理解し活用しましょう。

Q5 自分らしいお葬式をするにはどうすればよいですか？

人生の集大成ともいえる自分の葬儀をどうしたいのか。まずは自分らしい葬儀について、真剣に考えてみることです。遺族にとっても、故人の考えを遺志と受け止め、それを葬儀に反映させられたことが、後々心のよりどころとなります。

自分自身が後悔したくない、家族に後悔させたくない。または、余分な費用で負担をかけさせたくないと思うなら、一度葬儀社に相談してみることをお勧めします。

元気なうちから備えよう

そろそろ意識してみませんか。身の回りの整理

エンディングノートをいきなり書くことは難しいかもしれません。エンディングノートは万が一のときに大切です。でも人生の振り返りがなかなかできなくて、途中で書くことをやめてしまう方が多いのです。書いても現実味がないのだと思います。

実は、エンディングノートが書きやすくなる方法があります。それは、近年注目を集めている生前整理を正しい順番でやるといいのです。生前整理では、まず物を整理してから心を整理していきます。物を整理というのは、思い出の品や写真を整理するということ。心を整理とは、これまでの人生を振り返り、そして、自分らしい生き方を考えていくということです。思い出の品と写真を整理していくと、昔のことを段々と思い出していきます。そのときに自分が感じた気持ちも自然に思い出します。そうすると、人生の振り返りがしやすくなってエンディングノートが書きやすくなるのです。

最初にする思い出の品の整理は、4分類で行います。4分類というのは、「いる＝使っている」「いらない＝使っていない」「迷い＝8秒迷ったら、半年後に再考」「移動＝場所の移動・思い出箱」です。思い出の品は、両手で持てるミカン箱くらいの大きさの「思い出箱」に入れておきます。思い出の品が「思い出箱」にまとまっていると、思いっきり思い出に浸ることができます。施設入居時や災害時にも持ち運びしやすくなります。

写真の整理では、生まれたときから現在までの大量の写真の中から、「とびっきりの私」が写っている写真を30枚選びます。ベストアルバムを作るのです。ベストアルバムが1冊あるだけで安心しませんか？　悲しいことがあったとき、寂しいときに「とびっきりの私」が写っている写真を見ると元気を取り戻せることがあります。心の支えになりますよね。

生前整理は高齢者がするものというイメージがあります。でも年を重ねると記憶力や判断力が弱くなります。体力も落ちてきます。元気なときに、若いうちに、一度立ち止まってみませんか？　物を整理して、心を整理してみませんか？　そうすることで、これからの人生をどう生きたいのかが見えてきます。生前整理は、毎日を明るく楽しく生きるための「生き活」なのです。

自分の考えを家族に伝えよう

遺言
予算
お墓の希望
残された家族
残された人たちのことを考えて、人生をどう締めくくりたいかを考えましょう

人生の最期について考える

葬儀は、亡くなった人が安らかに眠れるように祈るとともに、残された人たちが最愛の人の死を受け入れるための、大切な儀式でもあります。元気なときから、自分がどのように人生を締めくくりたいかを考え、家族に伝えておくことは、見送る側の葬儀への不安や不満、戸惑いを和らげることになるのです。本書巻末のエンディングノートを活用するとよいでしょう。

シングルや子どものいない家庭こそ

最近では、親と子の世帯が同居することも減ってきたため、一人住まいの親が突然亡くなったときには、日ごろの交際範囲などが分からず、戸惑うことになります。また、子のいない家庭や、シングルで過ごす人の場合だと、万が一の際には遠戚が勝手の分からぬまま葬儀を行うこともあるでしょう。

きちんと人生を締めくくりたいと思うのなら、自分の葬儀や遺体、お墓について、どのようにしてほしいのかを周囲の人に伝えておきましょう。

特に子のいない家庭やシングルの場合は、お墓など生前から準備しておけるものに関しては、自ら整えておくと安心です。

きちんとした文書に残す

普段の会話の中で、軽い調子で「葬式はやらなくていいから」などと言われても、どこまで本気なのか、聞いた側は真意を測れません。

葬儀や遺体の扱い、お墓などについて具体的な望みがあるのなら、口頭ではなくきちんとした文書で残し、家族に伝えておきましょう。もし葬儀の行い方について親族間でもめても、文書があれば「故人の希望なので」と方向性が定まりやすいものです。

自分の葬儀を考えるポイント

形式

まず、どのような形式の葬儀をしてもらいたいかを考えます。仏式、神道式、キリスト教式、信仰している宗教にのっとった形式、あるいは無宗教形式など、どれにしたいのか。また大勢の人に集まってもらいたいのか、家族だけで送ってもらいたいのかなどを明記しましょう。

喪主

誰に喪主になってもらうかは、葬儀を行う上での重要なポイントです。一般的には配偶者や子ですが、シングルの場合や希望があるならば明記し、できれば本人にも直接頼んでおきます。

費用

「自分の葬儀にはできるだけお金をかけてほしくない」と思うのなら、やはりきちんと文書に残し、誰でも納得のいく形で意思を表明しておくことが大切です。

また、葬儀費用について遺族に負担をかけたくないならば、自分で用意することも考えます。最近では葬儀社の「生前予約」のシステムを利用すれば、自分の希望する葬儀には具体的にいくら費用がかかるのかを見積もってもらえます。

葬儀の前に準備しておきたいこと

菩提寺の確認

自らの葬儀に特別な希望がなくても、遺族が戸惑わずに済むよう、最低限の準備はしておきましょう。

日ごろ、お寺との付き合いのない家庭では、菩提寺《ぼだいじ》がどこなのか遺族が分からないことがあります。墓地が寺院にある場合は、葬儀の際に菩提寺の僧侶にお願いしなければならないので、連絡先などを確認し、きちんとメモに書いておきます。

葬儀社に僧侶を紹介してもらう場合も、宗派を伝える必要があるので明記しておきます。

遺影用の写真

遺影に使ってほしい写真がある場合は、すぐに分かるところにしまい、家族に伝えておきます。

死後、葬儀の準備で慌ただしい中、ふさわしい写真を選ぶのはひと苦労です。本人が希望する写真が複数枚あると家族は助かりますし、心を込めて遺影と語り合うことができます。

連絡先のリスト

自分の人間関係について、家族がすべて把握しているとは限りません。

危篤になったときや死亡したときに誰に連絡してほしいのか、葬儀には誰に来てもらいたいのかをリストにしておくと安心です。家族も連絡漏れがないかどうか悩まずに済みます。

トラブルを防ぐために

生前戒名について

戒名(法名・法号)とは、本来は生前に授かる仏教徒としての名、つまり生きているうちに受ける名前です。お寺から戒名を授かっておけば、もちろん亡くなったときに使えます。残された人が「戒名代」に頭を悩ますこともなくなります。自分の好きな文字を使ってもらうこともできるので、菩提寺に相談しましょう。

お墓について

「戒名はいらない」と希望しても寺院にお墓がある場合、戒名がないと埋葬できないケースがほとんどで、新たに墓所を求める必要が生じるかもしれません。故人の遺志に沿った結果、先祖代々の墓に入れなくなると、遺族は頭を悩ませるものです。自分の希望する葬儀やお墓は実際にできるものなのかを考慮しておきましょう。

さまざまな葬儀スタイル

身内だけで別れの時を過ごす家族葬

近年、自分の葬儀は身内だけで静かに見送ってもらいたい、と考える人が増えているそうです。このように家族をはじめ、ごく親しい友人だけで行う葬儀を家族葬といい、葬儀の準備や会葬に追われることなく、ゆっくりと故人をしのぶことができるというメリットがあります。

しかし、限られた間柄の人だけの見送りとなるため、特に年配の方や世間体を重んじる親戚からは、同意を得られないこともあるようです。

家族葬を希望する場合は、普段からその意思を家族に伝えるとともに同意を得て、さらに、きちんと文章でも残しておきましょう。

家族葬の形を決めるための9カ条

❶ 誰が喪主になるのか

家族葬でも宗教葬の場合は喪主が必要。一般的には配偶者、子、兄弟姉妹、孫などの中から、身内の状況に応じて喪主を決めること。無宗教葬でも代表者は必要。

❷ 予算の目安は

たとえ身内だけであっても、葬儀の内容によっては一般的な葬儀とそれほど費用が変わらないケースもある。

❸ 葬儀社はどこにするのか

家族葬を行っている葬儀社を調べておき、可能ならば事前に相談しておくこと。棺《ひつぎ》、火葬場、霊《れい》柩車《きゅうしゃ》の手配は、葬儀社に任せたほうがスムーズ。

❹ 会場はどこにするのか

自宅で行うのか、式場を利用するのか。自宅の場合は、隣近所に「故人の願いで家族葬を営む」ことを説明し、理解を得ておくことが重要。

❺ 宗教はどうするのか

宗教葬か無宗教葬か。宗教葬はどの宗教のどの宗派で、どの寺院(教会)に依頼するのかなどを決めておく。

❻ 不幸を知らせる範囲

親族や親しい友人・知人など、どの範囲まで知らせるか。

❼ 香典・供物・供花は受け取るか

親族や親しい友人を葬儀に招く際には決めておくこと。葬儀後の対応も同様に。

❽ 死亡通知をどうするか

葬儀の後、いつごろどのような形で死亡通知をするか。故人が生前にあいさつ文を用意しておくという方法もある。

❾ お別れ会は行うのか

身内での葬儀が終了した後、友人・知人を招いてお別れ会を開くかどうか。

通夜を行わない一日葬もある

一般葬と一日葬で大きく異なる点は、一日葬では通夜が省かれるということです。特に喪主や遺族が高齢で、体力的な負担をかけられない場合などに利用されるスタイルです。

ポイントは、本来執り行うべき通夜を省くわけですから、まずは菩提寺にその旨を相談すること。そして、誰に参列してもらうのかをしっかりと決めておくことです。

より自由を求めるなら無宗教葬という選択も

僧侶による読経などは行わずに、楽器を演奏するなど、特定の宗教や宗派にとらわれない自由な形式の葬儀を無宗教葬、または自由葬といいます。

この葬儀には、次のようなメリットが挙げられます。

●慣習や伝統に縛られることがなくなる
●自分で葬儀を企画できる
●生前の仕事や趣味に合わせた葬儀ができる
●祭壇などにかける費用を自由に決められる
●遺族や参列者に宗教的な問題があっても全員が参列可能

このように、無宗教葬は周囲の理解や協力を得ることができれば、本当に自分にふさわしい葬儀にすることが可能といえるでしょう。

自由なだけに問題点も多いのがデメリット

無宗教葬の最大の短所は、周囲の理解を得られにくいことです。特に年配の方や世間体を重んじる人は「葬式は仏式で」「葬儀はきちんと行いたい」という気持ちがより強いもの。無宗教葬はこうした親族に対して、後のしこりとならぬようきちんと理解を得ることが大切です。

そのためには自分が生前にしっかりと意思表示をし、その思いをエンディングノートなどに書き残しておくことです。「父の最後の願いです」と説得すれば、親族も首を横に振ることはないでしょう。

菩提寺に埋葬されないということもある

戒名を受けない無宗教葬では、先祖代々の墓への納骨ができない場合もあります。どうしても埋葬したい場合は、菩提寺と相談しなければなりません。場合によっては新たに墓を用意することになるでしょう。また、もともと菩提寺がない場合には、宗教・宗派を問わない霊園や公園墓地などを購入すれば問題はありません。

そもそも私たちは、親戚や地域とのつながりのなかで生きてきましたので、個人との最期のお別れの場面を設けることも大切なことです。

葬儀社選びと生前予約

葬儀業者・団体にはさまざまなスタイルがある

葬儀社には地元密着型の中小規模の業者から、チェーン展開によって知名度も高い大規模な業者があります。

自分の希望する葬儀スタイルに合わせて、比較検討することをお勧めします。

地元に密着した葬儀社

その土地の風習や慣習に詳しく、地域のしきたりなどもよく心得ているのが、地元密着型の最大のメリットです。寺院や斎場との付き合いも長いでしょうから、遺族にとって不慣れな葬儀も段取りよくこなしてもらえるでしょう。

無宗教葬や家族葬など、新しい葬儀のスタイルにも柔軟に対応してくれるのが葬儀社です。料金プランの明確なところも安心できます。また、ホームページや相談窓口を設けているところも多く、気軽に葬儀内容について質問ができます。

具体的な葬祭専門業者

葬祭業協同組合加盟の葬儀社

各都道府県にある葬祭業協同組合の連合会を、全日本葬祭業協同組合連合会（全葬連）といいます。全葬連は経済産業大臣の認可を受けているといった安心感もあります。

互助会

冠婚葬祭に関する費用を事前に積み立てておき、いざというとき合理的かつ経済的に運用できるようにと生まれた組織が「互助会」です。

葬儀の場合は毎月一定額を積み立てることによって、契約したサービスが受けられます。払い込み回数や金額に応じてコースが用意されているので、希望のコースを選択することになります。仮に満期前に死亡した場合も、差額を納入すれば利用できますが、契約したサービスを受けずに途中解約すると、原則として解約手数料がかかります。

万一のときは加入済みの互助会に連絡することで、打ち合わせから通夜、葬儀・告別式まで、全て任せることができます。

各組合による葬儀サービス

生活協同組合（生協）

生活協同組合の中には、組合員を対象とした葬儀事業を行っているところがあります。実務は提携している専門業者が行うことが大半ですが、割安で利用できるところが多いようです。生協の葬儀サービスは組合員でなければ利用できません。

農業協同組合（JA）

農業協同組合（JA）においても、葬儀事業は扱われています。サービスの内容は各JAによって異なりますが、基本的には葬儀の一切を自ら請け負うところが大半です。しかし、場合によっては提携している葬儀社に業務を委託するところもあります。

JAも基本的には組合員が対象ですが、地域のJAに問い合わせてみるのもよいでしょう。

自分らしい葬儀をするための生前予約

生前予約は自分の死後、自分らしい葬儀を行ってもらうため、自分が元気なうちに葬儀の形式や内容、費用を予約するシステムです。自身が息を引き取った際には、契約通りの葬儀が営まれます。

このプランのメリットは、自分の葬儀内容や費用が適正か、自身で冷静に判断できる上、亡くなってからは家族も故人の遺志がかなったことで後悔することがないということです。

葬儀社と契約を交わす際は各社を比較し、納得できるプランを選びましょう。

生前予約の費用は生命保険などでも支払える

残された家族に、自分の葬儀費用などで負担をかけさせたくない。誰もがそう考えることでしょう。

生前予約においてその費用を支払う場合は、一括払いや積み立てといったケースが多いようです。またその他の支払い方法としては、生命保険や損害保険を利用することも可能です。仮に生命保険では、死亡保険金を支払いに充てるため、予約時に葬儀費用が十分でなくても、葬儀を行うことはできます。

いざというときのために！

葬儀費用が即時払いされる金融商品

生前予約は自分でデザインする葬儀ですから、費用もできるだけ自分で用意しておきたいものです。

生命保険会社の中には、葬儀費用の支払いなどに対応した商品を設けているところもあります。

また、信託銀行においても「葬儀費用信託」などの商品があるようです。

生前契約のチェックポイント

●解約はできるのか

契約の解除が可能か否か確認する。また可能な場合、手数料や違約金についてもチェックしておく。

●契約の内容変更は可能か

葬儀内容を変更したいと思ったときに、内容の見直しが可能かどうか。またその際の手数料はどのくらいかかるのか。

●費用の支払いに問題はないか

葬儀費用の支払いに利用する生命保険や金融商品などの元本が保証されているか。また、金融機関の保全システムは万全か。

●葬儀社自体の信頼性は

契約会社の評判はどうか、信頼できるか。仮に破たんしたときの補償はどうなるのか。

さまざまな埋葬スタイル

埋葬のスタイルもさまざま

お墓

お墓にはいくつかの種類があり、その代表となるのが親から子へ、子から孫へと代々受け継がれていく「家墓」です。この家墓が最も一般的であり、累代墓、代々墓、先祖墓などとも呼ばれ、必ず子や親族が承継して守っていかなければなりません。

しかし、近年ではライフスタイルの変化によって、家や墓に対する考え方もこれまでの慣習にとらわれなくなりつつあるようです。家から個人・夫婦のための墓を建てる時代なのかもしれません。

個人墓・夫婦墓

その名の通り、本人または夫婦だけで入ることを限定とした墓です。特に夫婦墓は子がいる・いないにかかわらず、承継しないことが前提となります。そのため、この二つの墓については永代供養の契約を条件にしている墓地が一般的です。

永代供養墓

家族ではない2人以上の遺骨を一緒に埋葬し、承継を考えない墓を永代供養墓といいます。個人墓や合葬墓、集合墓などがそれにあたります。

墓の埋葬方法も、個別の納骨堂に納めた後に合葬する方法や、初めから合葬するケースなど多様化しています。納骨のスペースも巨大なお堂からロッカー式のものまで、さまざまなスタイルがあるようです。

両家墓

お互いに家墓がなく、一人っ子同士が結婚したときには、新しく二つの墓が必要になります。これを一つにしたい場合に両家墓とします。

また、すでに墓を持っている場合でも、両家の

お墓の承継とは?

仏壇や墓などを継いで守っていくことを「承継」といい、継ぐ人を「祭祀承継者」といいます。かつては長男が承継者となることが一般的でしたが、現代では遺言やさまざまな理由で長男以外が承継することもあります。跡継ぎがいない家では、親族が承継する場合もあります。

墓を一つにすることも可能です。両家墓にすることで、費用削減、管理の手間も半分で済むという利点もあります。さらに、墓には両家の実名を刻んだり、先祖代々の墓として家墓にすることもできます。

手元供養

遺骨をお墓に納めず、自宅に安置して供養する方法が手元供養です。中でも近年では、遺骨の一部を分骨して手元に置くスタイルが主流のようです。遺骨を埋葬・収蔵する際には、誰の遺骨なのか証明する必要があります。まず、火葬場または墓地で分骨を行い、管理者から「分骨証明書」を発行してもらいましょう。

　手元供養の方法としては、遺骨や遺灰（遺骨を細かく砕いたもの）をインテリアにも合う小さな骨壺《こつつぼ》に納めたり、ペンダントなどに納めアクセサリーとして身に着けます。

自然葬

遺灰を海や山に散骨することを自然葬といいます。これは、まいた遺灰がやがて自然に返ることから、人間にとってごく自然な埋葬方法である、というのがその根源となっています。近年この自然葬に関心を持つ人が増えてきました。主な自然葬は次の通りです。

海洋葬

自然葬の中で最も一般的な散骨が海洋葬です。最近は海洋葬を扱う葬儀社も増えてきたことから、何組かの遺族と合同で散骨を行うようです。

　仮に個人でこの海洋葬を行う場合は、船を自分で手配するという手間と費用がかかります。さらに、海水浴場や養殖場、漁場、釣り場、海上交通の要衝は避けるといった、場所の選定にも気を配らなくてはいけません。また、自らの安全にも十分な注意が必要となってきます。

樹木葬

遺骨を骨壺に入れずに、直接樹木の下に埋める埋葬スタイルです。

　散骨と違う点は、遺灰をまいて自然に返すのではなく、墓地として許可を得ている里山などに、直接遺骨を埋葬するということです。近年樹木葬が行える寺院や霊園も増えています。

散骨は遺骨の一部にとどめる

たとえ散骨を望んでいたとしても、家族や親族に理解してもらえない場合もあるようです。こうしたときは、通夜や葬儀は一般的な仏式などで行い、火葬後も遺骨の大部分は家墓に納骨します。そして遺骨の一部分だけを、故人の遺志に沿って散骨するという方法をとるとよいでしょう。

【購入したお墓の種類】

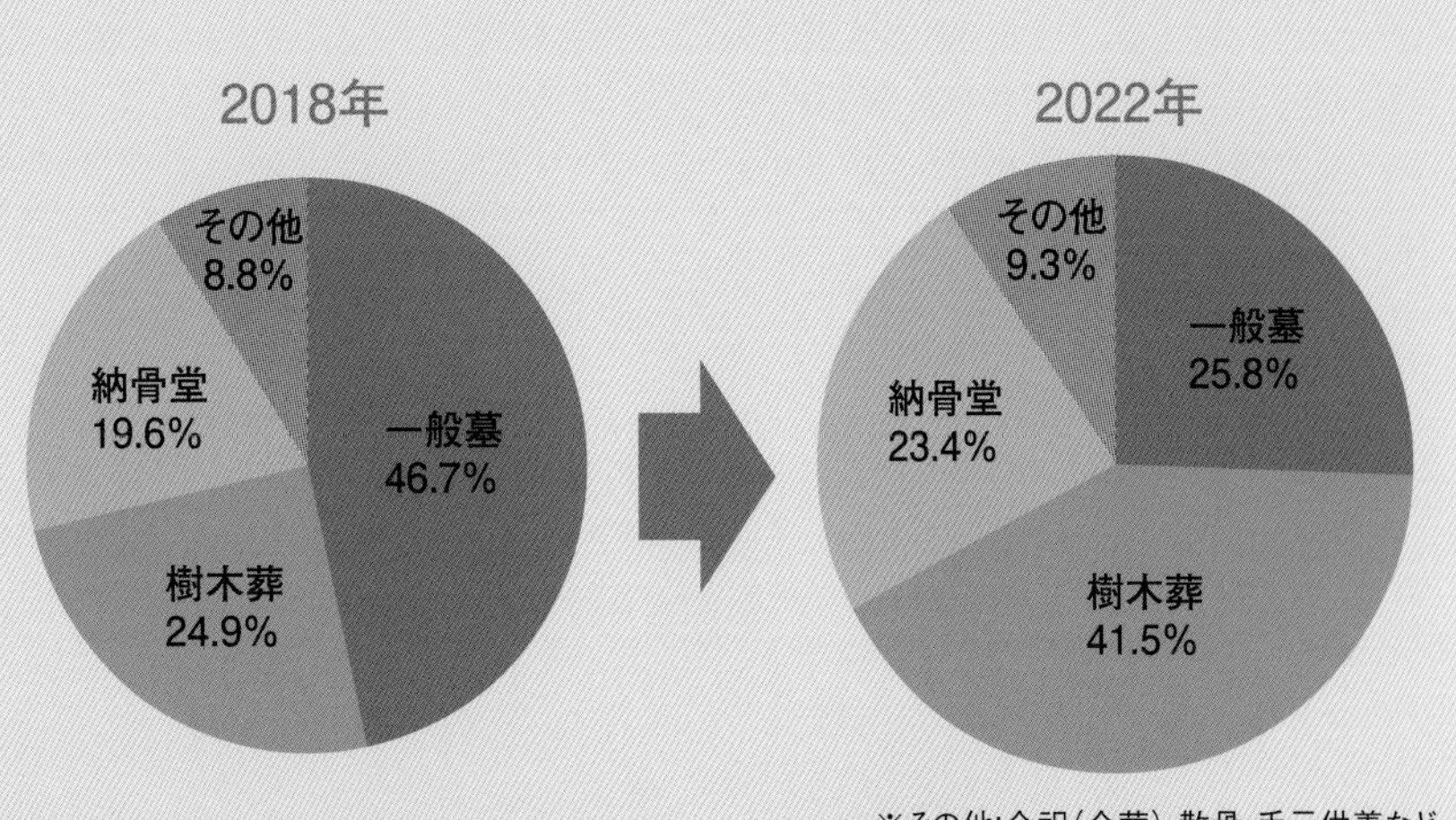

※その他：合祀（合葬）・散骨・手元供養など

お墓の情報サイト「いいお墓」「第13回お墓の消費者全国実態調査（2022年）」より

お墓を準備する

先祖代々の墓を引き継ぐ

自家に先祖からの墓があり、自分もその墓を引き継ぐことが決まっている場合は、現在誰がその墓を管理しているのかや、毎年の管理費などを調べておく必要があります。さらに、自分の後に引き継ぐ人を誰にするのか決めておかなければなりません。

もしも自分に子がいない場合は、自分が墓の管理を引き継がないという選択肢も踏まえた形で、家族とよく話し合うことが大切です。

お墓がない場合は新たな購入を検討する

そもそも墓がないという場合は、墓を新しく用意することから始めます。購入するまでに次の要点を決めておけば先行きも安心です。

まず肝心なことは「どこに」「どのような」墓を建てるのか。そして予算は「いくら」で、その墓には「誰が入るのか」、またその墓を「引き継ぐのは誰」なのかを、最優先に考えておくとよいでしょう。

墓地の種類とその特徴

各地方自治体が運営する「公営墓地」、寺院が管理する「寺院墓地」、財団法人や企業などが管理する「民営墓地」と、墓地の種類には経営母体に合わせて3タイプあります。それぞれの特徴や購入に際しての条件は下の表の通りです。

それぞれの墓地のメリット（〇）&デメリット（×）

公営墓地	〇宗教や宗派を問わず利用が可能。 〇永代使用料や管理費が民営に比べ安い上、倒産の心配がほとんどない。 ×自治体の住民でなければ、墓地を購入することができない場合が多い。 ×募集時期が限られていることが多く、その競争率も高い。 ×納骨する遺骨がないと、購入の権利を与えてもらえない場合もある。
寺院墓地	〇寺院が管理しているので、管理が行き届いている。 〇法要の際など、寺院が隣接しているため便利。 ×宗教や宗派が限定されていることが多い。 ×菩提寺との付き合い（寄付やお布施など）が必要となる場合もある。 ×自由な形のお墓がつくれない場合もある。
民営墓地	〇宗教や宗派を問われることなく、誰でも利用できる。 〇墓地数も比較的多いことから、いつでも購入が可能。 ×公営と比べると、永代使用料や管理費が高め。 ×管理の質にバラツキがある。 ×永続性に保証がない（経営母体の破たんもありうる）。

家族との相談も重要

お墓を家族に黙って用意したばかりに、最後の契約で反対されて購入が白紙になったり、自分の死後に家族間や親戚とトラブルになるケースもまれにあるようです。まずは、承継を前提としたお墓にするのか、承継しないのかも含め、家族との話し合いは不可欠といえます。場合によっては、親戚にも相談することが必要でしょう。

また、「生前にお墓を建てると縁起が悪い」とか「生前墓は長寿を祈願する寿陵だから縁起がよい」といった話も聞かれます。そうした縁起の真相は定かではありません。ただ、お墓といった死後に関することを相談すると「まだそんなときじゃない」と、あまり快く受け入れてもらえないこともあるようです。ですが、きちんと話をすることで、お墓に関する配偶者や子どもの考えを聞くことができるはずです。

生前墓なら自分の好みを反映できる

お墓は死後に必要になるものなので、今から考えることは気が重いという方もいると思います。ですが、お墓を生前に用意することで、次のような安心感や利点を得ることができるのです。

①自分の死後、お墓による家族間のトラブルを回避できる

②自身のこだわりをお墓に反映することができる

③配偶者や子どもが非課税でお墓を相続することができる

自分のエンディングに対するイメージがしっかり固まっていたり、家族への負担を減らしたいと思っているなら、生前墓を建てるメリットはあるといえるでしょう。

生前墓は時間的・事務的な手間が減る

普段から「自分の死後はすべて家族に任せる」「好きなように」と伝えていても、いざその時を迎えた家族は、困惑するかもしれません。家族間でのトラブルの原因にもなりかねないでしょう。自分の死後、そうした家族の心的負担や、墓地を探して奔走したり、お墓を建立するための手続きといった、時間的、事務的な手間を減らしたいと思う場合も、生前墓は有効といえます。

お墓は気になり始めたときが準備のタイミングです。公営墓地、寺院墓地、民営墓地のメリット、デメリットを参考に家族と話し合い、納得のいくお墓を建てましょう。

先祖の墓の改葬

先祖代々の墓を移す「改葬」

遠く離れた先祖代々の墓を、現在の住まいの近くへ移動する、または新しい墓に遺骨を移すことを「改葬」といいます。

改葬するためには、まず新しい墓地を確保しなければなりません。墓地選びは場所や予算(墓地使用料・管理費)はもちろん、宗教や宗派、遺骨を納めるスペースなどの確認が重要です。

また、改葬にはさまざまな手続きが必要となります。改葬前に各市町村の窓口へ連絡し、必要書類の確認をしておくとよいでしょう。

先祖の遺骨の大切な引っ越しですから、手順を踏まえて一つ一つ間違いのないように進めたいものです。

改葬では、その墓地によって石材店などの指定業者が設けられている場合もあるようです。まずは墓地管理者に指定業者の有無を確認しておきましょう。

寺院墓地では閉眼供養と開眼供養を行う

改葬の日程は、遺骨を移動する石材店と、法要を行う僧侶に相談して決めるのが一般的です。

改葬当日は、まず僧侶が古い墓石から魂を抜く儀式「閉眼供養《へいげんくよう》(御《み》霊《たま》抜き)」を行います。その後、取り出した遺骨を骨壺に入れたまま改葬先へ運びます。新しいお墓では「開眼供養《かいげんくよう》」を行い、遺骨を埋葬し改葬の儀式は終了となります。

法要は必ず…ではないことも

こうした閉眼供養や開眼供養といった法要は、お墓が寺院墓地にある場合は執り行うのが主流ですが、それ以外の墓地では行っていない場合もあります。お墓のある場所や祭祀承継者の信仰心、慣習を重んじるかどうかでも、執り行う・行わないと分かれるようです。少なくとも、改葬をするに当たっては法要が前提ではなく、各市町村が発行する「改葬許可証」があれば法律的には問題なく行うことができます。

また、改葬では法要について思いをめぐらすこともありますが、これまで使用した墓地をさら地に戻すことも、使用者としての責務です。古い墓地は石材店に依頼し、墓石を撤去してきれいに整えてから墓地管理者へ返還するのがマナーです。

家族・親族ともよく話し合う

改葬において、新しい墓地の確保と同様に大切なことは、家族や親族とよく話し合うことです。「どこに？」「誰の遺骨を？」「引っ越し先ではどんなお墓に？」などを全員で共有しておかなければ、後にトラブルが起きる原因ともなりかねないからです。親戚も埋葬されているお墓であればなおのこと、勝手に改葬を進めてしまうわけにはいきません。親戚との関係も従来通りとはいかなくなる可能性もあります。家族はもちろん、親戚への配慮も必要です。

トラブル回避のための 改葬するときの話し合いのポイント

☑ 全員で改葬の理由を共有すること

「維持、管理が難しい」「承継者がいない」「現在の住まいの近くで手厚く供養したい」など、改葬する理由をはっきりさせておくこと。

☑ 改葬先の埋葬法について相談する

引っ越し先では「お墓を建てるのか」それとも「家墓としてのお墓を持たないタイプにするのか」というところから考えること。また、承継についても話し合うこと。これにより、一般墓か永代供養墓かなど、お墓や埋葬のスタイルが変わってくる。

☑ 改葬先の場所を相談する

現在の住まいの近くにするのか、思い出の場所にするのかといった土地問題。そして、引っ越し先は公営、寺院、民営にするのかといった施設について話し合う。土地問題は、お墓の維持、管理のしやすさから考え、施設については予算やお墓の形態から話し合うこと。

☑ 誰の遺骨を引っ越すのかを共有する

現在のお墓に入っている遺骨（骨壺）のすべてを引っ越しさせるのか、一部にするのかをしっかりと決めておくこと。その量によっては、改葬先のお墓の規模や費用なども違ってくる。

墓石も改葬先へ移動させるなら

「先祖代々からの墓石をそのまま改葬先に運びたい」と考える人も多いようです。その際は、まず新しい墓地を選ぶに当たり、既存の墓石が収まるサイズでなければなりませんが、さらに、石材店に新墓地を実際に見てもらい外柵や石塔など、どの部分を新墓地に移すことが可能なのか判断してもらう必要があります。まずは石材店に相談しましょう。

寺院墓地からの改葬には注意が必要

さまざまな理由から、やむを得ず先祖からのお墓を改葬する際は、今までお世話になった菩提寺に丁寧に事情を説明し、承諾を得るようにしましょう。

遺言について

遺言は自分の意思を伝える最終手段

遺産分割の手続きには、①遺言により分割の方法を指定するもの②各共同相続人の協議によるもの③調停によるもの④審判によるもの—の四つの方法があります。

民法で決められた相続分の規定は、あくまでも目安です。相続人それぞれの家庭の事情や人間関係などによっては、法定相続による分割が必ずしもふさわしいとはいえません。最近は、遺産の多寡にかかわらず、相続でトラブルになることも多いようです。

自分の財産をどのように相続させたいのか、最終的な意思を伝える手段が遺言です。遺言が残されていて、それが法的に有効であれば、原則として相続は遺言通りに行われます。

また、遺言を書くに当たっての心境や、遺産分割についての考え方を記したり、「皆で仲良く助け合って」といった家族への思いを記したりすることは、相続トラブルを防ぐためにも意義のあることです。

法律で決められた文書にして残す

遺言を作成しておけば、特別に世話になった内縁の配偶者や、子の配偶者など、本来は相続権を持たない人にも財産を譲ることができます。

また、遺言では、子の認知など血縁者の身分についても、本人の最終意思を明確にすることができます。

満15歳以上であれば、原則として誰でも遺言をすることができますが、遺言に法的な効力を持たせるためには、文書＝遺言書にしなければなりません。遺言書の形式も、法律で決められた方式にのっとって作成しなければ無効になってしまうので、注意が必要です。

なお、夫婦で1通の遺言を作成するなど、連名による遺言は禁止されています。

相続を円滑に
進めるためにも
遺言を残しましょう

遺言を書いておいた方が好ましいケース

子がいない夫婦

配偶者に全財産を相続させたい場合、「全財産を相続させる」と遺言しておけば、被相続人の父母が遺留分を主張しても全財産の6分の5を相続させることができます。相続人が被相続人の兄弟姉妹の場合、遺留分はゼロなので全財産が配偶者に渡ります。

内縁関係の相手に財産を譲りたい

法律上の婚姻関係にない相手に相続権はありません。内縁の相手に財産を譲るには遺言が必要です。

●遺言について

相続関係が複雑

再婚をしていて、現在の配偶者にも前の配偶者との間にも子がおり、子に法定相続分とは異なる相続をさせたい場合は、相続分や財産の分割方法を指定しておきます。

認知していない子がいる

生前に認知できなかった子(または胎児)を遺言によって認知しておけば、生まれた子は相続権を得ることができます。

相続人がいない

相続人がいないと財産は国庫に帰属します。特定の人や団体に遺贈したり、寄付したりするなど、財産の処分の仕方を遺言しておきます。

相続権のない人に譲りたい

特に世話になった子の配偶者や知人などに財産を贈りたいとき、また相続人でない孫や兄弟姉妹にも譲りたい場合に、遺言で譲ることができます。

家業の後継者を指定したい

家業を継続させたいというときは、家業を継がせたい人に、経営の基盤となる土地や店舗、工場、農地、同族会社の株券などを相続できるようにしておきます。

家族への思いを記す

遺言書には何を書いても構いませんが、法律上、効力を有する遺言事項は限られています。法的効力のある遺言事項は、大きく分けて次の三つです。

身分に関すること

非嫡出子(法的に婚姻関係のない男女間の子)の認知や、未成年者の後見人の指定、後見監督人の指定など。

財産の処分に関すること

遺贈(下記参照)や寄付、信託など、財産の処分について。

相続に関すること

相続分の指定とその委託、遺産分割方法の指定とその委託、遺産分割の禁止、相続人相互の担保責任の指定、特別受益者の持ち戻しの免除、相続人の廃除(下記参照)や廃除の取り消し、遺言執行者の指定とその委託、祭祀承継者の指定など。

なお、「死後、配偶者との婚姻関係を解消する」とか、養子との「養子縁組を解消する」などといった、婚姻や養子縁組に関する内容は認められません。

遺贈とは?

遺言により財産を贈与することを「遺贈」といいます。遺贈は相続権のない人や法人に対してもできます。遺贈によって財産を受け取る人を「受遺者」といいます。

遺贈には、家や土地など、特定の財産を遺贈する「特定遺贈」と、遺産に対する割合で指定する「包括遺贈」があります。

相続人以外の人に包括遺贈をすると、受遺者は財産に対して相続人同様の義務と権利を持つことになります。相続人はプラスの財産だけでなく、債務などマイナスの財産も受け継ぐので、包括受遺者はマイナスの財産も指定された割合で受け継ぐことになります。

遺贈は、遺言者が生きている間は放棄することはできませんが、死亡後は放棄することができます。

相続人の廃除とは?

推定相続人(相続人となるはずの人)が遺言者(被相続人)を虐待したり重大な侮辱を与えたり、著しい非行があった場合、遺言者は推定相続人の相続権を奪うことができます。これが相続人の廃除です。

この措置は、遺言者の生前中に家庭裁判所に「推定相続人廃除」の申し立てを行い、調停または審判を受けて認めてもらいます。廃除の理由によっては認められないこともあります。また、いったん廃除したものを取り消すこともできます。これらは遺言によっても行うことができます。その場合、遺言者の死後、遺言執行者が家庭裁判所に申し立てをします。

遺言書の作成例

自筆証書遺言について

自筆証書遺言は原則、遺言者が全文を自書、署名、押印して作成する遺言書です。以前は添付する財産目録も含めすべて自筆と定められていましたが、現在はその負担を軽減するため、添付する財産目録はパソコンでの作成や通帳のコピーでも有効となりました。ただしこの場合は、その目録の全ページに遺言者の署名と押印が必要です。遺言書の本文については、これまで通り自筆でなければいけません。

無効にならない遺言書の書き方について、記入例を用意したので参考にしてください。

【遺言書】
※本文はすべて自筆で書き押印する

【財産目録】
※添付書類はパソコンや代筆で作成可能。自筆で署名押印する
※通帳などのコピーも自筆で署名押印する

遺言書の書き方

遺言書を作成する前に財産をリストアップしましょう。誰にどの財産を譲るのか、どう分けるのかを考えます。書き方は縦書きでも横書きでも構いませんが、必ず下書きをしてから書くようにします。

遺言書の内容は、遺言者の意思が正確に伝わるように、具体的かつ分かりやすく書く必要があります。

表題は「遺言」「遺言書」などと明確にし、続いて「遺言者・熊本太郎は、下記の通り遺言する。」と書いてから、遺言事項を箇条書きにします。その際は番号をつけて、譲る相手・財産が具体的に分かるように記載します。譲る相手に同姓同名の人がいたり、法定相続人以外に譲ったりする場合は、受け取る相手が特定できるように、生年月日や現住所、本籍地などを併せて書きます。

自筆証書遺言を法務局で保管する

これまで自筆証書遺言は自宅で保管されることが多く、作成しても見つけてもらえなかったり、書き換えられたりするなどの恐れがありました。そうした問題を防ぐため、2020(令和2)年7月から法務局にて自筆証書遺言の保管制度が開始されました。これにより、遺族が遺言書の有無を簡単に確認できるとともに、紛失や改ざんから遺言書を守れるようになりました。

保管できるのは封のされていない自筆証書遺言に限ります。また、必ず遺言者本人が法務局に遺言書を提出しなければいけません。保管された遺言書は、遺言者が亡くなった後、相続人などの関係者が原本を確認することができます。なお、法務局に保管されていた遺言書については、裁判所の検認手続きは不要となります。

自筆証書遺言の記入例

❶遺　言　書

遺言者・熊本太郎は下記の通り遺言する。

❷ 1 妻・熊本花子（昭和○年○月○日生）に別紙目録1の財産を相続させる。
2 長女・相続桃子（昭和○年○月○日生）に別紙目録2の財産を相続させる。
3 長男・熊本義男（昭和○年○月○日生）に別紙目録3の財産を相続させる。
4 上記記載以外の一切の財産は、長男・熊本義男に相続させる。

❸ 5 本遺言の遺言執行者として、長男・熊本義男を指定する。

❹ 付言事項
遺言者は、熊本家の跡継ぎである長男・熊本義男には、同居している妻・熊本花子とともに熊本家を守ってもらいたいという思いから、長女よりも多く相続させることにした。

❺ 令和○年○月○日

熊本県熊本市○○区○○町○丁目○号
❻ 遺言者・熊本太郎 ㊞

書き方のポイント

自筆で書く
遺言者が本文（内容）、日付、氏名などの全文を自筆で書く。パソコンで作成したり、代筆してもらったものは無効となる。筆記用具は、ボールペン、筆、サインペンなどを用いること。

❶ 表題をつける
「遺言書」「遺言状」といった表題を書くこと。

❷ 本文
リストアップした財産を整理してから書くこと。法定相続人の氏名に生年月日を併記するとよい。財産目録を添付する場合は、目録のどの項目を誰に相続させるのかを明確に記す。目録を添付しない場合は、財産の詳細を含めて自筆で書く。

❸ 遺言執行者の指定
遺言者の意思通りに相続が実現されるかどうか不安に思う場合や、第三者に遺贈を行う場合などは、遺言執行者を指定しておく。ただし遺言執行者の指定は任意とする。

❹ 付言事項
法律上の効力はないが、遺言書の中で遺言者の思いを法定相続人に伝えることができる。「どうしてこのような遺言をしたのか」といった説明や「皆で助け合って仲良く」などの希望を書くほか、感謝の気持ちを記してもよい。

❺ 作成した日付
作成年月日がない遺言書は無効となる。西暦・元号はどちらでも構わない。

❻ 署名押印
署名押印は必須。押印は実印・認め印のどちらでも構わない。用紙が複数枚に及ぶ場合は契印をする。

遺言の撤回と変更

財産の処分は自由

遺言は、遺産の相続に当たって遺言者の最終意思を尊重する制度ですので、遺言者の意思であれば、いつでも撤回や変更は可能です。

また、遺言は遺言者が生存中にはいかなる義務も権利も発生しません。遺言に財産の処分法を書いた後でも、遺言者は自由に財産を処分できます。例えば、遺言書に「自分の宅地、家屋を長男に相続させる」と書いたとしても、その後に遺言者は宅地や家屋を売却することができ、その事実によって遺言は撤回されたことになります。

遺言のすべてを撤回する

遺言のすべてを撤回したい場合は、自筆証書遺言や秘密証書遺言であれば破棄します。公正証書遺言であれば、公証役場まで出向き、破棄の手続きをします。

一部を撤回・変更する

遺言の一部を変更したり撤回したりする場合は、自筆証書遺言であれば、法律で決められた加除訂正の方法に従って、遺言書の原文に手直しすることができます。ただし、加除訂正が多いときは、書き直した方がよいでしょう。

秘密証書遺言であれば、新たに撤回や変更箇所を記した遺言を作成します。

公正証書遺言でも、新たに撤回や変更箇所を記した遺言を作成します。

遺言書が2通以上ある場合、日付の最も新しいものが有効とされます。

もし新しい遺言に、前の遺言に抵触する内容が書かれていたなら、その部分だけが更新され、前の遺言の残りはそのまま有効となります。

自筆証書遺言を撤回する場合

遺言書

遺言者熊本太郎は、本日以前に作成した遺言のすべてを撤回する。

令和〇年〇月〇日

遺言者　熊本太郎 ㊞

この一文によって、以前に作成したすべての遺言を取り消すことができます。日付・署名・押印は必須です。遺言の一部を取り消す場合は、「令和〇年〇月〇日に作成の自筆証書遺言中、第二項を取り消す」のように記載します。

身の回りは常に片付けておく

いつ何が起こってもいいように、自分の身の回りのものを片付けながら暮らすというのは大事なことです。残された家族が遺品の整理に困らないよう、整理整頓を心がけましょう。

家族関係の変化

最近では家庭内でもプライバシーを尊重するようになっていますが、携帯電話や手紙など、人目に触れるのを望まないものはひとまとめにして、本書巻末にあるような「エンディングノート」に記載するなどして、処置を明確にしておきましょう。また、近年1人暮らしの高齢者が増えています。このようなケースでは家族と遺品整理の話をする機会も少ないでしょうから、〝もしものときのための片付け〟が、より重要です。

遺品整理業者を活用する

もちろん遺族が遺品を整理する場合も多いのですが、例えば故人が1人暮らしだったため持ち物が多く、どこから手をつけていいか分からないというような場合は、専門の遺品整理業者へ依頼する方法もあります。また、生前から業者に相談しながら不要なものを減らしておくという進め方も増えており、こちらの方が費用がかからずに済むようです。

デジタル終活・遺品処理の主な流れ

本人が作業（生前）	●デジタル機器の管理情報をエンディングノートなどに記す ●利用していない不要な契約を整理 ●具体的な引き継ぎ方法の共有	パソコンやスマートフォンを起動するためのID・パスワードが家族に伝わるよう、エンディングノートなどに記すこと。また、機器やデータに関する処理などについても、エンディングノートを活用して共有できるようにしておきましょう（130ページ参照）。
【死去】		
遺族が作業（死後）	●故人が所有していたデジタル機器の確認 ●葬儀に必要なデジタル遺品（連絡先等）の確認 ●相続手続きに必要なデジタル遺品の把握 ●通信契約等の各種契約の解除 ●故人所有のデジタル機器の整理・処分	死後はすぐに葬儀が行われるため、まずはエンディングノート等を頼りに、故人のデジタル機器内へのアクセスを試みましょう。 葬儀後は、相続手続きに関するデジタル遺品の有無を明らかにします。通信契約や定額課金サービスの解約は、必ずデジタル遺品を把握してから行うこと。すぐに解約すると、各種契約に関する情報が得られなくなるので注意が必要です。

生前贈与を活用する

財産を減らすと相続税を減らせる

うまく生前贈与を活用することで、相続税の負担を軽減できることから、近年生前贈与に対する関心が高まってきました。

相続税は相続した財産が少ないほど少額になります。生前贈与の特徴は、自らの意思で「誰に」「いつ」「何を」「どんな条件で」「どうやって贈与するのか」を決められることです。つまり、元気なうちから子や孫に資産を贈ることで財産を減らし、亡くなった後に発生する相続税を減らせるところにあります。贈与の主な方法は次の通りです。

①年間110万円の非課税枠を活用

贈与によりもらった金銭の合計が110万円(贈与税の基礎控除額)以下の場合、贈与税はかかりません。この基礎控除額をめどに贈与を繰り返すことで、ある程度の相続財産を減らすことができます。

ただし、贈与者が亡くなったときに、被相続人の遺産を相続、または遺贈により財産を取得した人(法定相続人とは限りません)が相続開始前3年以内の贈与を受けていた場合には被相続人の相続税の申告の際、相続財産に加算することになります。この扱いは2024(令和6)年1月1日以降の贈与により取得した場合には、3年以内から7年以内に改められ、延長された4年間に受けた贈与のうち100万円を控除した残額を、相続財産に加算することになります。

②マイホームを配偶者へ贈与する

婚姻期間が20年以上の夫婦でマイホームなどの不動産またはその購入資金を配偶者に贈与しても、2000万円までは非課税となります。基礎控除額と合わせれば、2110万円までは税金を払わずに贈与できることになります。

ただし、相続税を計算するときの特例が使える自宅敷地の場合は、贈与せずに相続するまで待ったほうがよいケースもあります。まずは専門家に相談してみましょう。

③子や孫へ住宅購入資金を贈与する

住宅取得資金の贈与の特例を活用すれば、一定額まで非課税で、子や孫へマイホーム購入資金を贈与することができます。非課税となる金額は、新築等をする住宅用の家屋の種類、住宅用の家屋の新築等に係る契約の締結日、消費税を負担しているか否かにより異なります。基礎控除額110万円と併用することもできます。

この制度を適用するためには、対象となる住宅に関して細かな条件があります。贈与年によって非課税となる金額(前述同様)が変わることにも注意が必要です。

④子や孫へ教育資金を贈与する

子や孫の教育資金として贈与した場合、一人につき1500万円(学校以外の塾・予備校などへの支払いは500万円)まで非課税とされる制度が教育資金一括贈与の非課税特例です。

多額の資金をまとめて贈与できますが、贈与を受けた子や孫が30歳（学校等に在学している場合または教育訓練を受けている場合は40歳）になっても贈与されたお金が残っていると、使い切れなかった金額に対して贈与税が課せられます。

　また、贈与者が亡くなったときに使いきれなかったお金が残っている場合には、受贈者が23歳未満である場合、学校等に在学中の場合や教育訓練を受けている場合を除き、相続税が課税されます。

⑤相続時精算課税制度を活用する

　累計2500万円までの贈与財産には贈与税はかかりませんが、贈与者が亡くなり相続が発生すると、その贈与財産を含めて相続税を計算する仕組みが、相続時精算課税制度です。節税効果は少ないものの、一度にまとまった財産を贈与したい場合は有効な制度といえます。利用時には専門家の意見を聞き、十分な検討が必要でしょう。

配偶者への自宅の生前贈与は遺産分割の対象外

　法定相続分を計算する際、親などから受けた遺贈や生前贈与などは、相続財産に加えてから法定相続分の取得額を算定するのが原則になっています。

　しかし2019（令和元）年7月より、婚姻期間が20年を超える夫婦間による居住用不動産（自宅）の遺贈や生前贈与は、遺産の先渡しとみなさず法定相続分を算定する際に相続財産から除外されるようになりました。

　これにより、夫は妻により多くの財産を相続させることが可能となり、自分の死後も妻の生活を安定させることができるようになりました。特に、配偶者への生前贈与に関しては税制上さまざまなメリットがあるため、税理士や公認会計士などに相談しながら対策を考えてみることをお勧めします。

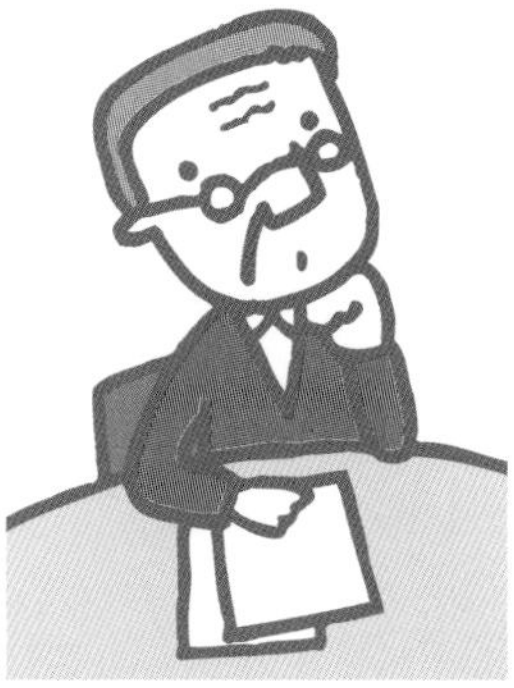

夫婦間贈与の具体例

例　被相続人（夫）が居住用不動産（評価額2,000万円）を配偶者（妻）に贈与した後、他界。
被相続人（夫）の遺産は預貯金2,000万円で、相続人は配偶者（妻）と2人の子どもを仮定。

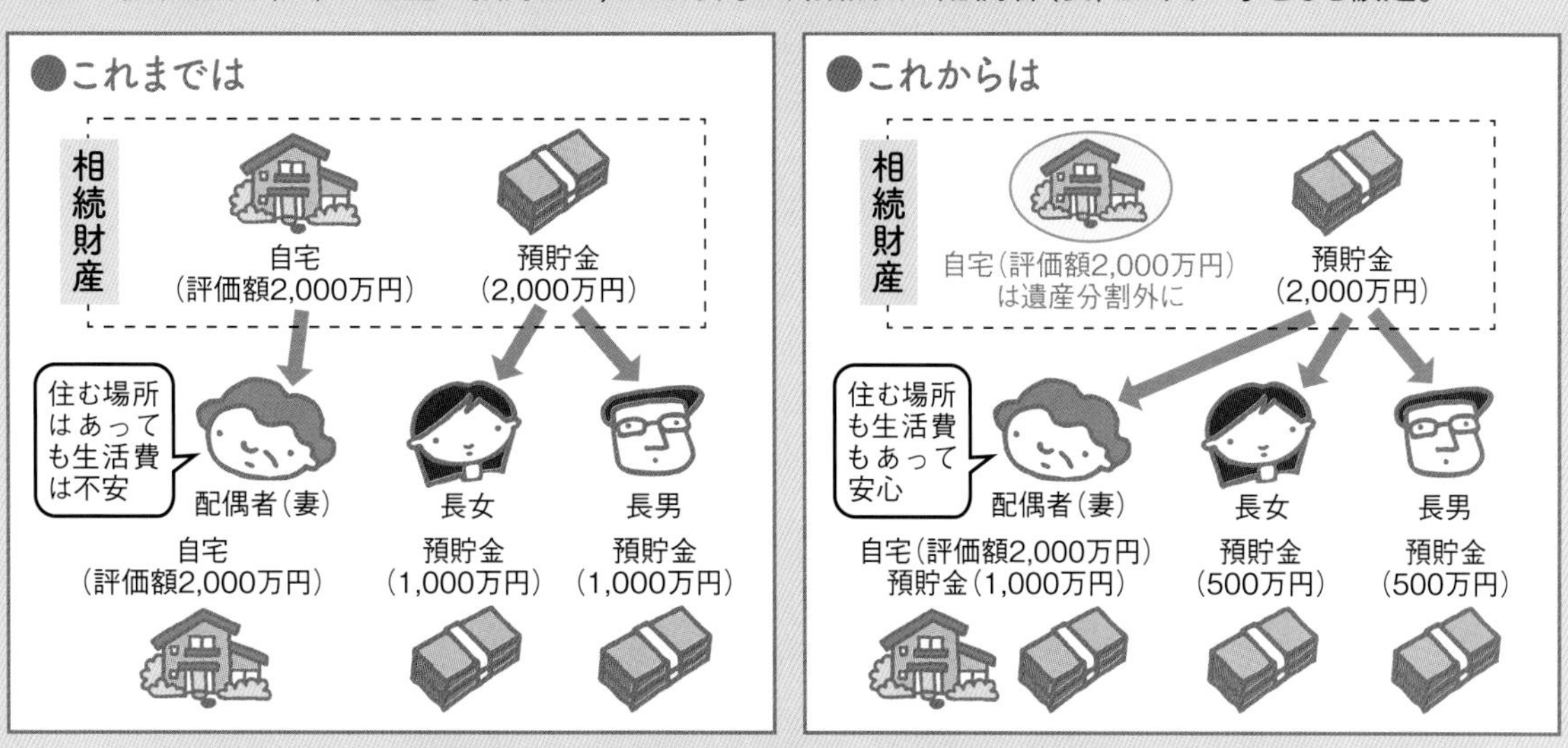

贈与契約書の作成例

契約書の作成は手書きでもパソコンでも問題ありません。書式も自由です。ただし、信頼性を高めるためにも、署名と日付は自筆（手書き）で記入することをお勧めします。また、金銭を贈与する場合、印紙は不要です。

贈　与　契　約　書

贈与者　熊本太郎　を甲とし　受贈者　熊本○○　を乙として、
甲乙間において次の通り贈与契約を締結した。

第１条　甲は、乙に対して、現金100万円を贈与し、
　　　　乙はこれを受諾した。
第２条　甲は、乙に対し、令和○年○月○日までに
　　　　前条の100万円を支払う。

上記契約の証しとして本契約書を２通作成し、甲乙各１通を保管する。

令和○○年○月○日

贈与者（甲）　　住所　熊本県熊本市○○区○○○○○○○
　　　　　　　　氏名　熊本　太郎 ㊞

受贈者（乙）　　住所　熊本県熊本市○○区○○○○○○○
　　　　　　　　氏名　熊本　○○ ㊞

受贈者（乙）親権者　住所　熊本県熊本市○○区○○○○○
　　　　　　　　氏名　熊本　○○ ㊞
受贈者（乙）親権者　住所　熊本県熊本市○○区○○○○○
　　　　　　　　氏名　熊本　○○ ㊞

受贈者が
未成年者の場合は、
親権者の署名も入れる

第2章　葬儀の備え

～家族をきちんと見送るために～

危篤から法要までの主な流れ（仏式）

一般的な仏式を例に、喪主・遺族、会葬者それぞれにおける
危篤から法要までの主な流れを紹介します。

危篤 → 臨終 → 遺体の安置 → 通夜の準備 → 通知 → 納棺 → 通夜

喪主・遺族

危篤
- ●近親者への連絡

臨終
- ●死亡連絡
- ●死亡診断書を受け取る

遺体の安置
- ●枕飾り
- ●枕経
- ●遺体の安置

通夜の準備
- ●菩提寺への連絡
- ●葬儀社の決定 ●喪主の決定
- ●葬儀の形式・規模・日程の決定

通知
- ●葬儀日程の通知
- ●死亡届の提出

納棺
- ●清拭《せいしき》と遺体の処理
- ●死に化粧、死に装束
- ●納棺

通夜
- ●通夜
- ●通夜振る舞い

会葬者

危篤
- ●知らせを受けたら、すぐに駆けつける

臨終
- ●控えめに振る舞い、長居せず一度引き揚げる

通知・納棺
- ●香典等の準備
- ●弔電を打つ（弔問できない場合）
- ●供物・供花の手配（贈る場合）

通夜
- ●通夜
- ●通夜振る舞い

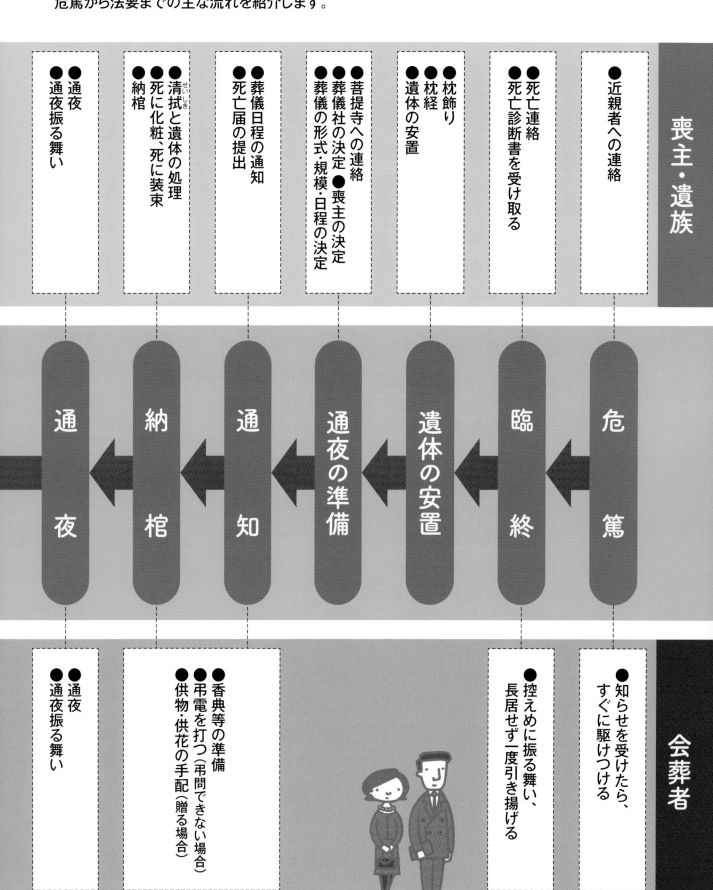

葬儀	出棺	火葬	初七日法要	葬儀後	納骨	四十九日法要
●葬儀 ●告別式 ●最後の対面	●出棺のあいさつ ●出棺	●骨上げ	●初七日法要	●あいさつ回り ●お礼状の送付	●納骨式	●四十九日法要
●葬儀 ●告別式 ●最後の対面	●出棺	●骨上げ	●初七日法要		●納骨式	●四十九日法要

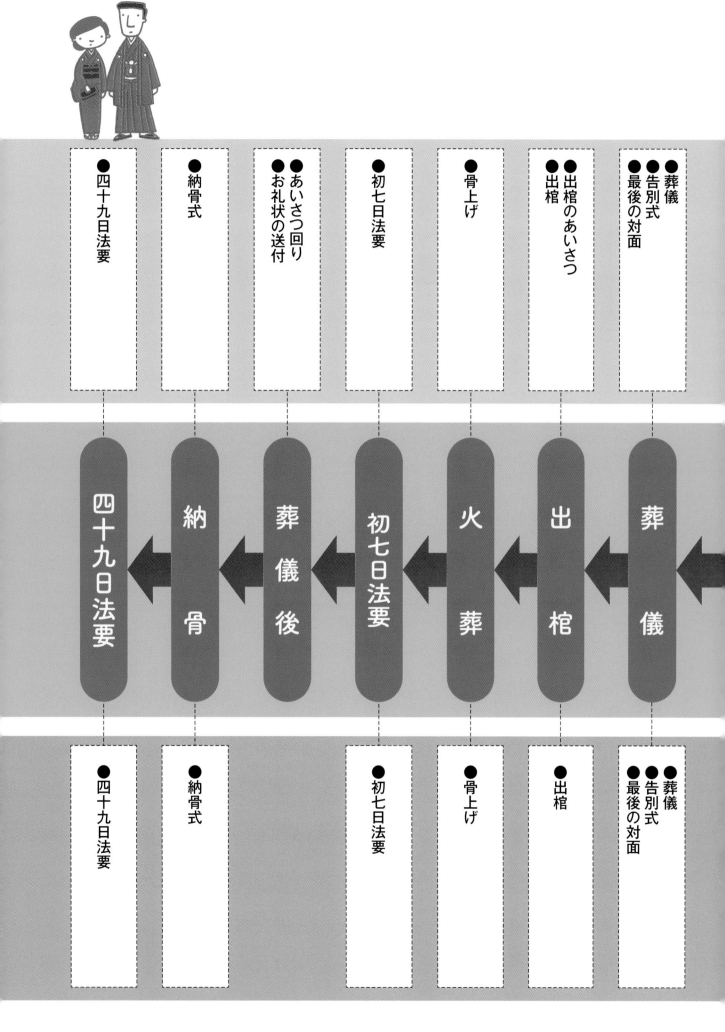

危篤と臨終を告知されたら

危篤の連絡は電話が基本

電話こそ、もっとも早く確実な連絡手段です。あいさつは最小限にとどめ、次の4点をはっきりと伝えましょう。

①「いつ」
②「誰が」
③「どこで（病院名・部屋番号・電話番号）」
④「どのような原因で危篤状態になったのか」

いざとなると混乱してうまく伝えられないことも多いため、要点はメモしておくこと。本人不在の場合は伝言や留守番電話にメッセージを残しましょう。どうしても連絡が取れない場合は、まずはメールで伝えておきましょう。

危篤を知らせる範囲

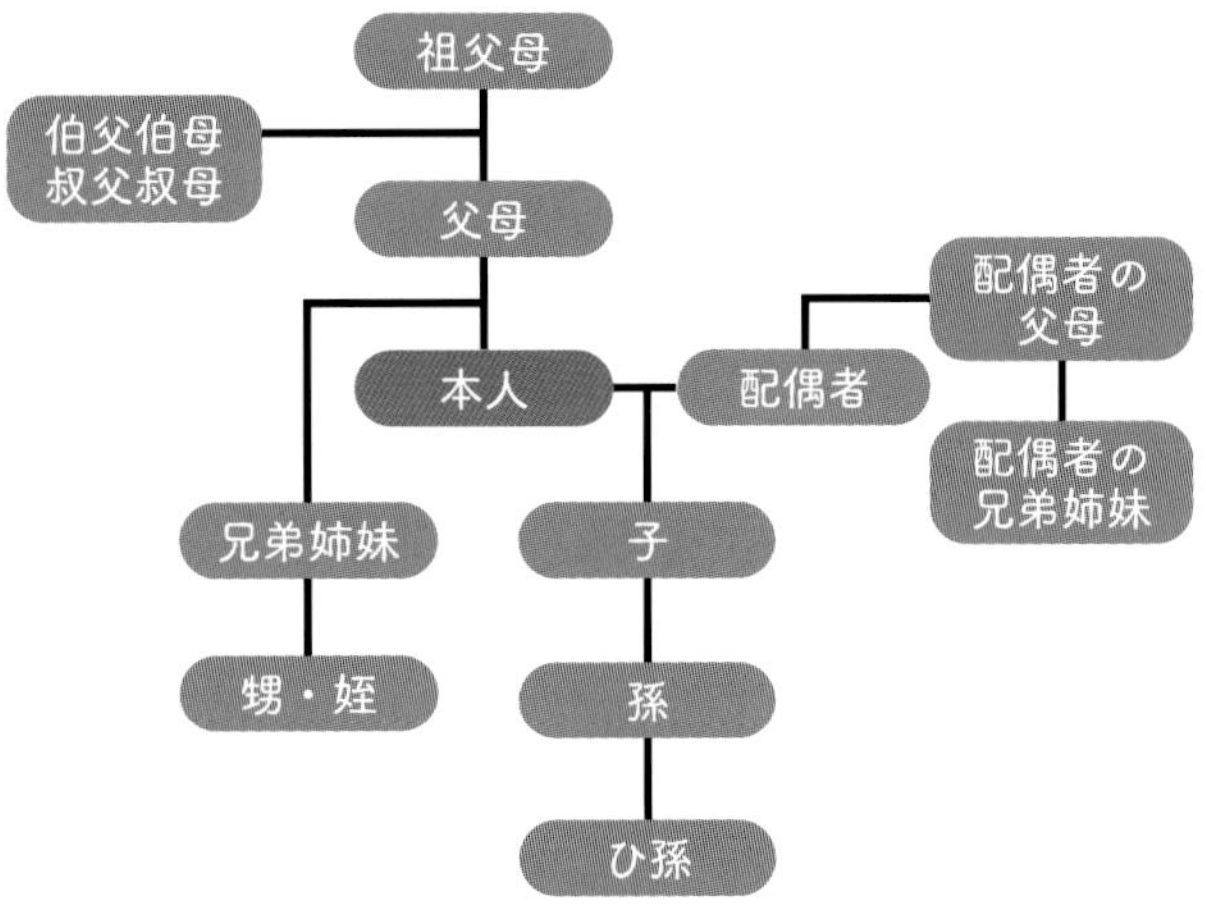

**だいたい
3親等ぐらいまで**

自宅での死亡は速やかに主治医に連絡を

日本の法律上「死」は医師によって確認してもらう必要があります。自宅で臨終を迎えたときは、ただちに主治医を呼ぶこと。かかりつけの医師がいない場合、また、医師がつかまらないときは、救急車を呼ぶか、110番通報して警察医を呼んでもらうという方法もあります。いずれにしても、勝手に遺体を動かしてはいけません。

病院で亡くなったときは、速やかに自宅か式場へ搬送を

病院で臨終を告げられたら、清拭後、遺体は霊安室に安置され、そこから自宅や通夜・葬儀が行われる式場に搬送することになります。遺体の搬送は葬儀社や搬送業者に依頼すれば、ほぼすべてのことをスムーズに行ってもらえます。

病院では退院の手続きと死亡診断書を受け取ること

まず遺体の搬送を手配するとともに、退院の手続きを行います。深夜などで事務手続きが不可能

な場合は、後日出向いても構いません。

退院手続きの際、忘れてはいけないのが「死亡診断書」の受け取りです。氏名に誤字脱字がないか、生年月日が間違っていないか確認しましょう。この診断書がないと、火葬も埋葬もできません。さらに、生命保険金の受け取りなどにも必要ですから、原本以外に何通かコピーを取っておきましょう。

近親者への連絡は2種類に分ける

臨終の宣告を受けたら、危篤のときと同様に関係者へ連絡をします。この場合は、

①すぐに来てもらいたい親族への連絡

②亡くなったことを知らせる連絡

の2種類に分けられます。

①の場合は、死亡確認後すぐに連絡をします。連絡先は危篤連絡をした人です。危篤の連絡を受けてからその後の連絡を待っている人もいますから、早朝・深夜でも遠慮せず電話をしましょう。

また、②の連絡では「通夜や葬儀の日程・場所」が決まっていれば、それも伝えておきましょう。

友人・知人・勤務先などへの連絡は葬儀の日時・場所が決まってから

伝える内容は「故人の氏名」「死亡日・時刻」「通夜・葬儀の日時・場所」「喪主」などです。通夜に間に合えばいいので、深夜や早朝の連絡は避けるべきでしょう。

お寺・神社・教会へも連絡する

仏式の場合

菩提寺《ぼだいじ》がある場合はすぐに連絡をし、葬儀の日程や場所・僧侶の人数・戒名などについて打ち合わせをします。

菩提寺がない場合は葬儀社に相談し、同じ宗派の寺院を紹介してもらうこともできます。

神道式・キリスト教式の場合

神道式は故人が氏子となっている氏神の神職に連絡をします。また、本人がキリスト教徒で、臨終の際に牧師や神父が立ち会っていない場合は、速やかに所属教会に連絡をしましょう。

危篤・死亡の連絡文例

一刻を争う状況です。早朝や深夜、たとえ勤務中であっても失礼には当たりません。

●深夜・早朝の場合

「深夜(早朝)に恐れ入ります。○○の長男の□□でございます。本日○時に父が亡くなりましたので、お知らせいたします」

●葬儀日程が決まっている場合

「○○の弟の□□でございます。兄が本日○時に死去いたしました。通夜は○月○日○時から、葬儀・告別式は○月○日○時から、ともに○○葬祭場(自宅)で仏式にて行いますので、お知らせいたします」

凍結された預貯金の払い戻しが可能に

金融機関は預金者が亡くなったことを知ると、その時点で口座を凍結します。しかしそれでは、まとまった入院費用や葬儀費用の支払い、生活費など、すぐに必要なお金を故人の預貯金から払い戻しできないという問題がありました。

そうした事情を考慮し、2019(令和元)年7月から開始された「預貯金の仮払い制度」は、凍結中の口座でも、相続人は故人の預貯金の一定額(金融機関ごとに上限150万円)を、家庭裁判所の判断を経ずに引き出すことが可能になりました。ただし相続財産に負債があり、相続放棄を検討する場合は、仮払いを慎重にしたほうが良いでしょう。

葬儀の方針と葬儀社について

まずは葬儀方式を決定する

葬儀の形式は大きく分けて「宗教葬」と「無宗教葬」の二つがあります。日本の葬儀ではその大半が仏式ですが、宗派によって葬儀のしきたりも異なります。

葬儀の形式については、葬儀社に依頼する前にまず遺族側で大まかに決める必要があります。ポイントは次の四つです。

① 葬儀の形式

どの形式で行うかは、故人が生前に信仰していた宗教・宗派に従うのが一般的。

② 葬儀の規模

お付き合いのあった方をリストアップし、参加者の人数の予想を立てる。

③ 予算

通夜から葬儀まで全体の予算の目安を決める。

④ 通夜・葬儀の場所

自宅、寺院、斎場、ホテルなど会場を決定。

葬儀の形式・規模は故人の遺志を尊重する

葬儀の形式

故人の宗教が家の宗教と違う場合、生前、故人が自分の宗教による形式での葬儀を希望していたときは、故人の遺志を尊重します。

しかし菩提寺に先祖代々の墓があり、そこへ故人の遺骨を納骨する場合、仏式で葬儀を行っていないと納骨を断られる場合があります(無宗教葬も同様で、注意が必要)。故人が仏式以外の形式での葬儀を望んでいた場合は、まず菩提寺に相談しましょう。

葬儀の形式については故人の遺志とともに、葬儀後の納骨・法要・墓参りなど、後々のことまで配慮して決めることも大切です。

葬儀の規模

葬儀の規模を決める際には、故人の社会的地位、交際範囲、故人の遺志、喪家の意向、経済的条件などを考慮して決定しましょう。

明確な料金体系 希望に応えられる葬儀社を選ぶ

大切な葬儀は葬儀社によって左右されますし、故人の生前の思いに応えるためにも、信頼できる葬儀社を慎重に選ぶことが重要です。

葬儀社選びのポイントは次の通りです。

① 要望を聞いてくれる

依頼者の話を聞かずに、高額な祭壇や不必要なサービスを押し付けてくる業者は要注意。

② 各料金が明確で詳細な説明がある

祭壇や棺《ひつぎ》など各品目について料金提示をしながら詳しく内容説明をしてくれる。

③ 業者の規模や資格など

会社の大小は問題でないが、全日本葬祭業協同組合連合会(全葬連)、一般社団法人全日本冠婚葬祭互助協会などへの加盟や、葬祭ディレクターの有資格者がいるかどうかも、優良業者としての目安となる。

葬儀専門業者の種類

通夜・葬儀・告別式の準備から進行、宗教によって異なる作法やしきたりなど、葬儀全般について取り仕切ってくれるのが葬儀業者です。

主な葬儀業者としては、葬儀社、互助会、農業協同組合（JA）、生活協同組合（生協）が挙げられます。

葬儀社

葬儀専門の式場を完備している業者が葬儀社です。地域に密着した業者が多いことから、その土地の風習やしきたりにも詳しく、細かなフォローをしてもらえることが特徴です。

互助会

一般社団法人全日本冠婚葬祭互助協会に加入している業者を指します。会員制で、葬祭に関わる費用を事前から積み立てておくのが互助会の特徴です。会員以外も利用できます。

農協・生協

農業協同組合（JA）および生活協同組合（生協）でも、組合員を対象とした葬儀事業が扱われています（※JAは組合員以外の地域住民も利用可能）。いずれも明朗な料金システムが特徴です。

DATAで見るお葬式

理想の葬儀が行いにくかった2020年代初頭

2020（令和2）年に国内での感染が確認された新型コロナウイルスの蔓延により、葬儀のあり方はすっかり様変わりしました。

2020（同2）年3月～22（同4）年3月に、喪主または喪主に準ずる立場を経験した方に実施した全国調査によると、多くの参列者が集う一般葬を避け、小規模な葬儀を行った傾向が顕著に見られます。開式前に弔問していただく「一般弔問」というスタイルも選択肢の一つとなりました。

一方で〝コロナ禍でなかったら行いたかった葬儀の種類〟では、「一般葬」という声が根強いことからも、今後は時代の変化に合わせた形で、一般葬を選択する方も増えると考えられます。

大切な家族の人生の締めくくりともいえるお葬式。故人と遺族の理想に近い形で葬儀を行うためにも、まずは希望する葬儀を葬儀社に伝えるようにしましょう。

葬儀相談・依頼サイト「いい葬儀」
「第5回お葬式に関する全国調査（2022年）」より

【行った葬儀の種類】

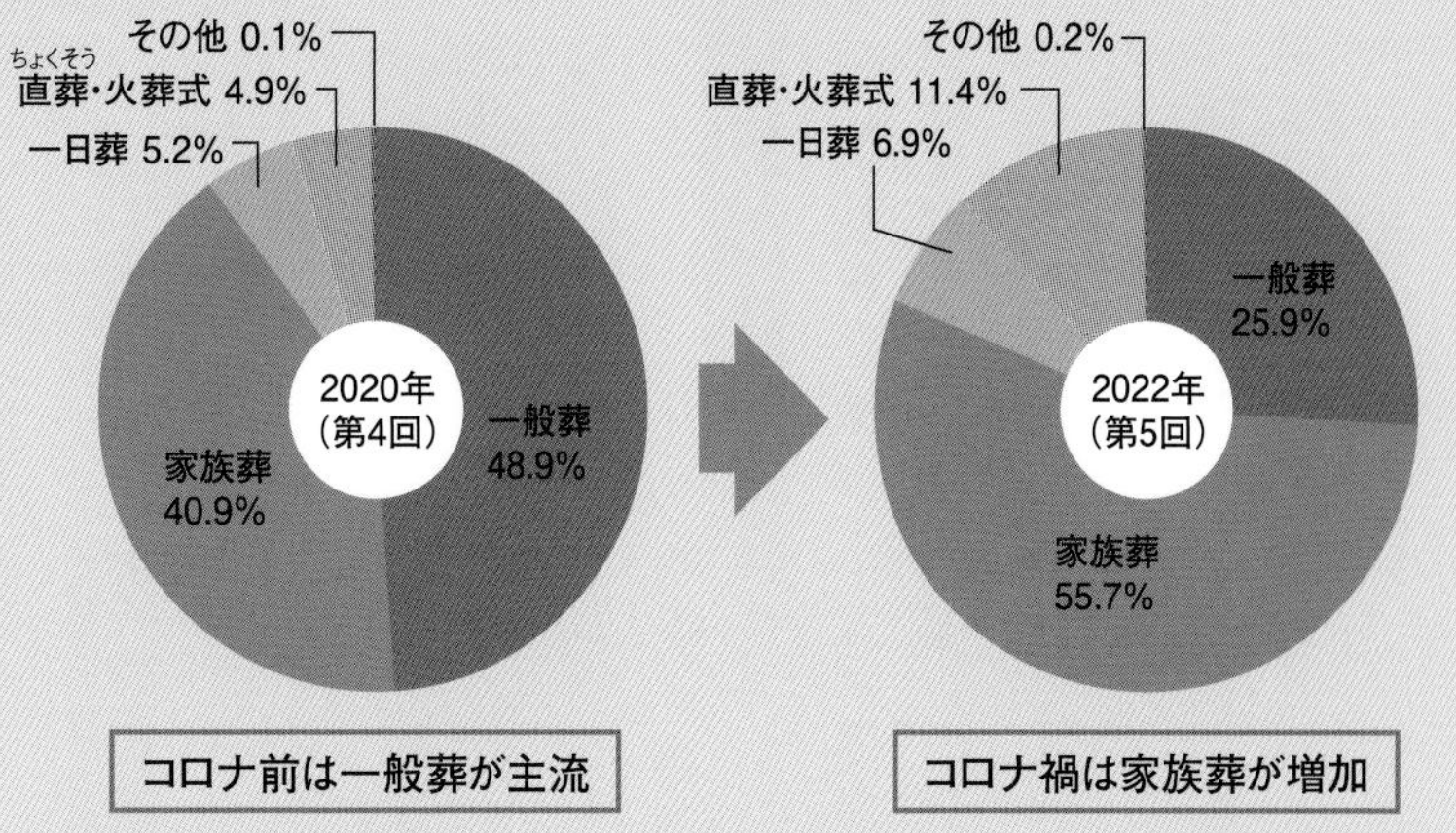

【もしコロナ禍ではなかったとしたら行いたかった葬儀の種類】

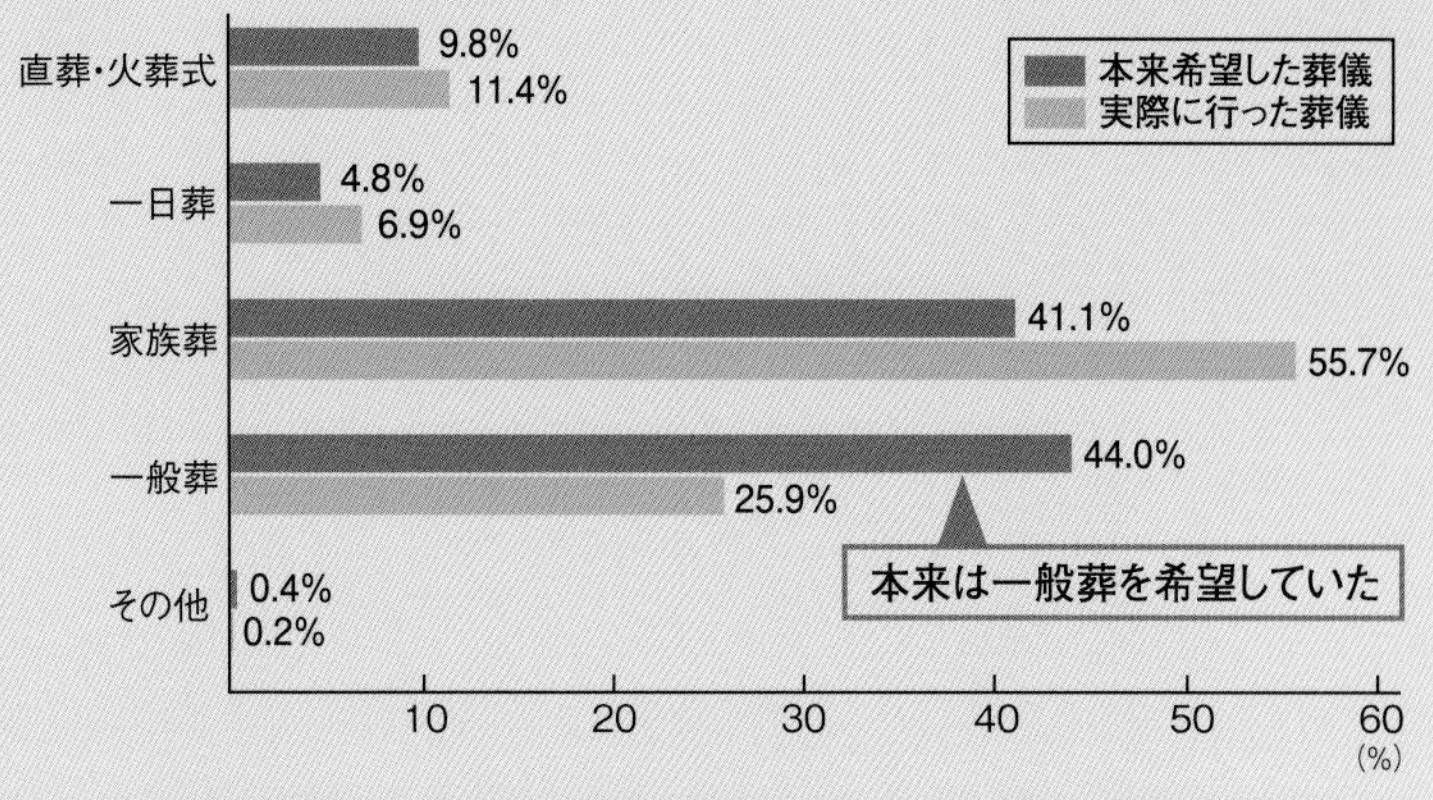

※回答結果（%）は小数点第2位を四捨五入し、小数点第1位までを表示しているため、合計数値が100%にならない場合があります。

自宅で通夜・葬儀を行う

自宅葬の準備①「まず内回りから」

各部屋を決める

長年暮らしてきた自宅から故人を見送りたいと考える人も多いことでしょう。まず、自宅葬を行う際の手はずは、遺体を安置する部屋と祭壇を置く部屋を決めることから始まります。遺体はできるだけ奥まった部屋、祭壇は広い部屋が最適です。

そして、僧侶の控室は必ず用意しましょう。部屋数が足りないという場合は、隣近所にも相談して借りるという方法もあります。

部屋はできるだけ広く使えるように

特に祭壇を設置する部屋は、ふすまや障子を取り外し、できるだけ広く使用できるようにします。次に、移動が可能な家具は、使用しない部屋へ移すか、隣近所にお願いして一時的に預かってもらいましょう。移動ができない家具は、布で覆い隠し、絵画や装飾は取り外すか、半紙で目隠しをします。

「神棚封じ」は忘れずに

神道式では死亡の知らせ、または遺体が自宅へと搬送されてくる前に神棚の扉を閉め、正面に白い半紙を張って神棚を封じます。これは四十九日までそのままにしておくのが習わしです。

神棚封じ

自宅葬の準備②「外回りを準備する」

家の周囲、玄関、庭を整理

傘立てや自転車、植木・観葉植物など、玄関の周りで人の邪魔になりそうなものはすべて移動させましょう。次に玄関か門口に「忌《き》」の期間であることを示す「忌中札」を立てること。最後に自宅の周囲、道路から玄関までを丁寧に掃き清めてください。玄関先が暗い場合は、照明器具も用意する必要があります。

受付は玄関前か門前に設置

机に白い布をかけ受付の札を張り、「芳名帳」「香典帳」「供物帳」「筆記用具」など、必要なものを準備します。特に寒い時季や雨天の場合には、傘やコートを預かったりする必要がありますから、間違いのないように番号札の手配もしておきましょう。

仮に、玄関先や門の前に受付の場所が設けられず、やむを得ず道路に設営する際は、事前に最寄りの警察署に、公道使用許可の申請を届け出る必要があります。

食器類や座布団なども多めに用意

通夜振る舞いには、それ相応の食器や座布団の数が必要となります。自宅にあるものだけで不足なときは、葬儀社に依頼するか、ご近所にお願いして借りるようにしましょう。ご近所から借りる際には、それぞれの個数を控えておき、使用後は間違いのないように速やかに返却するよう注意しましょう。

喪主・世話役を決定する

喪主の決定は早めに

特に決まりはありませんが、葬儀の主催者である喪主は故人と最も縁の深い人が当たります。一般的には故人の配偶者、子(長男、長女)、配偶者も子もいなければ親、兄弟、姉妹がその役目を務めます。ただし、故人が喪主を指定していた場合は、この限りではありません。なお、喪主は早めに決めておきましょう。また、喪主は葬儀だけではなく、僧侶や葬儀社との打ち合わせ、年忌法要の施主を務めることにもなります。

世話役の仕事を葬儀社が代行

かつては葬儀社がなく、集落の近隣の人たちが喪主や遺族を手伝っていました。それが葬儀における世話役として残っています。

ただし、今では世話役が行う役割のほとんどを葬儀社が行ってくれることが多くなってきたため、必ずしも世話役を立てる必要はなくなってきました。

しかし、気心の知れた友人や親族にサポートを頼みたいという人もいます。香典の受付や会計など金銭に関わる役は親族にお願いしたい―などの要望がある場合は、臨機応変に役割分担をお願いしてみてはどうでしょう。

会社に依頼も

故人が会社員などで勤め先から手伝いの打診があり、職場関係の会葬者が多く予想される場合は、「受付」や「接待」など、一部の係を勤務先にお願いする選択もあります。

葬儀の世話役・係の役割

●最低限必要な係

台所・接待係
弔問客・会葬者へ茶菓・通夜振る舞いの用意をする。僧侶へのもてなしと接待。

進行(司会)係
葬儀の進行について葬儀社などと打ち合わせをする。弔電の整理、葬儀・告別式の司会など。葬儀社に依頼することが多い。

会 計 係
遺族代表から預かった現金の出納管理。会計簿にすべての出入金を記帳する。

受付係・携帯品係
受付での弔問客への対応。香典を預かり、会葬礼状・返礼品を渡す。弔問客の携帯品を預かる。

現場に応じて設ける係
規模が大きい葬儀の場合など。
●僧侶係 ●接待係
●遺族係

●文書係 ●会場係
●記録係

●会計係

●返礼品係 ●自動車係
●携帯品係 ●記帳受付係

葬儀のあり方　一般葬（遺体の安置と枕飾り）

納棺までの遺体の安置方法

臨終後、病院から搬送した遺体は、安置する際にいくつか心掛ける注意点があります。

一つ目は安置するときの布団です。この布団は、遺体が温まらないようになるべく薄い物を使用すること。二つ目は、掛け布団を上下逆にかけることです。そして頭を北もしくは西の方角にして寝かせます。顔に白い布を掛け、両手首に数珠を掛けて胸で合掌させ、さらに掛け布団の上には紋服を上下逆さまにかけてやります。

また、浄土真宗では行われませんが、宗派によっては紋服の上に魔よけの意味がある守り刀を置く風習もあります。

掛け布団や紋服を上下逆さまに掛けたり、足袋を左右逆に履かせたりします

そもそも北枕の起源とは

遺体を北枕にして寝かせるのは、お釈迦様が亡くなったときに頭を北に、顔を西に向けていたことから、現在でも仏式の葬儀では大切なしきたりとして守られてきました。

しかし、昨今の住宅事情などで頭を北枕にできない場合は、お釈迦様の顔の向き、つまり西枕にするか、または仏壇に頭を向ける方向にするようです。

なぜ掛け布団を逆さまにするのか

浄土真宗ではありませんが、風習によって通夜や葬儀で、掛け布団や紋服を上下逆さまに掛けるなど、日常とは逆にするしきたりが目立ちます。その理由は、「死を日常のことではない」とする意味が込められているからなのだそうです。

また、最近では少なくなりましたが、以前は枕元に屏風を逆さまに立てる風習もあったようです。

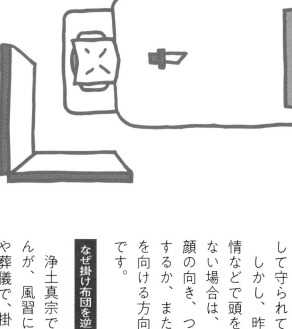

枕元に枕飾りを置き線香は絶やさない

遺体の枕元に置く飾りを「枕飾り」といい、仏式では白木の台や小さな机に白い布を掛け「三具足《みつぐそく》」（香炉・燭台《しょくだい》・花立て）を置きます。そのほかには、仏壇のリン、湯飲み茶碗かコップに入れた水、枕飯、枕だんごなどを飾ります。ただし、熊本では浄土真宗ではリン、水、枕飯は飾らないのが一般的です。

花立てには一本花を一輪挿し、香炉には線香、燭台にはろうそくを立てます。その際、線香とろうそくは決して絶やしてはいけないとされ、これを「不断香」と呼んでいます。

枕飾りをしたら僧侶に枕経を上げてもらう

枕飾りが整ったら、僧侶を迎えて枕経（読経）を上げてもらいます。その間、遺族は僧侶の後ろに控えます。服装は喪服を着る必要はありませんが、地味な服装に着替え、結婚指輪以外の装飾品は外すように心掛けましょう。

死に装束について

宗教（宗派）によっても異なりますが、遺体を安置する前に死に装束を着せるしきたりがあります。白い木綿でできた経帷子を左前に合わせ、手足には手甲、脚絆を着けます。そして白足袋とわらじを左右逆に履かせ、三途《さんず》の川の渡し賃（六文銭）の入ったずだ袋を首から掛けます。これを着せるに当たっては、遺族の手で行うことが大切とされています。しかし、昨今ではこの風習も簡略化されることが多くなっているようです。

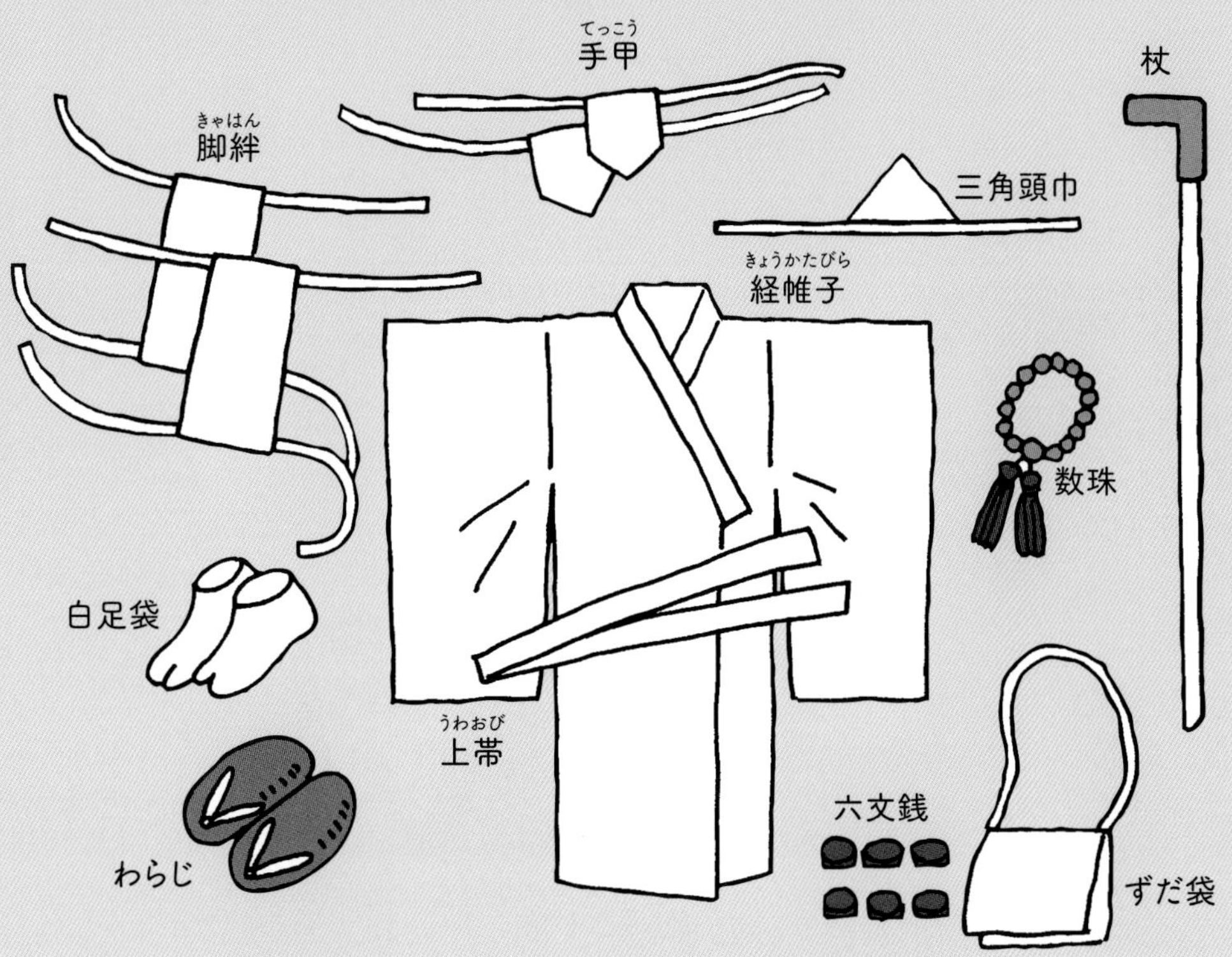

葬儀のあり方 一般葬（通夜を執り行う）

通夜の進行

まず通夜が始まる20～30分前に、僧侶が到着するよう手配してもらいます。その際、身内の人に僧侶の送迎をお願いするようにしましょう。僧侶が到着したら控室で茶菓でもてなし、葬儀社が通夜の打ち合わせをします。

喪主と遺族、弔問客が席に着いた後に僧侶が入場し、読経、焼香、喪主あいさつ、通夜振る舞いと進めます。

通夜の席次と焼香の順序

通夜の席順は、喪主が棺のそばにつく以外には、明確な決まりはないようです。ただ、席順に焼香することになるので、席を決めるときは配慮が必要となります。

僧侶へのもてなし

通夜の後、喪主は控室の僧侶のところへ出向き、茶菓でもてなし、通夜振る舞いの用意ができたら上席へ案内します。

僧侶に交通費として「御車代」を渡す場合は、白い封筒に3千～5千円程度包んで渡します。

通夜振る舞いのもてなし

通夜振る舞いは、喪主から弔問客への感謝の気持ちを伝える場です。喪主は弔問客に酒や料理を勧め、故人をしのぶ会話に参加します。

通夜振る舞いの料理は、仕出し料理や折り詰め、ビュッフェ形式が大半です。これは葬儀のセット料金と別になっている場合が多いため、あらかじめ出席人数を予測し、葬儀社を通して注文する必要があるでしょう。

葬儀社と最終の打ち合わせ

通夜の後片付けの後、喪主と遺族は、葬儀社を交えて翌日の葬儀・告別式について打ち合わせをします。式の進行の確認や、席順、焼香の順序などのほか、火葬場へ行く人数もこの場で決めておきます。

喪主は男性？

古くからのしきたりで、故人の妻が健在でも長男を喪主とする習慣がありました。ですが、家族の事情に合わせて、葬儀後に仏壇を守ったり、年忌法要を営むときに主となるのが妻や娘であれば、喪主は男性に限りません。

供物・供花の並べ方

後々のしこりとなることがあるので、届き物の並べ方には注意を払いましょう。

一般的に、供物・供花は祭壇の奥から並べます。近親者のものは血縁の濃い順に、友人・知人、仕事関係などは、故人と関係の深かった順に並べます。順番に失礼がないよう、通夜が始まる準備中に、名前の書き間違いがないか、並びの順番は適切かをチェックしておきましょう。

通夜の流れと進め方

受け付け開始

弔問の受け付けは通夜開始時刻の1時間前が一般的なので、それまでには受付を設置する。

僧侶の出迎え

祭壇の飾り方、供物の位置などを僧侶に確認してもらう。控室では打ち合わせなども。

遺族・関係者の着席

開始15分前には、喪主をはじめ、遺族、近親者などは席に着く。参列者は到着順に着席することがマナー。

僧侶入場

進行係の案内で僧侶が入場。参列者は黙礼するのがマナー。

僧侶読経・焼香

おおむね30～40分ほどの読経が行われる。喪主以下、遺族・参列者が焼香を行う。

僧侶法話

焼香後、僧侶が法話や説教をする場合も。

僧侶退場

参列者は黙礼して見送るのがマナー。

喪主あいさつ

喪主が遺族を代表して参列者へあいさつし、通夜振る舞いの席に促す。

通夜振る舞い

葬儀のあり方 一般葬（葬儀と告別式を執り行う）

葬儀・告別式の大まかな流れ

葬儀は遺族や近親者が故人をあの世へ送り、成仏を祈る儀式であるのに対し、告別式は故人と親交のあった人が、最後の別れを告げる儀式です。最近では、葬儀と告別式をともに行う場合が多くなりました。

葬儀の進行

※式次第は宗派や規模によって多少異なります。一般的には次のように進行します。

遺族と会葬者入場・着席

喪主・遺族・親族は定刻の10分前には席に着くこと。

僧侶入堂（入場）

参列者が全員着席したら、進行係が僧侶を迎えに行く。僧侶が入場の際は、みな黙礼して迎え入れる。

開式の辞

司会者のあいさつにより葬儀が執り行われる。

読経・引導

故人の成仏を願う読経と、死者を悟りの世界へと導くための引導が渡される（浄土真宗ではこの世で生が終わると直ちに成仏するので引導は必要ない）。

弔辞の拝受・弔電の紹介

司会者が弔辞を依頼した人の名を読み上げ、弔辞がささげられる。弔電は全文を紹介するのは数通にし、あとは氏名だけを紹介する。

読経・焼香

僧侶が焼香した後、喪主から席次の順に焼香する。

閉式の辞（僧侶の退堂）

司会者が葬儀の終了を告げ、引き続き告別式へと続く。休憩を入れる場合は、いったん僧侶は退場する。

喪主あいさつ例

●故人の長男が喪主の場合

私は故○○の長男でございます。遺族ならびに親族を代表いたしまして、一言皆さまにごあいさつ申し上げます。

本日はお忙しい中、父○○の葬儀ならびに告別式にご会葬くださいまして、誠にありがとうございました。たくさんの方々にご丁寧に見送りいただき、故人もさぞかし喜んでいることと存じます。亡き父の存命中には、皆さま方にはひとかたならぬご厚誼をお寄せいただきまして、心より感謝申し上げます。

これからは私たち一同、故人の意志に背かぬよう精進していく所存でございます。どうか変わらぬご指導ご鞭撻を賜りますよう、何とぞよろしくお願い申し上げます。

はなはだ簡単ではございますが、ご会葬の御礼とさせていただきます。

●喪主が年少であったり、高齢であるなどの場合は、親族代表が喪主に代わって、あいさつに立つ場合もある。

告別式の進行

※式次第は宗派や規模によって多少異なります。
一般的には次のように進行します。

僧侶入堂・開式の辞

僧侶を再び迎え入れ、司会者が開式のあいさつをする。

⇩

読経・会葬者焼香

遺族は会葬者の方を向き、焼香を済ませた人に黙礼する。

⇩

僧侶退堂

会葬者の焼香が終わると僧侶が退堂。控室において茶菓でもてなす。

⇩

喪主あいさつ

喪主、または遺族代表が会葬者に簡単なお礼を述べる。お礼を省き、出棺の際のあいさつだけにする場合もある。

⇩

閉式の辞

司会者が閉式の辞を述べて告別式が終了。出棺の準備に入る。

葬儀でお世話になった人には心付けを

「心付け」とは

葬儀を行うに当たり、お世話になった人へ渡すお礼をいいます。葬儀の形式にもよりますが、主に運転手や受付係などを務めてもらった人へ渡します。

金額は

葬儀の規模や地域によっても異なりますが、2,000円～5,000円を目安に。

心付けの渡し方は

小さな不祝儀袋や白い封筒などに入れて「志《こころざし》」、さらに「○○家」などと記すこと。打ち合わせの上、事前に葬儀社に依頼しておいてもよいでしょう。

弔辞の依頼と弔電奉読の範囲

弔辞を頂く人には前もってお願いしておく必要があります。会社の上司や同僚、故人と親しかった友人など、2、3人に依頼するのが一般的とされています。

また、弔電が多数寄せられた場合には、葬儀の朝までに奉読する弔電を2、3通選んでおくこと。残りの弔電は氏名だけを読み上げます。

葬儀のあり方　社葬・合同葬

社葬と合同葬の違い

社葬は会社が施主になって執り行う葬儀です。葬儀・告別式の費用の負担や運営の責任は基本的に会社が負います。一方、○○家のお葬式では、あくまでもそこにかかってくる経費は喪家の○○家が負担します。

それに対して、最近増えているのが合同葬です。つまり、会社と○○家が一緒に執り行う葬儀です。その場合には、喪主は故人の配偶者や子が務めて、葬儀委員長を会社の代表が務めるということが多いようです。

合同葬では、会社の経費として認められるものと、○○家の経費となるものがあります。合同葬を執り行う場合には、経費負担の内容について、遺族、会社とともに税理士にも参加してもらい相談するのがよいでしょう。

準備のポイント

社葬あるいは合同葬を行う場合、事前に喪家と会社、葬儀社と打ち合わせをし、責任者・担当者を早急に決め、葬儀実行委員会を発足させます。

葬儀実行委員長の仕事

社葬・合同葬の最高責任者は葬儀実行委員会の委員長です。一般的に現役の社長が亡くなった場合は後継者が務めます。葬儀実行委員会は、遺族とともに葬儀社のアドバイスを受けながら打ち合わせをし、各組織・係に指示を出して準備を進めます。

葬儀実行委員会の準備と役割

葬儀実行委員会では、一例として次のような組織・係を決め、必要な準備とともに当日の儀式がスムーズに行えるようにします。

○葬儀本部(社葬・合同葬の全体を仕切り、遺族および葬儀社、社内

外との折衝・依頼を行う）
○進行係（社葬・合同葬終了までのスケジュール作成、手配、司会などを担当）
○会計係（社葬・合同葬の見積もり、予算配分、経費の出納を記録するとともに香典の記録・管理などを担当する）
○広報・文書係（通知状、礼状、新聞広告などの広報・文書関係を担当する）
○記録係（文書による記録や写真撮影、動画撮影などを行う）
○調達係（会計係と連絡をとりながら飲食物や腕章などの発注・調達を行うほか受付の設置も行う）
○受付係（通夜および葬儀での受付のほか、芳名録の保存管理、香典等の受付と香典帳の作成等を担当する）
○接待係（僧侶、会葬者、親族などの接待を担当する。飲食物などの用意も調達係と連携して行う）
○駐車場・配車係（会葬者および関係者のための駐車場の確保。駐車場での誘導、整理、車両移動時の会葬者等への呼び出しなどを行う）

社葬・合同葬が終わったら

社葬・合同葬の終了後にはお礼状の作成と発送、香典の整理、法的手続き、会場費・駐車場費用の支払い・清算、各方面へのお礼などがあります。また、葬儀で友人代表等のあいさつをしていただいた方や弔電、供花をくださった方々へのお礼状を送ります。

会社の経費として認められるもの

社葬・合同葬で会社の経費として認められるのは、葬儀場・周辺の駐車場の使用料、送迎費用、祭壇・祭具にかかる費用、警備員の費用、供花・供物の費用、飲食代・備品の費用、礼状・粗品代、葬儀の通知にかかった費用、僧侶へ納めるお布施代など。一方、社葬・合同葬の前に遺族のみで行う密葬にかかる費用、仏壇購入にかかる費用、納骨にかかる費用、香典返しの費用などは会社の経費とは認められない。

なお、国税庁による「社葬費用の取扱い」（令和4年4月1日現在法令等）概要では、「法人が、その役員または使用人が死亡したため社葬を行い、その費用を負担した場合において、その社葬を行うことが社会通念上相当と認められるときは、その負担した金額のうち社葬のために通常要すると認められる部分の金額は、その支出した日の属する事業年度の損金の額に算入することができる」とされている。

社葬取扱規定と取締役会議事録の用意

会社が社葬・合同葬を執り行うに当たっては、事前に「社葬取扱規定」を定めておくことで、スムーズに葬儀の準備・実施を行うことができる。規定では、社葬・合同葬の規模、会社側の負担範囲、葬儀実行委員長をどの立場の人がするかなどを決めておくことになる。

また、社葬・合同葬で会社の費用と認められれば「税法上の損金」とすることができる。そのためには社葬や合同葬を会社で行うことを決定した取締役会の議事録を作成しておくことも必要。

葬儀のあり方　家族葬

主流になりつつある家族葬

その名の通り、家族を中心に近親者やごく親しい関係にある人だけで行う葬儀が家族葬です。近年、主流になりつつありますが、その要因として、核家族化により近所付き合いが少なくなっていること、また本人が高齢のため友人・知人が他界して少ないことなどが考えられます。

会葬者がごく親しい人に限られることで、気遣いや対応に追われずに済むことや、遺族や会葬者が故人とゆっくりお別れできることが特徴です。

費用の負担が変わることも念頭に

家族葬は決まった形式にとらわれるものではありません。そのため、たとえ規模が小さくなったとしても、営む遺族側の葬儀内容によっては、一般的な葬儀とそれほど費用が変わらないケースもあるようです。

むしろ会葬者が少ない分、香典を葬儀の費用に見込めないことも考慮する必要があります。

家族葬を行う場合は菩提寺に相談

どのような形式でも行えるのが家族葬ですが、仏式の場合はまず菩提寺に連絡し、相談することをお勧めします。進行は通夜、葬儀・告別式といった一般的な葬儀と変わりありません。

菩提寺がない場合

故人の宗派が分かるなら葬儀社に依頼して僧侶を紹介してもらいましょう。戒名を授けてもらうことも可能です。葬儀後の法要などもお願いすることができます。

葬儀社には具体的なイメージを伝えること

後悔しない家族葬にするためには、参列者への連絡の仕方と葬儀社選びがポイントになります。特に葬儀社は家族葬に慣れているのはもちろん、柔軟に対応してくれる業者を選びましょう。また、遺族側は故人らしさを演出できるよう、より具体的なイメージを伝える必要があります。

家族葬のメリットとデメリット

メリット

- 家族が故人とのお別れの時間をゆっくり過ごせる。
- 義理で参列する人がいないため、気遣いや対応に追われることなく供養に専念できる。
- 自由度が高いため、故人や遺族の思いを反映しやすい。

デメリット

- たとえ故人の遺志でも「なぜ知らせてくれなかった」と言われる可能性がある。
- 家族葬で行うことをはっきり知らせないと、予想以上に会葬者が来ることがある。
- 香典を葬儀の費用に見込めない。
- 葬儀後に知らせを受けた人の弔問がいつまでも続くことが想定される。

家族葬後にはお別れ会を開く

葬儀後、故人の友人・知人、お世話になった人などを招いて開く会が「お別れ会」です。葬儀に参列し、故人にお別れをすることができなかった人にとっては、故人をしのぶとてもいい機会になるでしょう。また、お別れ会は死後2週間から1カ月後に行うことが理想です。時間をある程度おくことによって、気持ちも落ち着きを取り戻しているため、ゆとりを持って開くことができるからです。

　お別れ会は喪主が主催します。通常は無宗教スタイルですので形式も会場も自由に選択できます。自宅やホテル、故人とゆかりのある場所などでもいいでしょう。

お別れ会をする際は自由なスタイルで

会場が斎場や寺院の会館などなら、遺骨を祭壇に飾り焼香を行いますが、ホテルなどを会場とした場合は、祭壇についても会場の許される範囲で行うことになります。このようにお別れ会の内容には明確な作法はありません。自由なスタイルで故人をしのび、お別れするのが一般的です。

　具体的には、故人が好きだった楽曲を演奏したり歌ったりと、演出もさまざまです。しかし、できれば式のどこかに黙祷《もくとう》、焼香、献花、弔辞を行うなど、簡単な進行を決めておくと、式にもメリハリがあってよいでしょう。

家族葬の一例

納棺

●死に化粧を遺族が行う
●葬儀社の手伝いで納棺する

⇩

通夜

●献花
●会食（通夜振る舞い）
●通夜の後、遺族が交代で故人に付き添う

⇩

葬儀・告別式

●葬儀社の司会で進行
●読経（菩提寺に依頼）
●子ども、孫たちからのお別れの言葉
●弔電拝読
●焼香

⇩

火葬

●全員で最後のお別れをする

家族葬を知らせる際の連絡のポイント

●葬儀に参列してもらう人をあらかじめ決めておく。生前に決めていなかった場合は、故人に最も近い親族と相談し、参列してもらう人の範囲を決める。
●逝去の連絡をする際に「近親者のみで葬儀を行うため参列は遠慮願う」ことをはっきりと伝える。
●逝去の連絡をしなかった人への連絡方法を決めておく。交友関係が広い場合は、後日お別れ会を行うなど、自宅への弔問が続くことへの対策をとるようにする。

弔問をお断りするときには

　葬儀後に自宅への弔問が増える傾向にあることも、家族葬の特徴です。こうした弔問を遠慮する際は、まずは弔問したいという相手の気持ちに、丁寧に感謝を伝えること。その上で現在の状況、例えば感染症拡大などを踏まえてならば「このような状況で来ていただいて、万が一そちらに何かあっては申し訳がないので…」あるいは「自宅では、十分な距離をとった対応ができませんので…」と、相手を思いやる言葉でお断りしましょう。

　また、改めてお別れの会などを設ける旨を伝えることも忘れずに。

葬儀のあり方 一日葬

通夜を省いて執り行う一日葬

一般的な葬儀は、通夜、葬儀・告別式、火葬と2日間かけて行われます。この進行に対し、通夜を省略して葬儀・告別式、火葬を1日で行う形式が一日葬です。特に、喪主や遺族が高齢で体力的な負担をかけたくない場合に利用されるケースが多いようです。また、直葬（火葬のみの葬儀。55ページ参照）ではゆっくりとお別れする時間がない、親族が体面を気にするということから、折衷案として利用されることもあるようです。

菩提寺に相談して了解を得る

故人が生前から一日葬を考えていた場合、または喪主や遺族が高齢で体力的な不安から一日葬を行う場合は、菩提寺に必ず話を通すようにしましょう。本来行うべき儀式を省略するわけなので、寺院の了解は必ず得るべきです。

また、臨終後24時間は火葬できないため、遺体を安置する場所の確保が必要です。自宅に安置できない場合は、一般的に葬儀を依頼する式場に安置することになります。

一日葬のメリットとデメリット

メリット

- 一般葬に比べ、喪主や遺族の肉体的、精神的負担が少ない。
- 直葬（火葬式）よりも親族などの理解が得やすい。
- 通夜振る舞いが不要で、経済的な葬儀が行える。
- 寺院との付き合いがない、または無宗教者には適している。

デメリット

- 式場の使用料が前日の準備と合わせて2日分のため思ったほど費用の負担が減らない。
- 通夜を行わないので会葬者を招きにくい。
- 葬儀後に参列できなかった弔問客の対応に追われやすい。
- 慣習にこだわる親族などから批判される可能性もある。

一日葬の大まかな流れ

逝去してから

逝去
- 菩提寺に連絡（生前に伝えていない場合は、一日葬で行う旨の了承を必ず得る）

⇨ 搬送・安置
- 葬儀社と打ち合わせ
  ×通夜＝執り行わない

一日葬当日

※通夜を行わず、火葬当日に親しい方々を招いて葬儀・告別式のみを執り行う葬儀のスタイルが一日葬です

葬儀・告別式、出棺
- 式次第は一般的な葬儀・告別式と同様に、宗教儀式として執り行う

⇨ 火葬、骨上げ
- 故人と最後のお別れをする
- 参列者全員でお骨を拾い上げ、骨壺に納める

葬儀後

初七日法要
- 一般的な葬儀と同様に宗教儀式として執り行う

⇨ お斎
※火葬後にお斎を行い、その後に骨上げする場合もある

葬儀のあり方　直葬（火葬式）

●葬儀のあり方 一日葬
●葬儀のあり方 直葬（火葬式）

葬儀は行わなくても葬儀社には依頼

通夜、葬儀・告別式を行わず、火葬場で故人を見送るだけの葬儀が直葬（火葬式または荼毘葬《だびそう》）です。

一般的にはごく親しい人たちだけで執り行います。しかし、最後のお別れをしたいという人がいるならば、参列してもらうようにしましょう。

また、葬儀を行わなくても、火葬するまでにはさまざまな法的な手続きが必要になります。そのためにも、一般的な葬儀の流れとは異なる直葬でも、葬儀社の手配は考えるべきです。

菩提寺はなくても読経をしてもらいたい場合においても、事前に葬儀社を通して依頼するとよいでしょう。

悔いが残らないか考えてから決める

直葬を選択する理由に挙げられるのは、故人が高齢で周囲との付き合いがほとんどなかったことや、亡くなってからお金をかけるよりも、生前の医療や介護に少しでも費用を回したほうがよいという考え方。「葬儀は必要ない」とする遺志を遺族が受け入れたこと、経済的な面から葬儀を行うのが困難…といったものが多いようです。

しかし、現実的に直葬を行うのは少数です。親族の理解を得るだけでなく、後悔しないお別れができるよう、よく考えてから決めるべきです。

直葬の主な流れ

逝去

1日目

- 死亡診断書をもらう
- ⇩
- 葬儀社に連絡
- ⇩
- 遺体を搬送し安置する
- ⇩
- 葬儀社と打ち合わせ
  - ●葬儀社に火葬許可証の交付代行などを依頼
- ⇩
- 最後の夜を故人と過ごす

2日目

- 納棺
  - ●親族や葬儀社に手伝ってもらい納棺する
- ⇩
- 火葬場へ
  - ●焼香をして最後のお別れをする　僧侶による読経を希望する場合は、打ち合わせ時に依頼しておく
- ⇩
- 骨上げ
  - ●お骨を拾い骨壺に納める

直葬を行う際の注意点

親族や故人の友人・知人に知らせを出し、必ず理解してもらう。

「お別れしたかったのに、できなかった」という思いに配慮する。

菩提寺には必ず相談する。

納骨や法要のことも考慮し、まずは菩提寺に相談する。

弔問客が絶えないことがある。

故人の友人・知人が多い場合、葬儀後も個別の弔問が絶え間なく続き、いつまでも気持ちの切り替えができない。

参列者には会葬礼状と香典返しを。

どうしても焼香したいという人には参列してもらう。その際、香典を頂いた場合は後日香典返しを届ける。

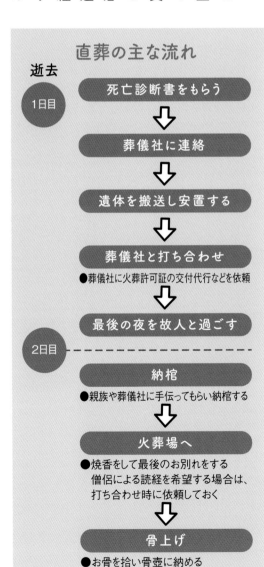

葬儀のあり方　無宗教葬

宗教、宗派にとらわれない葬儀

無宗教葬は、宗教や宗派の形式にとらわれず、自由なスタイルで行う葬儀、つまり自由葬といってもよいでしょう。

特に寺院と付き合いがない人や、自分らしい葬儀にこだわる人が利用するようです。

悔いのない葬儀になるよう三つのポイントを紹介します。

❶ 実績のある葬儀社を選ぶ

葬儀の内容を決めるのは遺族ですが、具体的な式次第を作成し、進行するのは葬儀社となります。無宗教葬の実績があり、遺族の意向をくみ取り柔軟に対応してくれる葬儀社を選びましょう。

❷ 事前に準備しておく

故人らしい式にするために、故人の遺品を展示したり、生前のビデオや写真などで故人をしのんだりすることがあります。臨終から葬儀までの限られた時間の中で、それらを準備するのは難しいものです。

無宗教葬を検討しているならば、できるだけ葬儀社に相談または生前予約するなどし、葬儀に使用してもらいたいものをピックアップしておきましょう。

❸ 参列者の選定

参列者を故人と縁の深い人だけに限定する場合は、連絡する人をエンディングノートなどで確認できるようにしておきましょう。

無宗教葬の式次第の一例

遺族、参列者入場

故人が好きだった音楽が流れる中、遺族らが入場し着席する

⇩

開会の辞

⇩

黙祷

⇩

故人の経歴紹介

故人の実績や人となりを写真や動画で紹介する

⇩

追悼の言葉

参列者に思い出話や追悼の音楽など、自由なスタイルで故人にささげてもらう（参列者が少ない場合は全員で行う）

⇩

献花

喪主、遺族、親族、友人、知人の順に献花する

⇩

喪主のあいさつ

無宗教葬の葬儀にした理由と参列者への感謝を伝える

⇩

閉会の辞

無宗教葬のメリットとデメリット

メリット

- 形式にとらわれず、故人にふさわしい見送り方ができる
- 宗教関係者への費用がかからない

デメリット

- 菩提寺がある場合は仏式以外の葬儀は難しい
- 具体的な演出プランなど事前に準備しておかなければならないことが多い
- 親族らの理解が得られないことがある

気になる葬儀の費用

葬儀にかかる費用の内訳

葬儀のセット料金は「ランク」と「内容」によって異なります。業者にもよりますが、安くて数十万円、高いセットでは上限なしというのが現状のようです。いずれにせよ、故人の遺志と喪家としての事情を考慮した上で、無理のない範囲で葬儀を執り行いましょう。

葬儀にかかる費用の内訳は、大別すると次の通りとなります。

費用の内訳

1 葬儀一式の費用

通夜・葬儀の祭壇設営、棺、霊柩車《れいきゅうしゃ》、骨壺、会葬礼状、返礼品、火葬料、ハイヤー、マイクロバスの費用など。

2 宗教関係者への支払い

仏式の場合は僧侶へのお礼(通夜、葬儀・告別式から初七日法要までのお経、戒名などの費用)、御膳料など。神道式の場合は神職へのお礼。キリスト教の場合は教会への献金、牧師、神父へのお礼など。

3 接待飲食費

通夜振る舞い、お斎《とき》、酒類など。

4 香典返しの費用

忌明けの香典返しの費用。

5 式場の使用料

斎場で通夜・葬儀を行った際の使用料。

6 その他の雑費

親戚の宿泊費や飲食費など。

セット料金のランクは真ん中が無難ではない

例えばセット料金や祭壇の規模に、A・B・Cのような料金設定がされていると、何事にも初めての経験である上、よく考えている余裕もないため、つい真ん中を選ぶ傾向にあるようです。

また、地域の習慣や、その家代々の葬儀のやり方も大切ですが、本来いかに心を込めて故人を弔うかが重要なのです。故人の社会的立場や経済力に合わせた葬儀を行うように心掛けましょう。

セットの内容の中には、個々にランクアップやダウンが可能なものも多いので、葬儀社への相談・確認はまめに行うようにしましょう。

互助会に加入している場合

突然まとまったお金が必要となるのがお葬式です。しかし、故人が互助会に加入していれば、その葬儀システムを利用することができるので、気になる葬儀の費用について負担は軽減されるでしょう。

まずは、故人が互助会に加入していたかどうかを、確認しておきましょう(詳細は18ページ参照)。

セット料金の内訳は？
予算や規模はこれくらいです。
それなら……

戒名について

仏の弟子を意味する名前

戒名は本来、生前に受けるものでしたが、現在では亡くなってすぐに菩提寺の僧侶にお願いする形になっており、通常、仏式の葬儀では必ず受けることになっています。

戒名のつけ方は宗派によって異なりますが、おおむね故人の人柄や趣味、特技、社会的実績などを加味した上で、ふさわしいものを授けてもらえるはずです。もし、故人が生前好んでいた一字や、希望の字などがあるようなら、僧侶に伝えておくとよいでしょう。

宗派によって異なる戒名

戒名は宗派によって呼び名が異なります。天台宗、真言宗、禅宗の曹洞宗などでは「戒名」、浄土真宗では「法名」、日蓮宗では「法号」です。また、宗派によって用いられやすい字や特徴もあります。

浄土宗は誉号《よごう》といい、五重相伝を受けた人に授けられ、「誉」の字が用いられます。浄土真宗の真宗大谷派（東本願寺）ではお釈迦様の弟子の証として男性は「釋」を、女性には「釋尼」を、本願寺派（西本願寺）は男女ともに「釋」を用います。日蓮宗は宗祖の名にちなんだ「日号」や、「妙法蓮華経」から男性は「法」を、女性は「妙」の一字が贈られます。

なお、天台宗の位牌《いはい》には、戒名の上に「新円寂」と記されたり、真言宗では梵字《ぼんじ》が記されることがあります。

戒名の構成

宗派によって多少の違いはあるものの、
一般的には次のような構成となっています（カッコ内は女性）。

大人
□□○○信士《しんし》（信女《しんにょ》）
△△院□□○○居士《こじ》（大姉《だいし》）
△△院殿□□○○大居士（清大姉《せいだいし》）

子ども（7～15歳ぐらい）
○○童子《どうじ》（童女《どうじょ》）

幼児
○○孩児《がいじ》（孩女《がいじょ》）

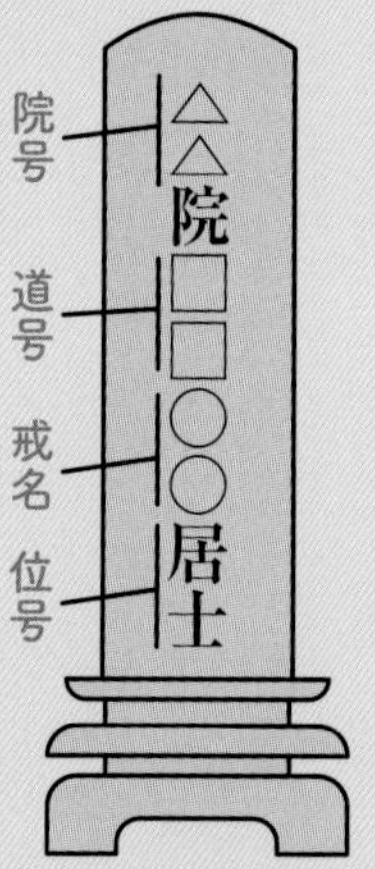

院号《いんごう》・院殿号《いんでんごう》とは
戒名の中でも特に位が高いとされる院号と院殿号。信仰があつく、生前にその寺院に貢献した人や、社会的に高い貢献をした人に授けられます。

道号《どうごう》とは
戒名の上に付くもう一つの名が道号です。号とか字《あざな》に当たるもので、歌人や俳人が別名を持っているようなものです。

位号《いごう》とは
戒名の下に付き、成人に対して与えられるものと、未成年に対して与えられるものとに大別されます。この位号を付けた戒名が一般的とされています。

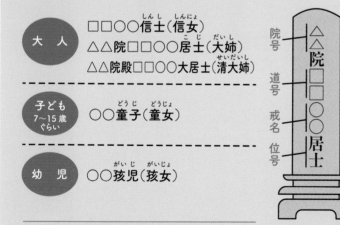

遺骨迎えと初七日法要

忌明けまで遺骨と位牌を安置する後飾り

四十九日の忌明けまで、遺骨、位牌、遺影を安置する祭壇が「後飾り」と呼ばれるものです。この祭壇は、火葬の間に葬儀社がしつらえてくれるケースが大半です。

祭壇には香炉、燭台などの仏具のほか、葬儀に使用された生花や供物《くもつ》が供えられ、そこへ火葬場から戻ってきた遺骨と位牌、遺影を安置することになります。

初七日法要は葬儀を締めくくる儀式

遺骨を迎え、後飾りの祭壇に安置したら還骨勤行《かんこつごんぎょう》の儀式を行います。全員が祭壇の前に集まり、僧侶の読経とともに遺族より順に焼香を済ませます。この儀式を終えると、葬儀はすべて終了となります。

近年では、初七日が葬儀の3、4日後になることや、葬儀終了後に遠方の親族にまた足を運んでもらうなどの手間を省くため、還骨勤行と初七日の法要を兼ねるケースが多くなってきました。

葬儀でお世話になった人の労をねぎらう「お斎」

初七日法要の後、僧侶や世話役など、葬儀でお世話になった人たちをもてなすために「お斎」の席を設けます。

喪主や遺族は、席に着いた一人一人を回りお礼を述べるのが礼儀です。宴席の時間は1時間半ほどを目安にし、適当な時間を見て喪主があいさつに立ち、お開きとします。

また、僧侶がお斎の席を辞退した場合は、「御膳料」と「御車代」を包んで渡します。御車代は僧侶が出席した場合にも包みます。

喪主はお礼のあいさつと今後の日程を報告する

お斎は、葬儀関係者の労をねぎらうためのものなので、まずは喪主がお礼のあいさつをします。あいさつ終了後に、親族代表による献杯で会食が始まります。

喪主は宴席の間に今後の法要や納骨の日程についても報告しておきます。

なお、この間に必要事項を伝えられなかった場合は、お開きのあいさつの際に伝えても構いません。ただ一周忌の法要に関しては、たとえ口頭で伝えてあるとしても、あらためて案内状を出すのが正式な方法です。

遺骨を分骨したいとき

故人のための墓のほかに、遠く離れた故郷の菩提寺にも納骨したい場合は、遺骨の一部をあらかじめ分けておく必要があります。こうしたときは事前に葬儀社に伝え、分骨用の骨壺と錦袋を用意してもらいます。また、分骨する遺骨は、火葬場の係員にえり分けてもらいましょう。

注意する点は、2カ所以上に埋葬する場合です。その際は「埋葬許可証」も必要な枚数を火葬場で発行してもらう必要があります。

神道式の葬儀（神葬祭）の執り行い方

神道式の通夜・葬儀は神社では行われない

神道式の葬儀（神葬祭）は日本固有の葬儀を土台に整えられた葬儀式で、儀式も分かりやすく、厳かながらも質素なのが特徴です。一般的に神道では、通夜や葬儀は神社では行わず、自宅や斎場に神職を迎えて執り行います。また、神葬祭の儀式は地域性があり、その地域ごとの習慣やしきたりなどで違います。

遺体は仏式同様に末期の水や清拭、死に化粧を施し北枕に寝かせます。その後、神道式の枕飾りをして神職を招き、枕直しの儀と納棺の儀を行います。しかし近年では略式で行われることが多く、身内だけで拝礼し納棺するケースが増えているようです。

仏式の枕経にあたる枕直しの儀の後、神棚に汚れよけの半紙を張って、忌明けまで神棚封じをします。また、拝礼の作法は、二礼・二拍手・一礼ですが、忌明けまでは拍手の際、忍び手（音を立てない拍手）にします。

忍び手のやり方

かしわ手を打つ手前で止め、
音を立てないように拍手します

通夜祭・遷霊祭と葬場祭

仏式の通夜にあたる儀式が通夜祭と遷霊祭《せんれいさい》です。遷霊祭は故人の魂を霊璽《れいじ》（位牌）に移す儀式です。式をつかさどる神職の斎主によって遷霊の儀が執り行われた後、祭壇に玉串をささげます。

遷霊祭後には、仏式の通夜振る舞いにあたる直《なお》会《らい》を催します。神道式では肉も魚も禁じていませんが、火を使ってはいけないというしきたりもあるため、あらかじめ仕出しの料理を手配しておきましょう。

葬儀・告別式となるのが葬場祭です。弔辞・弔電の紹介なども行われます。一般的には上記のように進行します。

神道式の臨終後から葬儀までの大まかな流れ

臨終・遺体の安置

末期の水をとり、清拭、死に化粧を施す。遺体を北枕に寝かせ両手を胸の上で組ませ、枕飾りをする。

↓

枕直しの儀

神職を招き亡くなったことを神に報告する。儀式の後、半紙を神棚に張って神棚封じを行う。

↓

納棺の儀

故人に神衣《かむい》を着せ、遺体を棺に納める。近年では神職が立ち会わないことも多い。

↓

通夜祭

会場入り口で手と口をすすぐ手水《ちょうず・てみず》の儀を行う。斎主が祭詞を唱え、喪主、遺族、親族の順に玉串をささげる。最近では手水の儀を省略するケースも多い。

↓

遷霊祭

室内の明かりをすべて消した中で、斎主によって遷霊が厳かに行われる。一連の儀式の後、直会が催される。

↓

葬場祭

手水の儀を行ってから開式。斎主によるお祓《はら》い（修祓《しゅうばつ》の儀）、斎員による供物のお供え（奉幣《ほうへい》・献《けん》饌《せん》の儀）、斎主による祭詞の奏上などの後、弔辞・弔電を紹介。玉串奉奠《たまぐしほうてん》を行い祭壇の供物を下げる（撤饌《てっせん》・撤幣《てっぺい》の儀）。

第2章
葬儀の備え

キリスト教式の葬儀の執り行い方

カトリックの通夜・葬儀

カトリックの葬儀は故人の罪を許してもらい、永遠の安息を得られるようにと祈る儀式です。そのために本人の意識がまだあるうちに神父を迎え「病者の塗油《とゆ》」という儀式を行ってもらいます。また、臨終後には顔に白布をかぶせて安置し、十字架、燭台、生花などを枕飾りとして置くのが一般的のようです。

神父立ち会いのもと納棺式が行われた後、通夜の集いまたは通夜の祈りと呼ばれる儀式が行われることになります。告別式を行う際は教会の了承を得た上で、教会ではなく喪主側（遺族）で行います。

プロテスタントの通夜・葬儀

信者が危篤状態になったら速やかに所属する教会の牧師を迎え、聖餐《せいさん》式《しき》を行います。この儀式では、信者の意識が残っているうちにパンとぶどう酒を与え、安らかに天国に召されるようにと祈ります。

プロテスタントの葬儀はカトリックに比べて簡素で柔軟性があるようです。ただし教派の数がとても多いので、儀式のやり方などは、故人が属していた教会に相談すべきでしょう。一般的とされる進行例を紹介します。

カトリックの納棺から葬儀までの主な流れ

納棺式

遺体を清めて着替えさせたら、胸の上で手を組ませ、ロザリオを持たせる。遺族や近親者が取り囲む中、神父が納棺の言葉をささげ、聖書朗読、聖歌斉唱、祈りを行った後、遺体を棺に納める。

↓

通夜の集い／通夜の祈り

聖歌斉唱、聖書朗読、神父の説教、一同による黙祷、献香や献花、遺族のあいさつなどが行われる。式次第の後に茶話会が催されることもある。

↓

葬儀ミサ

言葉の典礼では聖書朗読や聖歌斉唱などを行った後、神父の説教、遺族が祭壇にパンとぶどう酒をささげ、故人が神に受け入れられることを祈る感謝の典礼を行う。

↓

告別式

聖歌斉唱、神父の言葉、献香、散水《さっすい》、告別の祈りを行った後、神父は退場。弔辞・弔電の紹介、遺族代表のあいさつ、献花と聖歌斉唱などが執り行われる。

プロテスタントの納棺から葬儀までの主な流れ

納棺式

牧師が開式を告げ、聖書朗読、祈りをささげた後、遺族の手で遺体を棺に納める。

↓

前夜式／前夜祭

賛美歌斉唱、聖書朗読、祈りをささげ、牧師が故人をしのぶ説教をする。その後、献花し遺族があいさつ。式次第の後に茶話会が催されることもある。

↓

葬儀・告別式

奏楽のほか、聖書朗読、祈祷《きとう》、賛美歌斉唱、牧師の説教の後、弔辞・弔電の紹介。賛美歌斉唱、告別の祈り、遺族代表のあいさつ、献花などが行われる。

第2章　葬儀の備え なんでもQ&A

Q コロナ禍での通夜・葬儀の注意点を教えてください。

A　コロナ禍の中、葬儀社側は、施設・会館内をパーティションで仕切ったり、室内の小まめな消毒や換気などに気を使ってきました。もちろん、スタッフ全員マスク着用での対応を徹底し、施設内各所に消毒液を置くことで感染予防に努めてきました。

一方、遺族側も感染予防対策に配慮する必要があります。郡部では「組内」などと呼ばれる町内会組織があり、お葬式などで組内の人たちがお手伝いする習慣があります。葬儀の受付などで町内会の方たちが集まっている場に、遠方からやって来た参列者が接触することがありますし、遠くからの親戚が移動中に新型コロナに感染する可能性もあります。その結果、通夜・葬儀の場を通じて新型コロナが組内や近所の方たちに感染しないとも言えません。もちろん、逆のケース（組内の方から遠方から来た参列者に感染する）も考えられます。そのことを配慮して「組内や近所の方たちのお手伝いはお控えいただきましょう。受付の手伝いは親戚がいたします」とすることで、通夜・葬儀の場が新型コロナ感染のクラスターとなることを防ぐことができます。

近所の方や一般の参列者にクラスターで新型コロナをうつしてしまわないよう十分注意を払いたいものです。コロナ禍の中では、通夜・葬儀の場で多くの方たちが濃厚接触する機会をなるべく避けるというのが遺族側、葬儀社側共通の配慮となります。

なお、国立感染症研究所感染症疫学センターが2020（令和２）年４月に示した「新型コロナウイルス感染症患者に対する積極的疫学調査実施要領」では、濃厚接触と判断する目安を「１メートル以内かつ１５分以上の接触」とされていました。通夜・葬儀へ参加していただいた方を濃厚接触者とさせないためには、なるべく15分以内の滞在で帰っていただく。儀式自体はなるべく遺族・親戚の方々だけで執り行うことが、参列者の皆さんに迷惑をかけないためのかたちとされてきました。

ただし、2023（令和5）年５月８日以降、新型コロナは５類感染症に移行したことから、マスクの着用も個人の判断となりました。コロナ禍以前は、葬儀というものは始まってから終わるまで参加していないと失礼にあたるという考えがありましたが、「短い滞在で帰ることは失礼ではありません。参列者個人の判断で最後まで残る人は残ってください。帰る人は帰っていただいても失礼ではありません」という考え方が定着していくことになりそうです。

第3章　葬儀を終えたら

～大切にしたい葬儀後の習わし～

●葬儀後の事務処理とお礼
●会葬礼状と香典返し・忌明けのあいさつ
●納骨の時期と方法
●忌中と喪中の過ごし方
●仏壇の購入と拝み方
●墓地の基礎知識
●お墓の基礎知識
●葬儀後の法要
●お墓参りの時期と作法
●ペット葬について
●葬儀を終えたら なんでもQ&A

葬儀後の事務処理とお礼

喪主・遺族代表は事務の引き継ぎを

葬儀とお斎が済んだら、喪主と遺族代表はお手伝いを頼んだ人と、葬儀事務の引き継ぎを行わなければなりません。受け取るものは次の五つです。

①会葬者名簿、弔問客の名刺
②香典と香典帳
③供物《くもつ》・供花《くげ・きょうか》の記録帳
④弔辞・弔電
⑤会計の収入記録をした出納帳、請求書、領収書など

なお会計係は、葬儀にかかった費用に関する書類などを整理し、入金・出金・未払いなどの金額を照らし合わせながら確認しましょう。

また、葬儀社からの請求書は明細書と見積書をよく照らし合わせ、内容を十分に確認した上で支払いましょう。

相続税の控除対象となる葬儀費用

葬儀に関する費用は、相続税控除の対象となります。ですから会計係からの引き継ぎでは、領収書や請求書などは必ず受け取りましょう。また、出納帳には明細をなるべく細かく記載しておくこと。これらの各種書類は相続の際に必要となります。しっかりと保管しておきましょう。

葬儀を終えたら謝礼とあいさつ回りを

お世話になった寺院や神社、教会へは、葬儀の翌日以降速やかにお礼に出向くのが礼儀です。その際は喪主と遺族代表の二人で出向いたほうがより丁寧です。服装は平服でも構いませんが、喪服あるいはそれに準じた地味なものにします。また近年、お礼は葬儀の日に渡すケースも増えているので、葬儀社に相談してみてもよいでしょう。

最近では葬儀の謝礼も規定料金を設定しているところが多いので、確認の上その金額を包みます。具体的な金額を提示していない場合は、葬儀の規模や故人の地位、僧侶の人数や地位、遺族の経済状況などを考慮して決めるのが一般的のようです。判断がつかないときは、檀家総代や葬儀社、教会の信者の長老などに相談してみるのもよいでしょう。

直接寺院などに費用を尋ねるときのあいさつ例

誠に恐れ入りますが、お布施の準備の都合もございますので、いかほどご用意したらよろしいかお聞かせ願えればと存じます。

隣近所などへは初七日までにあいさつを

葬儀では宗教関係者以外にも、多くの方にお世話になります。お礼のあいさつ回りは早めに伺いましょう。

謝礼の包み方と表書き

謝礼の表書き

●教会へのお礼

献金 ○○○○

●教会へは「献金」として包む。神父や牧師、オルガン奏者、聖歌隊には「御礼」を別に包む。

●神社へのお礼

御祭祀料 ○○○○

●「御祭祀料」または「御礼」として、斎主、斎員、楽員それぞれに包む。

●寺院へのお礼

御布施 ○○○○

●一括して「御布施」とする。複数の僧侶を招いた際も、それぞれに御布施を包む。

謝礼は奉書紙《ほうしょがみ》に包むか、白い封筒に入れます。先方に不幸があったわけではないので、不祝儀袋は使用しないこと。封筒はふくさに包んで持参し、差し出すときはふくさを開き、封筒を小さな盆や菓子折りに載せて渡します。くれぐれも表書きが先方から読めるよう、封筒の向きには気をつけましょう。表書きはそれぞれの宗教に合わせ、筆または筆ペンで記します。

寺院などに持参する場合のマナー

お世話になった寺院へ謝礼を持って出向く際は、菓子折りなども一緒に持参するとより丁寧です。謝礼を渡すときはふくさから取り出し、持参した菓子折りなどの上に載せて差し出すのが礼儀です。

お手伝いを頼んだ人へ

お手伝いを頼んだ人へはお斎の終了後に「御礼」として渡します。特にお世話になった人には、後日あらためてお礼のあいさつに出向きましょう。

ご近所へ

葬儀を手伝ってくれた人はもちろん、車や人の出入りで迷惑をかけたご近所にもお詫びかたがたあいさつに伺います。特にお世話になった人には菓子折りなどのお礼も持参しましょう。

故人の勤務先へ

故人が在職中であった場合は、職場へもあいさつに出向くこと。その際は事前に電話連絡をとることが礼儀です。また、菓子折りなども持参するとよいでしょう。勤務先では、机・ロッカーなどの私物の整理や、「遺族厚生年金の請求」「給与・退職金の精算」などの事務手続きを行います。

お礼の目安

●お世話になった人
5,000円～10,000円

●特にお世話になった人
10,000円～20,000円

●ご近所
2,000円～3,000円（品物）

御礼 ○○○○

●現金の場合は「御礼」として白封筒に入れます。

会葬礼状と香典返し・忌明けのあいさつ

遠方の方には会葬礼状を送る

本来は葬儀後に郵送するのが正式な会葬礼状ですが、最近は通夜・葬儀の際に、お清めの塩や返礼品とともに渡すのが一般的となっています。

しかし、弔問には見えず弔電を打ってくれた方や、遠方から香典や供物・供花を送ってくださった方には、あいさつの機会を失わないためにも、礼状は必ず出しましょう。仮に葬儀が年末に行われた場合は、松の内が過ぎてから（一般的に1月7日以降）届くように発送するのが礼儀です。

四十九日の忌明け後の香典返し

香典返しは通常、三十五日か四十九日の忌明《き》け後に、あいさつ状を添えて届けるのが一般的です。しかし、故人の遺志や家族の希望などで、香典を福祉施設などに寄付した場合は、お返しは行いません。その際は、寄付した旨を記したあいさつ状を送ります。

また、近年では「即日返し」も行われているようです。これは香典の金額にかかわらず、3千～5千円の品物を通夜や葬儀の日にお返しをします。香典の金額が大きかった場合には、四十九日法要の後に金額に見合った品物を届けます。

神道式・キリスト教式のお返しは

神道式では五十日祭の忌明けを迎えたころにお返しをします。水引は黒白または黄白で表書きは「偲草《しのびぐさ》」や「志《こころざし》」とします。

キリスト教式はもともと香典や香典返しの習慣はありませんでしたが、仏式や神道式に倣い1カ月後の命日のころにお返しをするようになりました。水引は神道式と同じく、表書きは「偲草」や「記念品」または「志」となります。

香典返しは半返しが目安

頂いた香典の半額相当の品物をお返しするのが、香典返しの習慣のようです。しかし、香典の額には開きがあるものですから、額に応じて3段階ほどに分けて品物を選ぶ方法や、金額にかかわらず一律の品物にする方法もあります。

以前は「故人を思い出してつらい」という理由から、消耗品を香典返し

香典・供物・供花の礼状の文例

謹啓　亡父○○儀　葬儀に際しましては、ご鄭重なるご弔慰を賜り誠にありがたく深謝いたします。早速拝眉の上、御礼申し上げるべきでございますが略儀ながら書中をもって御礼申し上げます。

敬具

弔電への礼状の文例

この度の葬儀に際しましては、早速ご鄭重なるご弔電を賜りご芳情の程ありがたく厚く御礼申し上げます。

おかげさまをもちまして葬儀も滞りなく執り行わせていただきました。ここに生前のご厚誼に深謝し衷心より御礼申し上げます。

にするのが一般的でしたが、最近はタオルセットやシーツ・毛布、漆器・陶器などもよく選ばれるようです。また、有名店の菓子など品物にこだわる人もいるようです。

忌明けのあいさつ状はオリジナル性を高めて

あいさつの文面は、百貨店やギフトショップなどの専門業者に、宗教に合わせた数種類の文例が用意されています。

そうした既成の文章を利用しても構いませんが、故人の思い出や現在の遺族の状況を記すことで、オリジナル性が高まるとともに、相手先にも心のこもったあいさつ状となるはずです。

葬儀後に出す死亡通知もある

葬儀の連絡を遠慮した人や、連絡が不可能だった人へは、お詫びかたがた、死亡通知を出します。

香典返しの表書きは

香典返しの品物には白の奉書紙を掛け、黒白かグレーの水引を結ぶのが正式です。しかし、近年では既に水引が印刷された掛け紙を使うことが主流となりました。

表書きは「志」か「忌明志《きあけし》」です。百貨店やスーパー、ギフトショップなどに依頼する際は、香典返しであることを忘れずに伝えましょう。

香典返しの添え状（忌明けのあいさつ状）の文例

謹啓　先般、父○○、永眠の際には、ご多忙のところご弔問をいただき、そのうえご丁寧なご芳志まで賜りまして、誠にありがとうございました。

本日、故人の七七日忌にあたり、内々にて法要を営みました。つきましては、供養のしるしに心ばかりの品をお届けさせていただきました。何とぞお納めくださいますようお願い申し上げます。

まずは略儀ながら、書中をもちましてごあいさつ申し上げます。

敬白

令和○年○月○日

○○○○

葬儀後の死亡通知の文例

父○○儀　病気療養中のところ、病勢にわかに募り○月○日永眠いたしました。

早速お知らせ申し上げるべきところでございましたが、ご通知が遅れましたことを深くお詫び申し上げます。

葬儀は○月○日滞りなく相済ませました。ここに生前のご厚誼に深謝し衷心より御礼申し上げます。

納骨の時期と方法

納骨は四十九日か一周忌に

葬儀を終えてから遺骨を自宅で安置し、四十九日の法要とともに納骨式を行ってから納骨するのが一般的とされています。

しかし、お墓をまだ建てていない場合は、一周忌か遅くても三回忌までに用意をし、納骨します。

自宅で遺骨を安置する際は、仏壇の前や床の間に後飾りの祭壇を設け、そこに安置し、水とご飯を供えて供養します。

また、お墓を建てるまでに時間がかかりそうなときは、寺院や墓地の納骨堂に仮納骨することも可能です。

納骨日は菩提寺《ぼだいじ》の僧侶と、また菩提寺がない場合は霊園や墓地などの管理事務所と連絡をとり、日程を決めるとよいでしょう。

納骨に必要な持ち物リスト

- 遺骨
- 遺影
- 位牌《いはい》
- お布施
- 埋葬許可証
- 印鑑
- 線香
- 供花
- 供物
- 墓地の使用許可証

納骨の際は「埋葬許可証」を忘れずに

埋葬許可証は多くの場合、火葬場の係員が骨壺《こつつぼ》を納める白木の箱に入れてくれます。納骨の際に必要な書類ですから、紛失しないように管理しておきましょう。

●埋葬許可証とは、火葬の際に提出した火葬許可証に、記入・押印されたものです。

納骨日に行う「納骨式」

親戚や故人の親しい友人などで、納骨の当日に厳粛に行われるのが「納骨式」です。

喪主か遺族代表が遺骨を納めたら、僧侶による読経、焼香が行われます。式後にお斎を開き、故人をしのぶのが一般的な流れです。

神道式とキリスト教式の納骨

キリスト教式の場合

海外では土葬が基本のキリスト教ですが、日本ではもちろん火葬となります。特に納骨の時期は決まっていませんが、カトリックでは7日目の追悼ミサの翌日か1カ月後。プロテスタントの場合は、1カ月後の「昇天記念日」に行われることが多いようです。

神道式の場合

火葬・骨上げと同日に、墓前に神職を招いて「埋葬祭」を行ってから納骨するのが神道式の特徴です。お墓がまだ用意されていない場合は、五十日祭か一年祭を目安に納骨を行うケースが多いようです。

忌中と喪中の過ごし方

忌中と喪中の違い

「喪に服す」という意味は、近親者が亡くなったとき、一定期間、身を慎んで過ごすことをいいます。古くは死のけがれが濃い期間を「忌」、薄くなった期間を「喪」といいました。現在は四十九日までを「忌中」、一周忌までを「喪中」とするのが一般的です。

喪に服す近親者の範囲は、配偶者と一親等（父母、子）、二親等（祖父母、兄弟姉妹、孫）の血族とするのが一般的のようです。故人が姻族で同居していた場合には、これも喪に服すことがあります。

官公庁服務規程による忌引期間

続柄		期間
配偶者		10日間
血族	父・母	7日間
	子	5日間
	祖父母	3日間
	兄弟姉妹	3日間
	孫	1日間
	伯父（叔父）・伯母（叔母）	1日間
姻族	配偶者の父母	3日間
	配偶者の祖父母	1日間
	配偶者の兄弟姉妹	1日間

忌中の過ごし方

かつて忌中の期間の遺族は、慶事などにはかかわることなく、家にこもり故人の弔いに専念しました。しかし、現在の社会生活の中では、喪に服すために会社や学校を四十九日間も休むわけにはいきません。

そこで一般的には、官公庁服務規程による忌引期間や勤務先の規定に従い、その後は平常な社会生活へと復帰するようにします。

喪中の過ごし方

喪に服している期間は原則として次のようなことを避けるべきだとされています。

- ●**結婚式・祝賀会・落成式といった祝い事への出席**
- ●**正月飾り・初詣・年賀状**
- ●**歳暮や中元**

しかし近年ではこれらも絶対的な禁止事項ではなくなっているようです。例えば不幸の前から予定されていた慶事には、先方へ自分が喪中であることを伝えてから出席するケースも多いようです。

なお、自分が喪中であることを知らない相手には、あえて知らせる必要はありません。

仏壇の購入と拝み方

家の宗派に合わせて選ぶ

仏壇を購入する時期に決まりはありません。いつでもよいのですが、お彼岸やお盆、法要などを機に求めることが多いようです。仏壇のない家で不幸があった場合は、四十九日の忌明けの法要までに用意します。

仏壇は宗派によって本尊や仏具、飾り方が異なるので、それに合った仏壇を選ぶことが大事です。購入前に菩提寺に相談するか、信頼できる仏壇店を選んでよく相談しておきましょう。

購入するときは、あらかじめ安置する場所を決めておき、置く場所の高さや横幅、奥行きなども正確に測ってから、仏壇店に出向きます。

開眼供養を営む

新しい仏壇を購入したときは、菩提寺に依頼して、仏壇に祭る新しい本尊や位牌に対して「開眼《かいげん》供養《くよう》」を営まなければなりません。これは御魂《みたま》入れや入魂式とも呼ばれる儀式で、本尊や位牌が「尊像」に生まれ変わることを目的とします。仏壇に対しては本尊を安置する清浄な場所となるよう、お清めの儀式を行います。

仏壇を買い替える場合、古い仏壇は寺か仏壇店に頼み、供養をしてから処分します。

四十九日の法要の前に求めた仏壇は、忌明けまで使用しません。

通夜の際に用意した白木の位牌は寺に納め、本位牌(塗り位牌。浄土真宗では過去帳を用いる)を新たに買い求めて、寺に入魂供養してもらい、忌明け後に仏壇に安置します。

先祖の位牌が多くなったときなどは、寺に依頼して戒名を過去帳に移し替えるか、厨子《ずし》形の枠の中に数枚の位牌札が入った繰り出し位牌に移し替えます。

仏壇の拝み方

仏壇には毎朝夕にお供え物をし、手を合わせるのが原則です。

仏飯は炊きたてを供えるか、パン食の場合はパンを供えます。花の水は毎日取り換え、花以外のお供えは、その日のうちに下げておきます。

礼拝は、仏壇前に正座し、一礼することから始めます。

次にろうそくに火をともし、その火で線香をともして香炉に立てます。ただし、浄土真宗は線香を灰の上に横にして置きます。

正式にはリンを二つ打って鳴らし合掌し、読経しますが、読経しない場合はリンを打つ必要はありません。合掌するときは数珠を持つようにします。

仏壇の扉は、供えた花などがかさばるため、開いたままにしている家が多いようですが、本来は夜寝るときに閉め、朝のお祈りのときに開けるのが作法です。

住宅事情に合わせた仏壇選び

かつては、その家で最も大切な部屋が仏間とされ、仏壇はそこに安置されました。しかし、現在では仏間のある家は少なくなり、リビングに安置するケースもあります。そうしたことからも、洋風の部屋にもなじむモダンなデザインの「家具調仏壇」も目にするようになりました。安置場所は、直射日光が差し込まず、湿気の少ない場所が望ましいです。

　仏壇の形は、背の高い「床置き型」、和室の戸棚の地袋に納まるサイズの「地袋型」、棚などの上に置ける小型の「上置き型」に分けられます。安置場所を決めてから、サイズを確認して選びましょう。

　また本来、仏壇を安置する向きなどにも諸説あり注意が必要ですが、現代の住宅事情では難しいので、仏壇と神棚が正面から向き合わないことを意識して置きましょう。

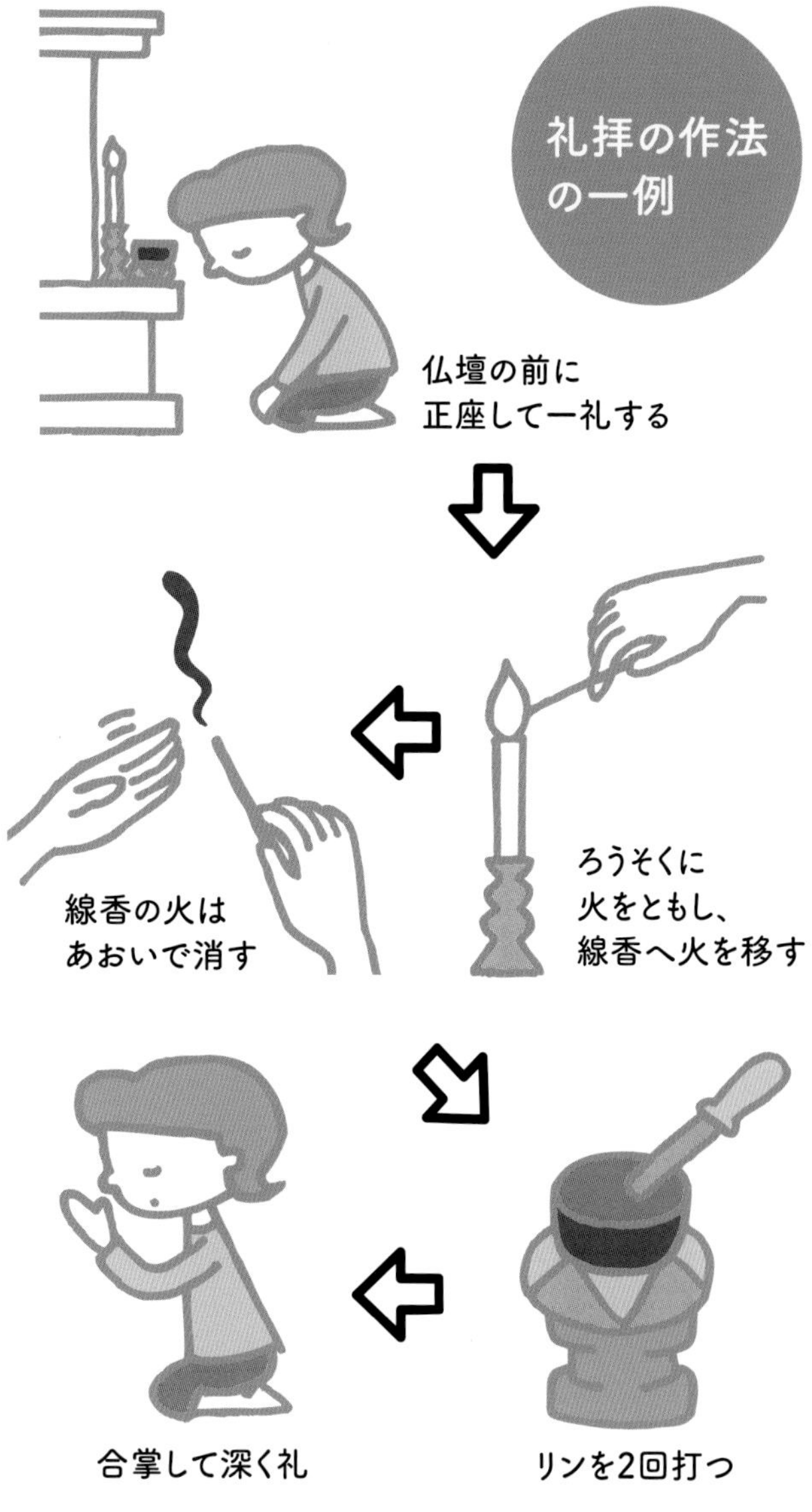
礼拝の作法の一例
仏壇の前に正座して一礼する
ろうそくに火をともし、線香へ火を移す
線香の火はあおいで消す
リンを2回打つ
合掌して深く礼

神道式の神棚と祖霊舎

神棚は神様をまつるものであり、祖霊舎《それいしゃ》は人が亡くなったときに、神棚とは別に設けるものです。祖霊舎には御霊をまつり、神鏡を納めます。

それぞれに神具を飾り、二礼・二拍手・一礼を行います。米、塩、水、榊《さかき》とお神酒を供え、頂き物を供えるようにします。

毎月1日と15日には「月次祭」として普段より丁寧にまつり、榊、お神酒を新しくして、お供え物も多くします。

お供え物は、三宝の上に置いたり、そのまま供えたりします。お供え物は後でいただきます。

キリスト教式の場合

キリスト教では、故人を祭る習慣は特にありません。故人の写真を思い出として飾る程度か、または、家庭用の小さな祭壇を購入し、供養を行う家もあるようです。

しかし、いわゆる日常のお勤めは、毎日曜日の教会における礼拝が中心になっています。

家庭用の祭壇を利用する場合は、十字架、ろうそく台、花瓶を基本に、宗派に応じて用具をそろえます。

墓地の基礎知識

墓地の購入＝永代使用権の取得

墓地の購入は、土地・住宅を購入するときのように所有権を得るのではなく、墓地の「永代使用権」を手に入れることです。したがって購入時に支払う代金は永代使用料（墓地使用料）であり、購入後の管理料の支払いが必要です。「永代使用権」には期限がないので、代々子孫が受け継いでいくこと（承継）ができます。法律でもその墓を守る者に対して「墓地使用権」の相続が認められています。

墓地の種類

遺体や遺骨の埋葬・埋蔵については「墓地、埋葬等に関する法律」によって規制されており、たとえ自分の土地であっても、墓地以外の場所に埋葬・埋蔵してはいけないことになっています。

墓地は性格や特徴で分けると、寺院に付属する寺院墓地、都道府県や市町村が管理運営する公営墓地、財団法人や宗教法人などが運営する民営墓地があります。

寺院墓地

寺院墓地の良い点は、法要の際に寺の施設を利用できること、菩提寺としての安心感があること、管理が良いことなどが挙げられますが、同時に入檀料、永代使用料、管理料、またはお布施、寄付などが求められます。

しかし、最近では墓地のスペースが不足し、同じ宗派・宗旨の人でもなかなか入れないのが実情であり、寺によっては納骨堂をつくって対応しているところもあります。

公営墓地

公営墓地の利点は、各都道府県や市町村の自治体が管理しているため料金が安く、宗派・宗旨に関係なく申し込めることです。

しかし、申し込みに際しては、原則としてその自治体に現住所があること、墓の承継者がいること、遺骨があることなど、さまざまな資格条件が必要になります。

民営墓地

民営墓地の多くは公園風に造られており、景観を考慮した設計になっています。

最大の利点は、民営墓地は公営のような地域的制限や資格条件がなく、宗派・宗旨を問わず、誰でも申し込めるということです。

墓地もいろいろな種類があります。
よく考えて納得できる場所を
選びたいものです

霊園墓地の選び方

公営や民営の霊園墓地を選ぶ際のポイントは、次の通りです。

①立地条件
②事業団体の経営状態
③墓地の管理状態
④永代使用権の範囲

公営の場合は、各自治体に問い合わせて、新しく募集する期日や場所、申し込み方法など詳しい情報を入手します。

民営の場合は、墓石専門の石材店、広告、パンフレット類などで検討することができます。

情報を集めたら、次に自分の目や足で確かめてみることが大切です。墓地までどれくらい時間がかかるのか、交通の便はどうか、墓地が山の傾斜に造成されている場合では水害や土砂崩れの心配がないかどうか、日当たりや風通しのよい場所かどうか……それらは現地に行って調べてみるのが賢明です。また、駐車場や休憩室の有無と広さ、トイレ、管理事務所など諸施設の有無もチェックしておきましょう。

墓地使用規定に注意

霊園墓地を購入する最終段階で確認しておきたいのが、墓地使用規定です。内容としては使用の資格、墓地使用の制約、管理料、墓石の建立、墓地内の設備、使用権の譲渡、墓地使用の取り消し、建物の使用などについて規定されています。

このうち管理料は永代使用料とは別に支払うことが義務付けられ、使用権を有している限り支払います。

使用権の譲渡については、第三者に譲渡することを認めない墓地があり、違反すると使用権が取り消されます。将来、身内以外の人に使用権を譲渡することもあり得る場合は、よく確かめておきましょう。

永代供養とは

墓の管理や供養をする人がいない場合に、寺院に永代にわたる供養を依頼するのが「永代供養」です。一定期間、たとえば三十三回忌や五十回忌などまで、寺院が管理や費用を引き受けるというものです。

依頼する際には、ある程度まとまったお布施（永代供養料）を納めます。お布施には「誰が・誰の・いつまでの供養のために・いくら納めたのか」を明記したものを添えます。永代供養料は「1回の法要のお布施×年間の法要回数×永代年数」を基準に考えます。

お墓の基礎知識

墓石のデザインは主に3タイプ

墓石の種類には、和型、洋型、デザイン型の3タイプがあります。

和型は、家名などを彫り込む竿石《さおいし》が縦に長く、洋型は竿石が横に長く背が低いものが一般的です。

デザイン型は、建立者の好みに合わせて自由な形で造ることが可能です。家族やお墓の承継者と話し合い、イメージを共有しておきましょう。特に、デザイン型の墓石を検討している場合は、石材店の担当者にそのイメージを伝えると同時に、施工が可能かどうかも確認してください。

また、墓地によっては、墓石のスタイルやサイズが制限されることもあります。事前に管理する霊園などに問い合わせるようにしましょう。

石材はなるべく実物を見て選ぶ

材質によって雰囲気や価格が異なるのが墓石です。墓石に適した石材は、吸水性が低くて硬度が高い、耐久性に優れたものとされます。

墓石を選ぶ際は、石材店のカタログやホームページ上のサンプルなどが参考になります。ですが、購入する前にはできるだけ墓地へ足を運び、さまざまな墓石を比較してみるようにしましょう。年月の経過した墓石の状態などを確認することは、仕上がりをイメージするのに役立つはずです。

お墓を建てる時期開眼供養と祭り方

お墓を建てる時期に特別な決まりはありませんが、一般的には四十九日、一周忌、三回忌、新盆、彼岸などの法要のときがよいとされます。

新しくお墓を建てたときは、埋葬の際に僧侶を招いて「開眼供養」を行います。これはお墓に魂を迎え入れるための儀式で、御霊入れ、入魂式ともい

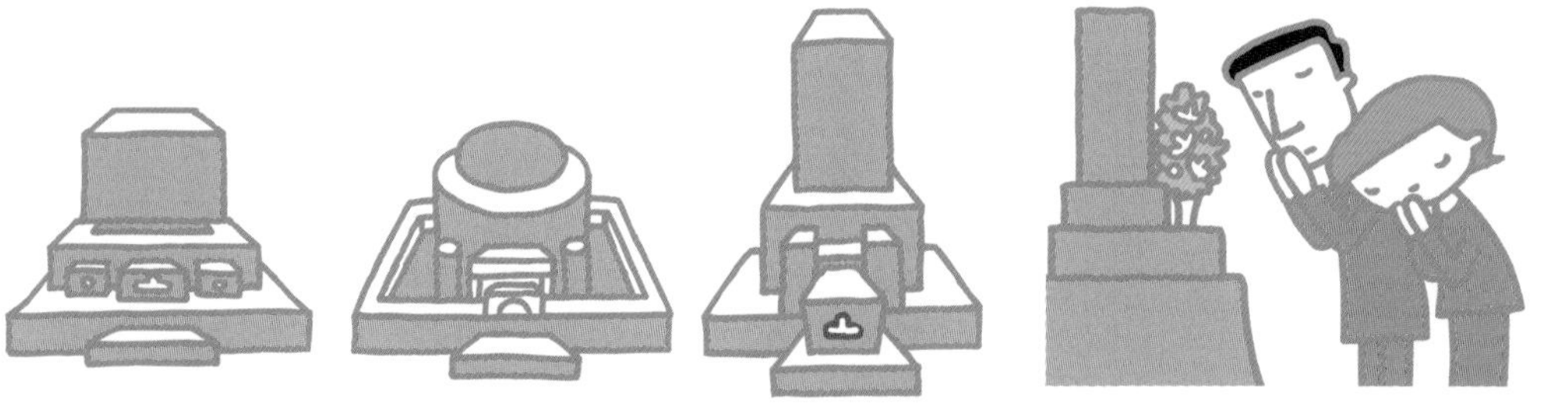

われます。具体的には、墓前にお供えをして読経してもらい、焼香します。

お墓の費用

お墓を求める際に必要な費用は、大きく分けて、次のものが挙げられます。

①墓地使用料
②年間管理料
③石材の費用
④お布施

墓地使用料は、墓地の経営団体に支払うもので、墓地によって金額が異なります。年間管理料は、墓地の管理者に支払うものです。管理、運営の仕方は経営団体によって異なりますが、一般的には年間の料金が設定されています。

石材の費用とは、墓石・石碑と周りの外柵を造るためにかかる費用で、石材の種類、お墓のデザイン、墓地の広さによって異なります。

お布施は、寺院墓地に入るときに必要です。お寺の檀家となり、その墓地を分けていただくためです。入檀料ともいわれています。

お墓をどうするかについては、家族や親族とよく話し合うことも大切です

お墓を継ぐ人がいない場合の永代供養墓

家族のあり方が大きく変わり、個人の生き方も多様化している現在では、お墓のあり方も当然変わってきています。

シングルや子のいない夫婦でお墓を継ぐ人がいない場合、何らかの理由で継いでもらえない場合があります。お墓の承継者がいないと、自分の墓が欲しいと思って建てても、いずれは無縁墓になりますし、霊園では跡継ぎがいないと墓地を売ってくれないこともあります。

このように承継者がいない人のためにできたのが「永代供養墓」です。形態には、単独墓、集合墓、合葬墓があります。単独墓は従来のお墓と同じように個々にお墓を建てたもの、集合墓は大きな慰霊碑に個々の墓碑を集合させているもの（古墳型が多いようです）、合葬墓は遺骨を個別に分けずに大きな慰霊碑の中に一緒に納める形式のものです。単独墓と集合墓は、30～50年など供養の期間が決まっているところが多く、期間が過ぎると合《ごう》祀《し》されます。

それぞれに形態の違いはありますが、宗派を問わず、春秋の彼岸とお盆に法要を行ってくれます。

神道式・キリスト教式の場合のお墓

神社では墓地を持たないのが一般的なので、公営や民営の霊園墓地を利用します。墓の基本構成は仏式の一般的な形とほとんど同じなので、宗教を問わず受け入れている墓地を、よく相談した上で決めましょう。

キリスト教のプロテスタントの場合は、日本キリスト教団が各地域に墓地を持っています。また、教会独自に墓地を所有しているところもあり、会員であれば通常そこを利用できます。カトリックの大きな教会では、礼拝堂地下などに納骨堂を備えているところもあります。キリスト教式の墓は、特に構成上の決まりはありませんが、十字架を何らかの形で取り入れていることが特徴です。

葬儀後の法要

法要は死者の霊を慰める

法要は法事ともいい、故人があの世で良い報いを受けられるようにと願いを込めて、供養するための儀式です。仏式では葬儀後、初七日の儀式をはじめとして、7日ごとの追善供養、一周忌以降の年回忌法要などの儀式を執り行います。

初七日から一周忌までに行う法要

死亡した日から7日目が初七日です。最近は、初七日法要は葬儀のあとの遺骨迎えと併せて行うことが多くなっています。それ以降の四十九日までの法要と百か日の法要は、僧侶に読経を行ってもらうのが一般的です。

四十九日は「満中陰」といい、冥土ではこの日の審判で死者の運命が決まるとされる重要な日です。四十九日の法要は、一周忌までの法要の中で、最も重要な忌明けの法要であり、死者の成仏を願い、遺族、近親者、友人・知人を招いて行います。

法要は必ずしも49日目でなくてもよく、出席者の都合などを考慮し、それ以前の土曜か日曜に行われることが多いようです。

年回忌法要は三十三回忌まで

死亡した同月同日の命日を「祥月《しょうつき》命日」といい、毎月の死亡した日と同じ日を「月忌《がっき》」と呼びます。年回忌法要は祥月命日に行う法要です。

死亡した翌年に行うのが一周忌、その1年後が三回忌で、以降は亡くなった年を含めて数え、七回忌、十三回忌、十七回忌と続きます。

一周忌は、故人亡きあとの遺族の様子を知ってもらう意味もあります。

一般に、三回忌から七回忌以降は、次第に招く人を絞り、内輪で営むようになります。

宗派にもよりますが、三十三回忌まで切り上げることがほとんど(本来は五十回忌まで)で、これを「弔い上げ」と呼びます。その後は先祖代々の法要としてまとめて営みます。

法要を営む際の準備

法要では僧侶に読経してもらい、式の終了後には会食の席(お斎)を設け、僧侶と招待客をもてなします。四十九日や一周忌、三回忌など、規模の大きい法要を営むときは、万全の準備が必要です。できれば会場や招待する人数、会食の料理、引き出物などを考え、2カ月以上前から準備を始めたいものです。

進行は僧侶の指示に従う

施主(喪主)・遺族側は三回忌までは正式な喪服を着用します。それ以降は地味な平服で構いません。案内状には「平服でお越しください」などと、一言ふれておきましょう。

当日の進行は僧侶の指示に従います。読経の途中で僧侶から焼香の合図があるので、施主側の代表者から、故人と血縁の深い順に焼香します。墓参りを済ませ、法要後の会食の席に移ります。会食の前には施主、または遺族代表がお礼のあいさつをします。

神道式の追悼儀礼

仏式の法要に当たる「霊祭」

神道式の「霊祭」には、まず葬儀の翌日に墓前か自宅で行う「翌日祭」がありますが、現在では省略されることがほとんどです。

五十日祭は忌明けとなる重要な霊祭です。仏教の四十九日の法要のように、神職を招き、近親者や友人・知人を招いて執り行います。

翌日には「清祓《きよはら》いの儀」を行い、神棚に張ってあった白紙を取り去ります。また、五十日祭後、百日祭までに、仮霊舎に祭ってあった故人の霊璽《れいじ》を、祖先の霊を祭る祖霊舎に移す儀式「合祀祭」を行います。最近はこの合祀祭と清祓いの儀を五十日祭と併せて行うことも多いようです。

五十日祭の後には、忌明けのあいさつ状とともに、玉串料のお返しを送ります。その後は１００日目の百日祭があります。

祥月命日に行う「式年祭」

百日祭以降は1年目の祥月命日に一年祭を行います。その後、三年祭、五年祭、十年祭と行い、十年祭後は10年ごとに五十年祭まで行い、次は百年祭となります。

祭典には神職を招いて

霊祭は墓前や自宅、斎場などに近親者、友人・知人などを招き、神職を招いて行います。祭典の終わりに「直会《なおらい》」と呼ばれる宴席が設けられます。「直会」は、御霊にお供えした食べ物やお酒を、御霊、神職、親族、参列者が共にいただくという神事の一つです。

キリスト教式の追悼儀礼

カトリックでは「追悼ミサ」

カトリックでは、日本の習慣に合わせた日に、教会で「追悼ミサ」を行います。

追悼ミサには遺族、近親者、友人・知人が参列します。なお、11月は「死者の月」とされ、死者のためのミサや墓参りをします。11月2日は死者の記念日で、死者のためのミサが行われます。

プロテスタントでは「記念祭」

プロテスタントでは、死後1カ月目の昇天記念日（亡くなった日）に「記念祭」を行います。場所は教会、墓前、自宅などで、牧師をはじめ、近親者や友人・知人を招いて行われます。

法要の準備と主な手順

① 日程

年忌法要は祥月命日に行うのがしきたりだが、現在は休日に行うのが一般的。その場合は、必ず命日よりも前に行うのが習わし。日時を決めたら、菩提寺にまず連絡すること。

② 場所

寺院、自宅、斎場など、どこで行うかを決める。法要後に墓参りをする場合は、墓地の近くであることも重要なポイント。

③ 招く人を決める

招く人の範囲と人数を決める。遅くとも1カ月前までに日時と場所を明記した案内状を送る。ごく身内だけのときは、電話連絡でも構わない。

④ 引き出物の手配

内容はお茶や海苔、お菓子などが適切。

⑤ 寺院への謝礼

奉書紙に包むか白封筒に入れ、表書きは「御布施」「御礼」とし、法要の前にあいさつをするときに渡す。
僧侶に自宅や霊園まで出向いてもらう場合は、送迎するしないにかかわらず「御車代」を包む。また、お斎に供応しない場合は「御膳料」を包む。

お斎について

法要後の会食のことを「お斎」といいます。故人のために時間を割いてくれた僧侶や参列者に対して、感謝の気持ちを込めてもてなします。自宅や斎場で行う場合は仕出し料理などをとります。法要の会場とは別にホテルやレストランで行っても構いません。会食の席次は、僧侶に最上席に座っていただくこと以外は、葬儀に準じればよいでしょう。施主側は末席に座って、僧侶や参列者に気を配ります。

お墓参りの時期と作法

お盆やお彼岸 故人の命日などに

墓参りの時期に決まりはありません。仏式の場合、春と秋のお彼岸、お盆、故人の祥月命日、年回忌法要、年末などに行います。月忌にも墓参りをすることがあります。

とはいえ、この時期に限らず、故人や先祖に何か報告したいことがあるときなど、機会あるごとにお参りしたいものです。

お参りの前には墓の掃除を

寺院墓地の場合は、まず住職にあいさつをし、本堂に参堂してから墓参りをします。

墓地では最初に掃除を行います。手おけ、ひしゃく、ほうきなどは、たいてい寺院や霊園の管理事務所で借りられますが、それ以外の掃除用具、ブラシ、はさみ、植木ばさみ、タオルなどは持参しましょう。墓石、墓地内を丁寧に掃除し、古い卒塔婆《そとうば・そとば》は所定の場所で燃やすか、管理事務所などに処分を依頼します。

花や供物 線香を供えて

墓がきれいになったら、花や供物、線香を供えます。供物は故人が好んだお菓子や果物を供えます。

線香は束のまま線香立てに供えますが、墓参りの人数に分けて、それぞれが線香を供えてお参りする方法もあります。

手おけには新しい水をくんでおきます。お参りは故人との縁の深い順に行います。まず墓石に水をひしゃくでまんべんなくかけます。墓石に水をかけるのは、仏ののどを潤すとともに、清めのためともいわれます。

水をかけたら数珠を手に合掌し、できればお経を唱えます。立ったままではなく、腰を低くするか、しゃがんで拝みます。

供物は持ち帰る

墓地内に祖先の墓が並ぶ場合は、古い祖先の墓から拝んでいきます。

なお、果物やお菓子などを供えるときは、後で犬や猫、鳥などに食べ散らかされたり、腐敗して墓を汚したりすることのないように、お参りが済んだら持ち帰りましょう。

神道式の墓参り

神道式では祥月命日のほか、お盆やお彼岸に墓参りをします。供え物は水、米、塩、お神酒のほか、故人の好物など。線香は供えず、榊《さかき》を供えます。墓前では、二礼・二拍手・一礼の拝礼をします。この場合のかしわ手は音を立てます。

キリスト教式の墓参り

カトリック、プロテスタントともに特に決まりはありません。

お盆とは「盂蘭盆会」のこと

お盆のことを正式には「盂蘭盆会《うらぼんえ》」といいます。サンスクリット語のウランバーナに由来するとされ、ウランバーナには「逆さ吊りの苦痛」という意味があります。

盂蘭盆会は「逆さ吊りの苦痛から救われる法会」ということです。

お盆には先祖の霊が帰ってくるといわれています。お盆の時期は、7月13日を「お盆の入り」とし、16日の「お盆明け」までの4日間を指します。旧暦の7月、または1カ月遅れで8月にお盆の行事を行うのが一般的です。

精霊棚・迎え火で先祖を迎えることも

お盆を迎えるに当たっては、仏壇をきれいにし、お盆の入りの前日には精《しょう》霊棚《りょうだな》（盆棚）を設けます。仏壇の前に小机や台を置き、真菰《まこも》や簀子《すのこ》を敷いて、簡単な精霊棚とすることがほとんどです。精霊棚には位牌や三具足《みつぐそく》を置き、季節の果物や野菜を供えます。

13日の夕方には先祖の霊が迷わないように、庭先や玄関に苧殻《おがら》（麻の茎）で迎え火をたきます。墓地に近い場合は、墓参りをして盆灯籠に火をつけて迎えます。16日の夕方には迎え火と同じ場所で送り火をたいて霊を送ります。

お飾りや供え物はお盆の後、川に流す習わしでしたが、最近は環境問題もあり、菩提寺に持っていくことが多いようです。なお、浄土真宗では盆棚の習慣はありません。

新盆の迎え方

人が亡くなって初めて迎えるお盆を、新盆《にいぼん》（初盆）といいます。新盆は故人の霊が初めて帰ってくるときなので、近親者や友人が集まって、丁寧に供養しましょう。僧侶に読経してもらい、墓参りをします。宗派によっては、卒塔婆供養も行います。

また、霊が迷わないように軒先か仏壇のそばに提灯を飾り、夜には明かりを入れます。新盆には近親者が白い提灯を贈る習慣もあります。

なお、忌明け（四十九日）前にお盆を迎える場合は、翌年を新盆とします。

春分の日・秋分の日前後がお彼岸

3月の春分の日と、9月の秋分の日を中日として、その前後3日ずつを合わせた7日間が「彼岸《ひがん》会《え》」の時期になります。初日を「彼岸の入り」、終日を「彼岸の明け」といいます。

また、極楽浄土は西方にあるといわれますが、太陽が真西に沈むお彼岸の時期は、あの世とこの世が交流できる時期として、祖先の霊を供養する仏事が行われるようになりました。

お彼岸には特に決められた行事はありませんが、この期間、各寺院で彼岸法要が営まれます。各家庭では、おだんごやぼた餅、おはぎなどを作って仏壇に供え、先祖を供養し、墓参りを行います。

墓参りの作法

① きれいに掃除をしたら、花やお菓子などの供物を供え、線香に火をつけて線香立てに立てます。1人ずつ、ひしゃくの水を墓石にかけます。

② 水をかけたら、しゃがむか、腰を低くして拝みます。

ペット葬について

ペットをめぐる状況

かわいがってきたペットが亡くなったとき、最後の愛情として手厚く葬ってあげたいと思うのは、当然の気持ちです。近年では、ペットの葬儀を行ったり、ペットのお墓を持ったりする人が増えてきました。ペットを家族同様に考える人が増えてきていますから、時代の当然の流れといえるでしょう。

ですから、今ではペット専門の葬儀社や霊園、ペットのために読経してくれるお寺をはじめ、ペット用の仏壇や散骨、遺骨加工のサービスもあります。また、ペットを亡くした悲嘆(ペットロス)をケアする会(日本ペットロス協会など)もあります。

このように、ペットを人間と同じように扱う状況が整ってきています。ちなみに仏教では、人間も動物も六道輪廻《りんね》する生き物としては同じで、宗派によっては動物も浄土に行けるという教えがあります。

ペットが亡くなったときは

ペットが亡くなった場合、犬は市町村の自治体への届け出が義務付けられていますが、犬以外のペットについては届け出の義務はありません。届け出の事項は、飼い主の住所、氏名、犬の死亡年月日、登録番号です。

ペットの亡きがらについては、飼い主が責任をもって処理します。かつては亡きがらを川に流したり、埋葬したりした時代もありましたが、いまや大切な家族の一員。ペットの火葬や葬儀をやってくれる民間の施設を利用することをお勧めします。

ペット火葬の依頼先

ペットの火葬は、ペット霊園や移動火葬車などで行うことができます。

ペット霊園

ほとんどに火葬炉が設置されており、葬儀から火葬、納骨まで一貫して行うことができます。

移動火葬車（訪問火葬）

自宅近くに移動火葬車を呼び火葬してもらいます。時間、場所の自由度が高い半面、業者により供養の仕方に幅があるため、よく確認してから依頼するようにしましょう。

ペットの火葬の種類について

ペットの火葬にはその方法によって次のように分類することができます。どのケースにおいてもペットの大きさによって値段が決まってくるようです。実際の料金およびサービスについては、直接電話して確かめてください。

個別葬

火葬場にペットを連れて行き、預けた順に個別に火葬してもらうため、収骨することができます。自宅に連れ帰ったり、その場で納骨したりもできます。火葬料金は合同葬と同様にペットの大きさによって変わってきますが、合同葬に比べると割高になります。

合同葬

他のペットと一緒に火葬されます。お骨を拾うことや火葬に立ち会うことはできません。他のペットと混ざりますから、当然遺骨を持ち帰ることはできません。

立ち会い葬

人間の火葬と同じように火葬場に行き、火葬したペットの遺骨を拾い、骨壺などに入れて持ち帰れます。立ち合い葬は予約制で、最優先で火葬を行ってくれるため、個別葬より割高になるようです。

火葬料金については、ペットの大きさや体重によって変わりますので、直接電話などで確認してください。

ペット霊園を選ぶ

ペット霊園には、寺院等が運営しているもの、独自の事業主体が運営するものなどがあります。これらのペット霊園を利用するに当たっては、施設の状況やどのようなサービスを実施してもらえるかを確認しておく必要があります。ペット霊園が行っているサービスには下記のようなものがあります。

- 火葬場を持っていて火葬する。（合同葬・個別葬・立ち会い葬など）
- 人間と同じように専用の墓地があり、そこのお墓に納骨する。
- 納骨棚・納骨堂などの施設があり、遺骨を預かってもらえる。
- 共同の供養塔などに遺骨を納骨する。

第3章　葬儀を終えたら なんでもQ&A

Q 喪中でもお歳暮やお中元を贈っても構いませんか？

A　歳暮や中元などの贈答は、四十九日の忌明けまでは控えるのが習わしですが、それ以降は平常と変わらず贈るようになりました。忌明け以降に贈る際の表書きは、歳暮なら「寒中(余寒)お見舞い」、中元なら「暑中(残暑)お見舞い」とします。

Q 年忌の年に法要ができそうにありません…

A　施主の仕事の都合や病気、また近年では感染症対策により、人の移動や密集を避けなければならないような状況になった場合など、年忌法要が営めないこともあります。延期も含め、まずは僧侶とも相談をして決めることをお勧めします。

また、法要は形式にとらわれずとも、僧侶に読経をお願いし、仏壇や遺影の前で祈るだけでも十分な供養になります。とはいえ、通常と異なる形で行う場合は、近親者にその旨を伝え、了承を得るようにしましょう。

Q 日常の供養には、どのようなことをすればよいのでしょうか？

A　仏式では、葬儀後の初七日や四十九日、年忌法要などの追善供養がありますが、それ以上に日々の暮らしの中で、本尊や先祖に心を込めてお参りすることが大切です。朝夕、少しの時間でも繰り返し供養を行うことで、供養する者の心も豊かになってきます。

朝はまず仏壇の内部を整えます。香炉の中はきれいか、花は枯れていないか、茶湯器などが汚れていないかを確認しましょう。そして、炊きたてのご飯、お茶や水(浄土真宗以外)、花を供えます。燭台《しょくだい》に火をともして線香を上げ、勤行を始めます。

Q お墓の掃除に手順はありますか？

A　基本的な墓石の掃除方法や注意点は次の通りです。①墓石にひしゃくで水をかけ、毛先の長いブラシやスポンジで汚れを落とす②汚れが落ちたら水洗いし、タオルで水気を拭き清める③水鉢をすすいで、きれいな水を満たす④墓地内の落ち葉や雑草、ゴミを取り除き、掃き清める⑤古い卒塔婆は管理事務所に頼んで処理してもらう

墓石は水洗いで十分です。洗剤を使用するとその成分で墓石がひび割れることもあるので注意しましょう。何よりもお墓をきれいに保つには、季節ごとにお参りすることが一番です。

第4章　届け出と手続き

- ●死後すぐに行う法的な手続き
- ●葬儀と各種手続きの流れ
- ●葬儀後の手続き一覧
- ●世帯主が亡くなったら
- ●健康保険証などの返却
- ●国民健康保険の手続き（葬祭費の申請）
- ●健康保険の手続き（埋葬料の申請）
- ●国民年金・厚生年金の手続き
- ●国民年金加入者の場合（国民年金第1号被保険者）
- ●厚生年金に加入の場合（国民年金第2号被保険者）
- ●高額療養費の払い戻し申請
- ●所得税の準確定申告
- ●医療費の控除
- ●生命保険の手続き
- ●事業引き継ぎの手続き
- ●法的な諸手続きに必要な書類
- ●遺言の手続き
- ●遺産相続の手続きとポイント
- ●特別寄与料と遺留分の権利
- ●配偶者による居住権の取得
- ●相続税がかかる財産
- ●金融機関での相続手続き
- ●不動産の相続手続き
- ●株式など有価証券の相続手続き
- ●自動車・ゴルフ会員権などの相続手続き
- ●相続税の申告と納付
- ●届け出と手続き なんでもQ&A

死後すぐに行う法的な手続き

死亡届は死後7日以内に提出すること

死亡届の提出は法律上義務付けられているので、死亡した日(死亡を知った日)から7日以内に役所へ届け出なければいけません。この書類を提出しないと、「死体火葬許可証」が交付されず、火葬が行えないので実際には死亡当日か翌日には提出することになります。その際には「死亡診断書」か「死体検案書」も必ず添えて提出してください。

通常、死亡届と死亡診断書は1枚の用紙になっており、病院に備え付けられています。臨終に立ち会った医師に書いてもらいましょう。

死亡届は代理人の提出も可能

死亡届は、365日・24時間いつでも受け付けてもらえます。

死亡届の提出先は、「故人の本籍地」「死亡した場所」「届け出人の住所地」のいずれの役所でも構いません。

届け出人は、

①故人と同居の親族
②同居していない親族
③同居者
④家主・地主

などです。葬儀社に代行を依頼して提出することも可能です。戸籍法上、印鑑は不必要になりましたが、届け出人と代行者の印鑑が必要な地域もあります。

火葬の申請は死亡届と同時に行う

遺体を火葬するには、死体火葬許可証が必要です。この許可証は、死亡届と同時に申請することで交付されます。死体火葬許可証は、自治体によってその書式や名称は異なるようです。ちなみに熊本市の斎場を利用する場合は「火葬場使用許可申請書」と交付された「死体火葬許可書」を斎場に提出します。

死体火葬許可証は、火葬後に証明を受けて納骨の際に必要な書類になります。このように、死後に必要な書類は一つの流れになっています。

事故死・変死・自殺の場合

交通事故、転落事故、火災などによる事故の場合、いったん医師による診療がなされ、その時の傷病が原因となって後に死亡したときは、検死は不要です。

一方、同じ交通事故でも、現場で即死が確認される場合は、医師による検死が必要となります。また、自殺・他殺の場合も同じです。決して遺体を動かしてはいけません。速やかに警察へ連絡してください。検死が終わると「死体検案書」が交付されます。これが自然死と同様の死亡診断書として扱われます。

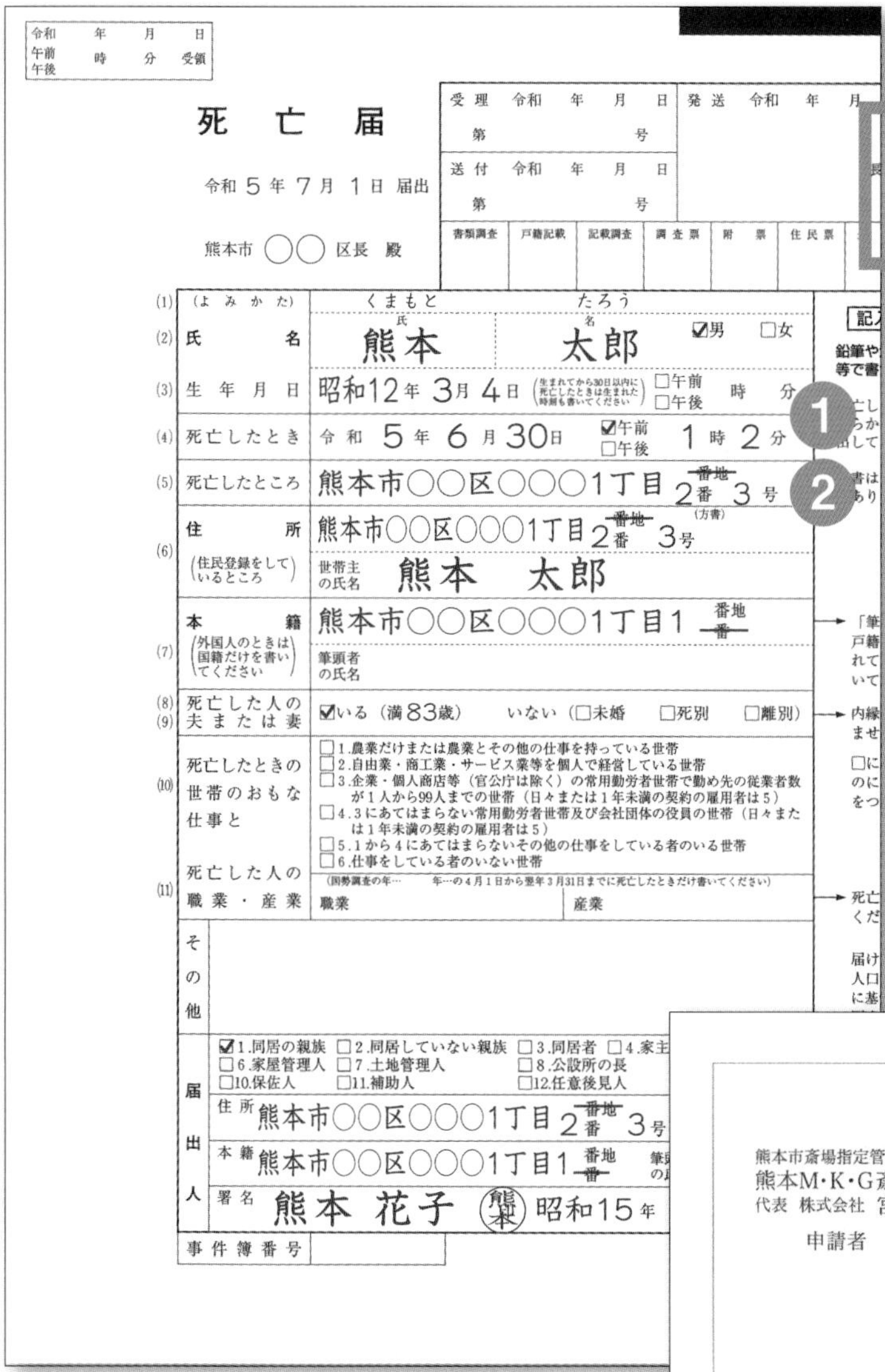

死亡届

令和 年 月 日 / 午前 午後 時 分 受領

受 理 令和 年 月 日 第 号 / 送 付 令和 年 月 日 第 号 / 発 送 令和 年 月

書類調査 / 戸籍記載 / 記載調査 / 調 査 票 / 附 票 / 住 民 票

令和 5 年 7 月 1 日 届出

熊本市 ○○ 区長 殿

(1)	(よみかた)	くまもと たろう
(2)	氏名	熊本 太郎 ☑男 □女
(3)	生年月日	昭和12年 3月 4日 (生まれてから30日以内に死亡したときは生まれた時刻も書いてください) □午前 □午後 時 分
(4)	死亡したとき	令和 5年 6月 30日 ☑午前 □午後 1時 2分
(5)	死亡したところ	熊本市○○区○○○1丁目 2番 3号
(6)	住所（住民登録をしているところ）	熊本市○○区○○○1丁目 2番 3号 / 世帯主の氏名 熊本 太郎
(7)	本籍（外国人のときは国籍だけを書いてください）	熊本市○○区○○○1丁目1 番地 / 筆頭者の氏名
(8)(9)	死亡した人の夫または妻	☑いる（満83歳） いない（□未婚 □死別 □離別）
(10)	死亡したときの世帯のおもな仕事と	□1.農業だけまたは農業とその他の仕事を持っている世帯 □2.自由業・商工業・サービス業等を個人で経営している世帯 □3.企業・個人商店等（官公庁は除く）の常用勤労者世帯で勤め先の従業者数が1人から99人までの世帯（日々または1年未満の契約の雇用者は5） □4.3にあてはまらない常用勤労者世帯及び会社団体の役員の世帯（日々または1年未満の契約の雇用者は5） □5.1から4にあてはまらないその他の仕事をしている者のいる世帯 □6.仕事をしている者のいない世帯
(11)	死亡した人の職業・産業	職業 / 産業
	その他	
	届出人	☑1.同居の親族 □2.同居していない親族 □3.同居者 □4.家主 □6.家屋管理人 □7.土地管理人 □8.公設所の長 □10.保佐人 □11.補助人 □12.任意後見人 / 住所 熊本市○○区○○○1丁目 2番 3号 / 本籍 熊本市○○区○○○1丁目1 番地 / 署名 熊本 花子 (熊本) 昭和15年
	事件簿番号	

■死亡届の書き方（熊本市の場合）

見本

1. 死亡診断書もしくは死体検案書に書かれていた日時を記入してください。
2. 病院で亡くなった場合は病院の住所を記入してください。

死亡届の手続き

手続き先	故人の本籍地や死亡地の市・区役所、町村役場（または届け出人の現住所の市・区役所、町村役場）
手続きする人	親族、同居者、家主、地主、後見人など
期間	死亡を知った日から7日以内
必要な書類等	死亡診断書または死体検案書、印鑑など
注意点	・死亡診断書はコピーを数部とっておく（生命保険などの支払いの際に提出を求められることがある）。 ・国外で亡くなった場合は、死亡の事実を知った日から3カ月以内に死亡届を提出する。

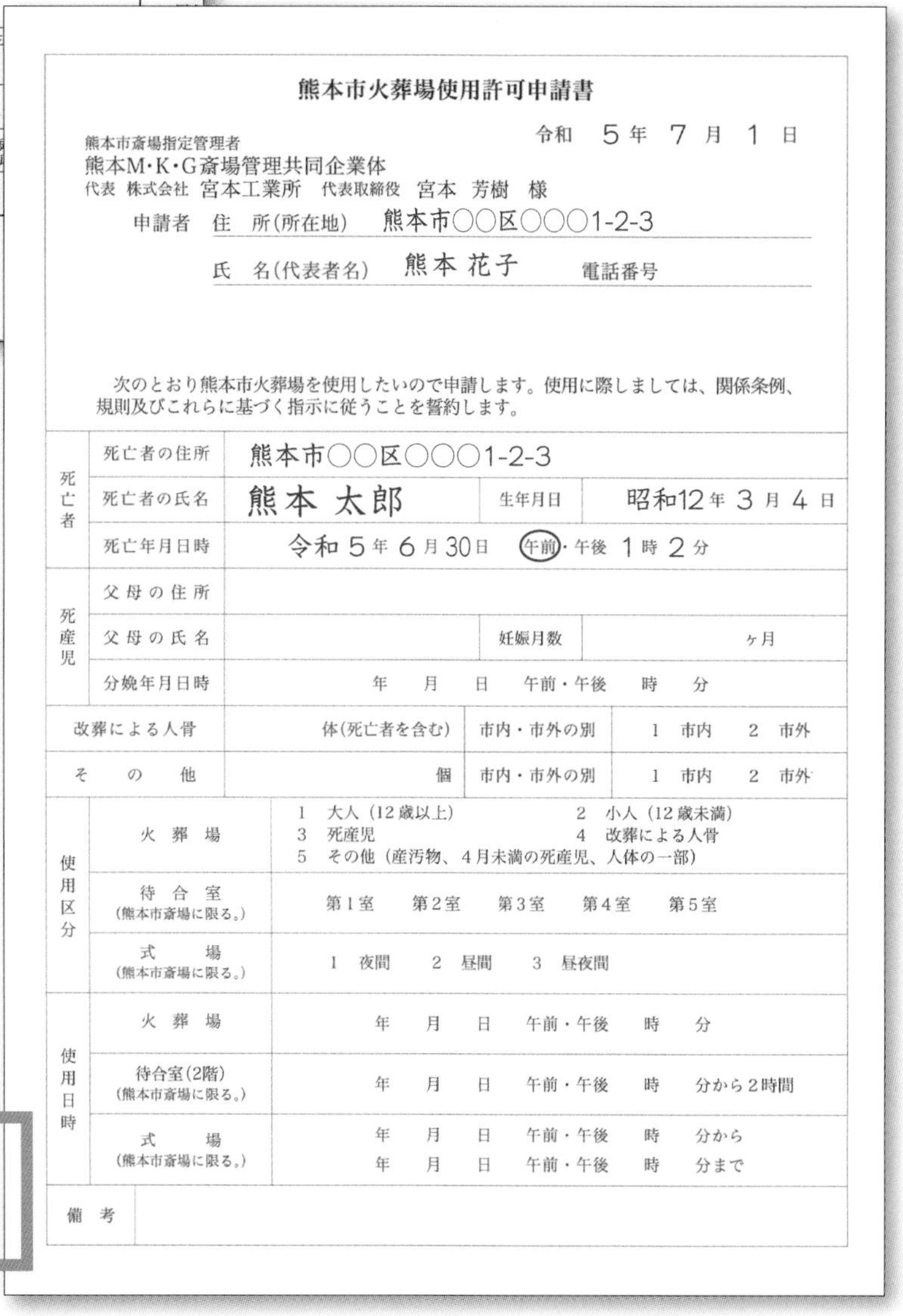

熊本市火葬場使用許可申請書

令和 5 年 7 月 1 日

熊本市斎場指定管理者
熊本M・K・G斎場管理共同企業体
代表 株式会社 宮本工業所 代表取締役 宮本 芳樹 様

申請者 住 所(所在地) 熊本市○○区○○○1-2-3
氏 名(代表者名) 熊本 花子 電話番号

次のとおり熊本市火葬場を使用したいので申請します。使用に際しましては、関係条例、規則及びこれらに基づく指示に従うことを誓約します。

死亡者	死亡者の住所	熊本市○○区○○○1-2-3		
	死亡者の氏名	熊本 太郎	生年月日	昭和12 年 3 月 4 日
	死亡年月日時	令和 5 年 6 月 30 日 (午前)・午後 1 時 2 分		
死産児	父母の住所			
	父母の氏名		妊娠月数	ヶ月
	分娩年月日時	年 月 日 午前・午後 時 分		
改葬による人骨		体(死亡者を含む)	市内・市外の別	1 市内 2 市外
その他		個	市内・市外の別	1 市内 2 市外
使用区分	火葬場	1 大人（12歳以上） 2 小人（12歳未満） 3 死産児 4 改葬による人骨 5 その他（産汚物、4月未満の死産児、人体の一部）		
	待合室（熊本市斎場に限る。）	第1室 第2室 第3室 第4室 第5室		
	式場（熊本市斎場に限る。）	1 夜間 2 昼間 3 昼夜間		
使用日時	火葬場	年 月 日 午前・午後 時 分		
	待合室(2階)（熊本市斎場に限る。）	年 月 日 午前・午後 時 分から2時間		
	式場（熊本市斎場に限る。）	年 月 日 午前・午後 時 分から 年 月 日 午前・午後 時 分まで		
備考				

■火葬場使用許可申請書の書き方（熊本市の場合）

火葬場使用許可申請書の手続き

手続き先	故人の本籍地や死亡地の市・区役所、町村役場（または届け出人の現住所の市・区役所、町村役場）
手続きする人	親族、同居者、家主、地主、後見人など
期間	死亡を知った日から7日以内
必要な書類等	死亡届、印鑑など

見本

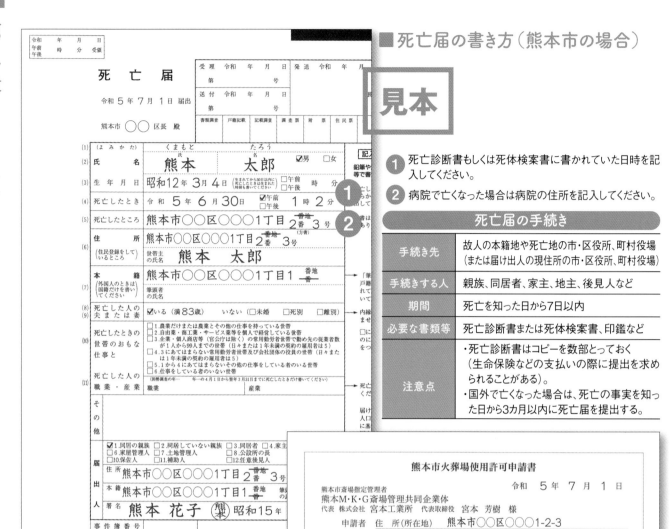

葬儀と各種手続きの流れ

	危篤・死亡		10日ごろ	
葬儀・法要	○連絡・調整	○通夜 ○葬儀・告別式	○初七日法要	

	速やかに	14日以内	1カ月以内
届け出・手続き	○死亡届 ○火葬場使用許可申請書	○年金受給停止の手続き ○世帯主変更の手続き ○健康保険証の資格喪失の手続き（返却） ○国民健康保険の葬祭費の申請 ○健康保険の埋葬料の申請 ○公共料金等の変更・解約の手続き	○事業引き継ぎの手続き

所得税、相続税の手続き

人が亡くなると思いのほか多くの手続きが発生します。特に世帯主が亡くなった場合は大変かと思いますが、手続きの中には期限が定められているものもあります。必要な手続きを速やかに済ませることが大切です。

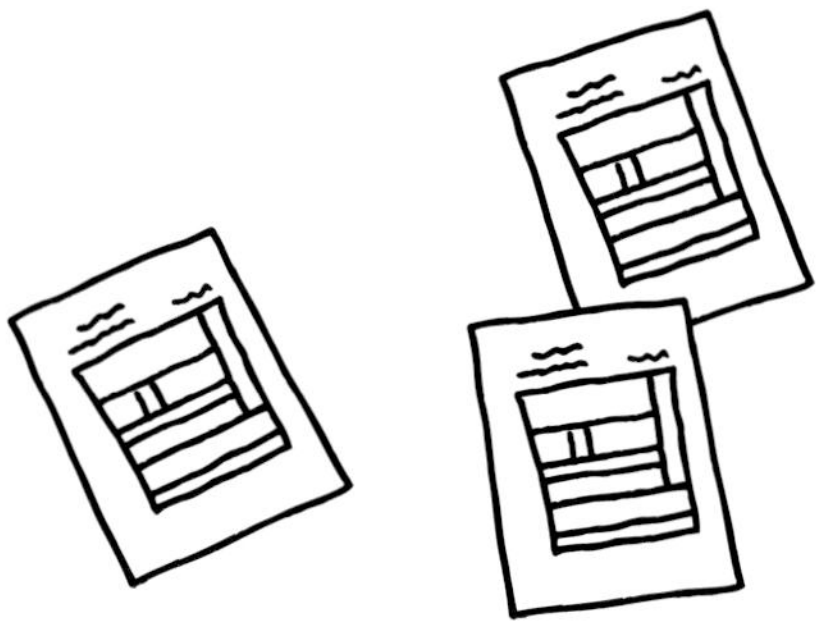

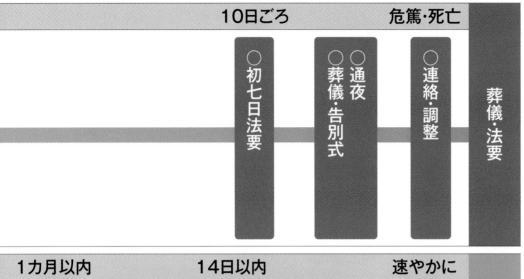

●葬儀と各種手続きの流れ

主に2カ月以内

- ○四十九日法要
- ○納骨・埋葬

1年

- ○一周忌

3カ月以内

- ○遺族年金などの請求
- ○遺言書の確認（検認手続き）
- ○相続人の確認
- ○相続財産の調査
- ○相続放棄・限定承認

10カ月以内

- ○遺産分割協議
- ○相続財産の登記・名義変更

4カ月以内

- ○所得税の確定申告（準確定申告）

10カ月以内

- ○相続税の申告・納付

※届け出や各手続きの期限は、目途のものもあります

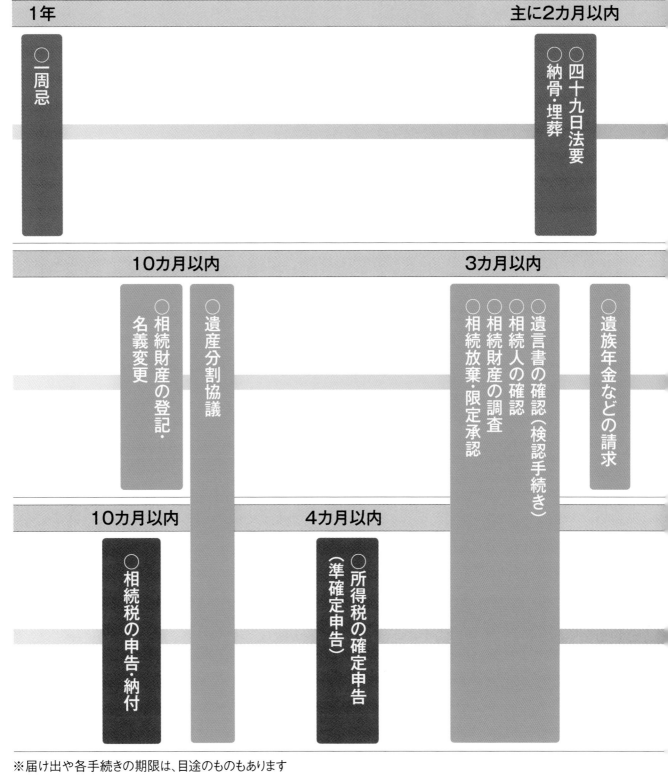

葬儀後の手続き一覧

市・区役所、町村役場で行う手続き

手続きの種類	期限	必要なケース	手続き先
国民健康保険の保険証の返却 92ページ	死後14日以内	故人が国民健康保険の被保険者だった場合	市・区役所、町村役場
世帯主の変更 90ページ	死後14日以内	故人が世帯主だった場合	市・区役所、町村役場
介護保険の資格喪失届・介護保険証の返却	死後14日以内	故人が65歳以上および介護保険の保険証の交付を受けていた場合	市・区役所、町村役場
国民健康保険加入手続き 92ページ	死亡した翌日から14日以内	遺族が社会保険の健康保険または、健康保険組合加入者の被扶養者だった場合	市・区役所、町村役場
高額療養費の払い戻し申請 104ページ	治療を受けた翌月1日から2年以内	自己負担限度額を超えた場合	故人の住所地の市・区役所、町村役場、協会けんぽ、など
高額介護サービス費の払い戻し申請 104ページ	介護サービスを受けた翌月1日から2年以内	自己負担限度額を超えた場合	故人の住所地の市・区役所、町村役場
国民健康保険の葬祭費の申請 94ページ	葬儀を行った日の翌日から2年以内	故人が国民健康保険の被保険者だった場合	市・区役所、町村役場
国民年金・厚生年金の遺族年金などの請求 100ページ 102ページ	死後5年以内（遺族年金など）死後2年以内（死亡一時金）	遺族が受給できる条件に一致した場合	市・区役所、町村役場あるいは年金事務所など

年金事務所・税務署などで行う手続き

手続きの種類	期限	必要なケース	手続き先
健康保険・厚生年金保険被保険者資格喪失届の手続き 92ページ	死後5日以内	故人が社会保険の健康保険または、健康保険組合加入者の被扶養者だった場合	まず勤務先。全国健康保険協会の各支部または健康保険組合
年金受給停止の手続き 98ページ	死後10日（厚生年金）または14日以内（国民年金）	故人が年金受給者だった場合	年金事務所または年金相談センター
所得税の準確定申告 106ページ	相続開始を知った日の翌日から4カ月以内	故人が自営業者など確定申告が必要な場合	所轄の税務署
健康保険の埋葬料の申請 96ページ	死亡した翌日から2年以内	故人が国民健康保険以外の健康保険の被保険者だった場合	健康保険証を返却するときは勤務先へ。全国健康保険協会の各支部または健康保険組合
医療費控除の手続き 108ページ	死後5年以内で毎年2月16日～3月15日	その年に払った医療費の総額が10万円以上の場合 年間所得が200万円未満で所得の5%超を自己負担している場合	所轄の税務署
事業引き継ぎの手続き 110ページ	事業の開業・廃業等の事実があった日から1カ月以内	故人が事業主でその事業を承継、または廃業する場合	所轄の税務署

その他の諸手続き

手続きの種類	期　限	必要なケース	手続き先
ガス・水道・電気の契約者名義変更 90ページ	速やかに	故人が契約者だった場合	所轄の営業所
NHK受信料契約者の名義変更 90ページ	速やかに	故人が契約者だった場合	NHK
住居の賃貸借契約の名義変更	速やかに	故人が契約者だった場合	大家、公社、公団など
電話加入権の名義変更 90ページ	速やかに	故人が契約者だった場合	所轄の営業所
死亡退職届の提出	速やかに	故人が会社勤めの場合	故人の勤務先
クレジットカードやデパートの会員の解約・脱会	速やかに	故人が会員だった場合	各会社
運転免許証の返却	速やかに	故人が免許を持っていた場合	所轄の警察署
パスポートの返却・無効手続き	速やかに	故人が取得していた場合	所轄のパスポート申請窓口
携帯電話・プロバイダーなどの解約手続き	速やかに	故人が契約していた場合	各会社
生命保険金の請求 109ページ	死後3年以内	故人が加入していた場合	各保険会社
労災保険の葬祭料と補償給付金の請求 97ページ	死亡した翌日から2年以内（葬祭料）、5年以内（補償給付金）	業務上や通勤中の事故などが原因で死亡した場合	まずは勤務先。所轄の労働基準監督署

世帯主が亡くなったら

世帯主の変更は14日以内に

世帯主が死亡した場合は世帯主の変更手続きが必要となります。市町村の窓口に「世帯主変更届」を提出します。届け出は死亡した日から14日以内に、新しい世帯主か家族が行います。基本的には一番近い親族が世帯主となり、熊本市の場合は区役所から通知はがきが送付されてきます。

区役所に提出する場合は、区民課窓口に「世帯主変更届」を提出します。届け出は新しい世帯主および、同居の親族が行いますが、代理人でも申請ができます。代理人の場合は、親族からの委任状が必要で、官公庁発行の写真付き身分証明書や健康保険証が必要になります。

ただし残された家族が一人の場合は自動的に変更となります。

公共料金の名義変更

意外と忘れがちなのが公共料金(ガス・水道・電気など)やＮＨＫ受信料といった名義変更です。営業窓口へ直接出向く必要はなく、所轄店に電話で名義変更の旨を連絡すれば済みます。

その際、毎月の料金の通知書や領収書などが手元にあれば、所轄店の電話番号や契約者番号が確認でき、手続きもスムーズに行えます。

電話加入権の名義変更

電話加入権を遺族が引き継ぐ場合は、ＮＴＴの公式ＨＰから申し込みするか、局番なしの１１６番に電話して申込書を送付してもらい、記入事項を埋めて、必要書類とともに返送します。必要な書類は、被相続人(故人)の除籍謄本もしくは戸籍謄本(死亡年月日の記載がない場合は死亡診断書等の写しが必要)、相続人(新しい名義人)の戸籍抄本か謄本です。印鑑も必要です。

電話加入権は故人の相続財産に含まれますが、ほかの相続財産が、正式な相続が決まるまで名義変更できないのに対し、電話加入権はすぐに手続きすることができます。

自動振替口座の変更

故人名義の銀行預金や郵便貯金は、死亡した時点から相続財産になります。金融機関には、名義人の死亡を知った時点で口座を凍結する義務があります。死亡後、遺族が故人の現金を引き出すためには、故人の戸籍謄本、相続人全員の印鑑登録証明書などを添え、手続きする必要があります。まずは、金融機関に確認してみましょう。

遺産相続が正式に決定するまでは、窓口でもＡＴＭ(現金自動預払機)でもキャッシュカードが利用できなくなります。また、故人名義の口座への入金や送金もできなくなるので、公共料金等を自動引き落としにしている場合は、そのままでは未払いになってしまいますので注意してください。

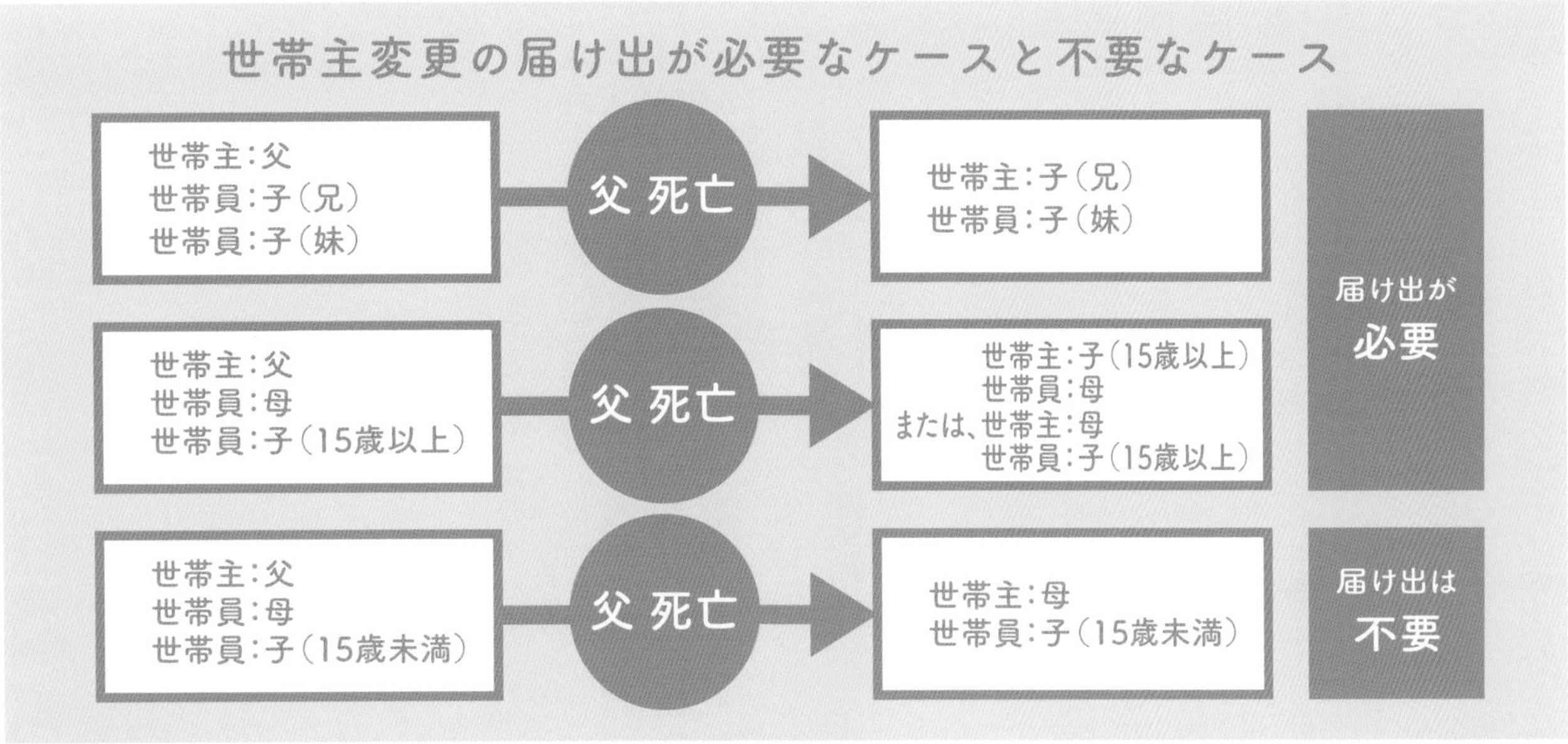

世帯主変更届の手続き

手続き先	故人が住んでいた市・区役所、町村役場
手続きする人	新しい世帯主または同一世帯の人、代理人
期間	世帯主の変更があった日から14日以内
必要な書類等	国民健康保険証（加入者のみ）、運転免許証やパスポート等の身分証明書、印鑑、委任状（代理人の場合）など

印鑑や健康保険証などの
準備も忘れずに

■世帯主変更届（熊本市は住民異動届）の書き方

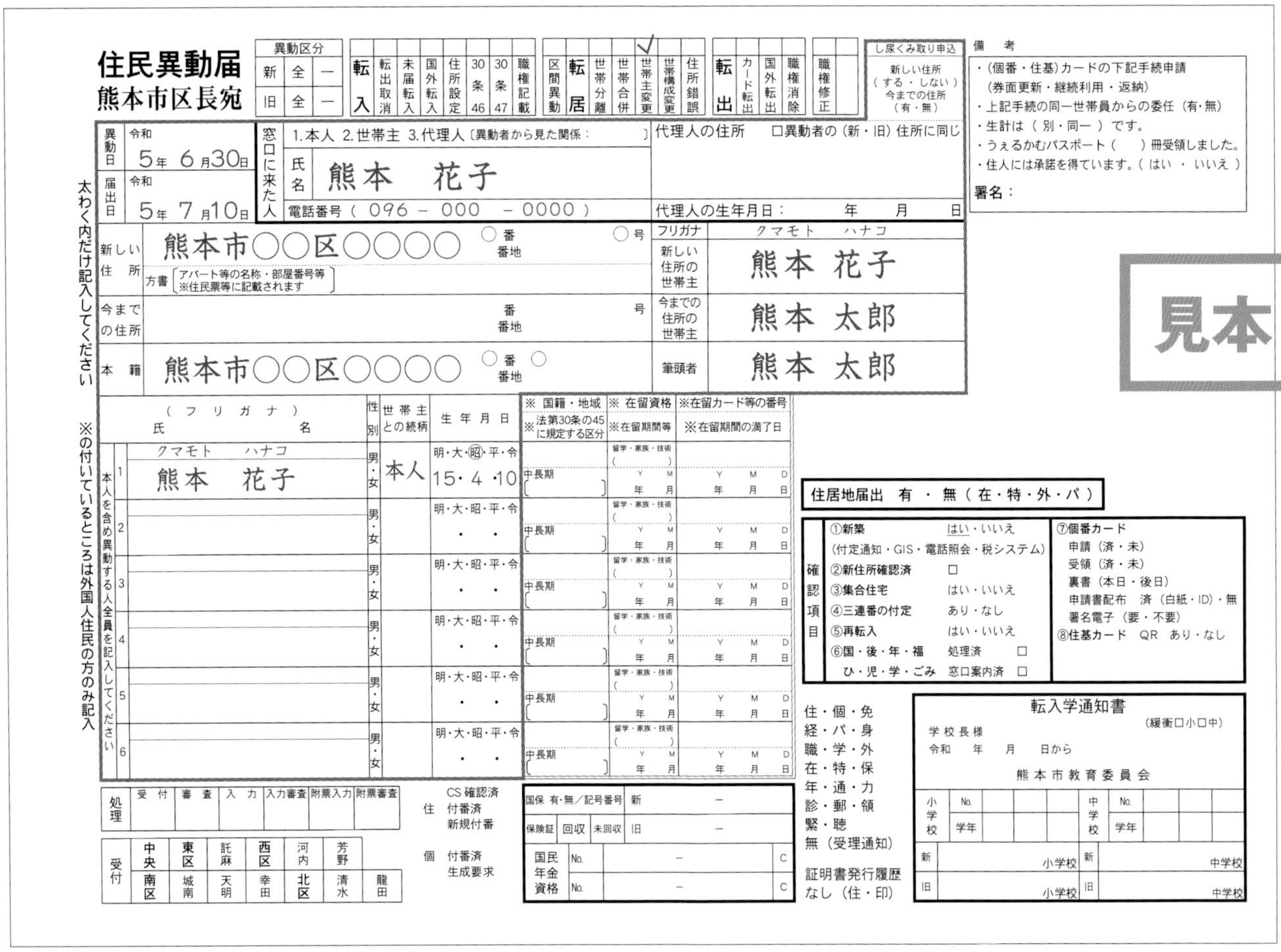

住民異動届
熊本市区長宛

異動区分：新・全・一／旧・全・一
転入（転出取消・未届転入・国外転入・住所設定・30条46・30条47・職権記載）
転居（区間異動・世帯分離・世帯合併・世帯主変更✓・世帯構成変更・住所錯誤）
転出（カード転出・国外転出・職権消除）
職権修正
し尿くみ取り申込：新しい住所（する・しない）今までの住所（有・無）

異動日 令和 5年 6月30日
届出日 令和 5年 7月10日
窓口に来た人：1.本人 2.世帯主 3.代理人〔異動者から見た関係： 〕
氏名 熊本 花子
電話番号（096 － 000 － 0000）
代理人の住所 □異動者の（新・旧）住所に同じ
代理人の生年月日： 年 月 日

太わく内だけ記入してください

新しい住所 熊本市○○区○○○○ 番 番地 号
方書〔アパート等の名称・部屋番号等 ※住民票等に記載されます〕
フリガナ クマモト ハナコ
新しい住所の世帯主 熊本 花子
今までの住所 番 番地 号
今までの住所の世帯主 熊本 太郎
本籍 熊本市○○区○○○○ 番 番地
筆頭者 熊本 太郎

本人を含め異動する人全員を記入してください
（フリガナ）氏 名｜性別｜世帯主との続柄｜生年月日｜※国籍・地域 ※法第30条の45に規定する区分｜※在留資格 ※在留期間等｜※在留カード等の番号 ※在留期間の満了日
1 クマモト ハナコ 熊本 花子｜男・女｜本人｜明・大・昭・平・令 15・4・10｜中長期｜留学・家族・技術｜年 月 日
2–6（空欄）明・大・昭・平・令

※の付いているところは外国人住民の方のみ記入

備考
・（個番・住基）カードの下記手続申請（券面更新・継続利用・返納）
・上記手続の同一世帯員からの委任（有・無）
・生計は（別・同一）です。
・うぇるかむパスポート（ ）冊受領しました。
・住人には承諾を得ています。（はい・いいえ）
署名：

見本

住居地届出 有・無（在・特・外・パ）

確認項目
①新築 はい・いいえ（付定通知・GIS・電話照会・税システム）
②新住所確認済 □
③集合住宅 はい・いいえ
④三連番の付定 あり・なし
⑤再転入 はい・いいえ
⑥国・後・年・福 処理済 □
ひ・児・学・ごみ 窓口案内済 □
⑦個番カード 申請（済・未）受領（済・未）裏書（本日・後日）申請書配布 済（白紙・ID）・無 署名電子（要・不要）
⑧住基カード QR あり・なし

住・個・免・経・パ・身・職・学・外・在・特・保・年・通・力・診・郵・領・緊・聴・無（受理通知）
証明書発行履歴 なし（住・印）

転入学通知書（緩衝□小□中）
学校長様
令和 年 月 日から
熊本市教育委員会
小学校 No. 学年／中学校 No. 学年
新 小学校 中学校
旧 小学校 中学校

処理：受付・審査・入力・入力審査・附票入力・附票審査
受付：中央・東区・託麻・西区・河内・芳野／南区・城南・天明・幸田・北区・清水・龍田
住：CS確認済・付番済・新規付番
個：付番済・生成要求
国保 有・無／記号番号 新 旧
保険証 回収・未回収
国民年金資格 No.

健康保険証などの返却

被保険者が亡くなった場合は健康保険証等を返却

健康保険の被保険者が亡くなると、被保険者としての資格を失うことになります。そのため、死亡した翌日から健康保険証（被保険者証）は使用できなくなります。

まずは期日までに勤務先へ健康保険証を返却し、必要な手続きを行う必要があります。また、健康保険証の手続きと一緒に葬祭費（94ページ）、埋葬料（96ページ）の請求を行うとスムーズです。

亡くなった人が自営業者などの場合

国民健康保険加入者（自営業者など）が亡くなった場合は、故人が住んでいた市区町村の役所に、国民健康保険被保険者資格喪失届を提出し、健康保険証を返却しなければいけません。

故人が世帯主で、国民健康保険に加入していた場合は、健康保険証の返却時に被扶養者全員の保険証を持参した上で、世帯主を変更した健康保険証を発行してもらいます。

また、75歳以上（65～74歳で障害のある人を含む）の人が亡くなった場合は、後期高齢者医療資格喪失届を提出し、一緒に健康保険証も返却します。

亡くなった人が会社員だった場合

会社員が在職中に亡くなった場合は、健康保険・厚生年金保険被保険者資格喪失届をはじめ、退職の手続きを行います。しかし、基本的には会社側でさまざまな退職手続きと一緒に行うケースが大半です。まずは、故人の勤務先に確認するようにしましょう。

健康保険証の返却を会社が代行してくれる場合は、会社に提出することで問題ありません。仮に遺族が直接返却する場合は、所管の年金事務所に返却します。

扶養家族は新たに国民健康保険に加入する

故人が勤務先で加入していた健康保険は、死亡によってその権利を失います。そのため扶養されていた家族（遺族）も、故人の死亡日の翌日から健康保険の被扶養者の資格を失うことになります。葬儀後は速やかに、新たに国民健康保険に加入する手続きを行ってください。

加入手続きを怠ると、遺族（被扶養者）が医療機関にかかった際の医療費は全て自己負担となります。国民健康保険は自動的に更新、加入することはありません。手続きが遅れると、健康保険の資格を失った期日までさかのぼり、納付することになります。必ず手続きは行いましょう。

●健康保険証などの返却

故人の健康保険の書類を確認して返却物を把握しましょう

故人の状況	健康保険の種類	返却物（保険証の種類）
自営業の場合	国民健康保険	国民健康保険被保険者証
会社員・公務員の場合	健康保険（協会けんぽ、健保組合） 各種共済組合	各健康保険被保険者証
70～74歳だった場合	国民健康保険	国民健康保険被保険者証 国民健康保険高齢受給者証
75歳以上の場合 （65～74歳で障害のある人を含む）	後期高齢者医療制度	後期高齢者医療被保険者証

国民健康保険資格喪失届の手続き

手続き先	故人が住んでいた市・区役所、町村役場
手続きする人	亡くなった世帯主と同一世帯の人、遺族
期間	14日以内
必要なもの	・国民健康保険被保険者資格喪失届または後期高齢者医療被保険者資格喪失届 ・死亡を証明する戸籍謄本等 ・故人の国民健康保険証（世帯主が亡くなった場合は、被扶養者全員の保険証も必要） （高額療養費がある場合）相続人の印鑑、預金通帳 （該当する場合のみ）限度額適用・標準負担額減額認定証 など
注意点	届け出書は市区町村ごとに書式は異なる。必要な書類の詳細は市区町村の窓口で確認すること。

健康保険資格喪失連絡票（熊本市の場合）の書き方

見本

健康保険資格喪失連絡票

令和 5 年 7 月 1 日

☑下記の者は、健康保険の被保険者の資格を喪失したことを連絡します。
□下記の者は、健康保険の被扶養者の認定を解除されたことを連絡します。
（該当欄にレを記入してください。）

事業所（又は保険者）　所在地
名　称　㊞
（TEL　－　－　担当者　）

被保険者	氏名	熊本 太郎		
	生年月日	㊗昭・平・令12年 3月 4日	性別	㊚男・女
資格取得年月日	（取得） 平成・令和　年　月　日			
資格喪失年月日	（喪失） 平成・㊗令和 5 年 6 月 30 日（退職の場合は退職日の翌日）			
退職年月日	（退職） 平成・令和　年　月　日			
保険者番号 名称	番号		名称	
保険証 記号/番号	記号	番号	基礎年金番号	－

	氏名	生年月日	性別	続柄	資格認定日	資格解除日
被扶養者	熊本 花子	㊗昭・平・令15年4月10日	男・㊛女	妻	平成・令和　年　月　日	平成・令和　年　月　日
		昭・平・令　年　月　日	男・女		平成・令和　年　月　日	平成・令和　年　月　日
		昭・平・令　年　月　日	男・女		平成・令和　年　月　日	平成・令和　年　月　日
		昭・平・令　年　月　日	男・女		平成・令和　年　月　日	平成・令和　年　月　日
		昭・平・令　年　月　日	男・女		平成・令和　年　月　日	平成・令和　年　月　日

《記入上の注意》
1．証明者（事業所）が必ず全欄記入してください。（証明者以外が記入したものは無効です。）
2．本人の資格喪失の際に、被扶養者がある場合は必ず記入してください。
3．修正した場合は、必ず証明者（事業所）の訂正印を押してください。

★国保加入の手続きは資格喪失後１４日以内に
手続に必要なもの　〇健康保険資格喪失連絡票（この用紙）
〇顔写真付きの身分証明書（有効期限内の運転免許証・パスポートなど）
〇印鑑（スタンプ印不可。保険変更に伴う手続きで必要な場合があります。）
〇マイナンバーがわかるもの
〇委任状（別世帯の方が窓口に来られる場合は必要です。）
※退職された方は、前保険の任意継続制度にご加入いただける場合があります。
事前に保険料等を比較のうえ、お手続きください。国保税は税務担当課で試算できます。

※厚生年金に加入の方は各事業主にご確認ください。

健康保険・厚生年金保険被保険者資格喪失届の手続き

手続き先	故人の勤務先などを通して手続きを行うのが通常（自分で手続きを行う場合は所管の年金事務所）
手続きする人	扶養家族
期間	5日以内
必要なもの	・健康保険・厚生年金保険被保険者資格喪失届（※通常、事業主が手続きをする） ・健康保険証（故人および被扶養者分） （該当する場合のみ）高齢受給者証 （該当する場合のみ）健康保険限度額適用・標準負担額減額認定証 など
注意点	健康保険・厚生年金保険被保険者資格喪失届は、事業主（会社など）を通じて提出するので、通常家族が書類の記入をすることはない。

国民健康保険の手続き（葬祭費の申請）

国民健康保険の葬祭費の申請

故人が被保険者として国民健康保険に加入していた場合、葬儀後に葬祭を行った人に対し葬祭費が支給されます。支給額は各市町村の条例により幅がありますが、申請方法は大体同じです。ちなみに熊本市の場合は2万円が支給されます(令和5年度現在)。

申請の際は、健康保険証などの返却(92ページ)と一緒に手続きを行うとスムーズです。

葬祭費の支給はあくまで申告制なので、申請しなければ支給されません。注意してください。申請

■国民健康保険葬祭費支給申請書の書き方（熊本市の場合）

加入3ヶ月以内

昭・平・令	国　生	他保険
． ．		

受付印

受付番号

葬祭費支給申請書

金額	¥	2	0	0	0	0

熊本市国民健康保険条例第8条による葬祭費の支給を申請します。同2項の規定により下記死亡者に対する他の給付申請は行いません。
また、上記葬祭費の申請及び受領に関して一切の責任を負います。

令和　5 年　7 月　10 日

請求人　住所　〒860-0000
熊本市○○区○○○1-2-3
電話　（ 096-000-0000
（葬祭執行者）　氏名　熊本　花子　㊞（熊本）
生年月日　大・㊐昭・平・令　15 年　4 月　10 日
（死亡者との続柄　妻　）

請求委任及び口座振替依頼書
私は、熊本市から支払われる国民健康保険葬祭費の請求に関する一切の権限を、熊本市国保年金課長（同課長に事故があるときは、同副課長）に委任します。
熊本市長様

熊本市長様

内　訳

被保険者証	記号番号	-
死亡者氏名		
死亡年月日	平成 ・ ㊐令和　5 年　6 月　30 日	
葬祭執行年月日	平成 ・ ㊐令和　5 年　7 月　2 日	
死亡原因は交通事故など第三者行為によるものですか	□ はい　□ いいえ	「はい」の場合は「第三者行為による傷病届」を提出してください

上記金額を下記（葬祭執行者）の口座に振込を依頼します。

振込先金融機関		銀行 信用金庫 信用組合 農協		支店	種別 1.普通 2.当座 3.貯蓄
	金融機関コード		店番		
	口座番号				
	フリガナ				
	口座名義人				

窓口に来られた人	
氏名	住所
□ 葬祭執行者と同じ場合は上記にチェック	
葬祭執行者との続柄	
電話	

死亡の事実確認	葬祭執行者の確認	世帯主の氏名
1. 住民区分 2. 戸籍謄、抄本・住民票 3. 死亡診断書 4. その他（　　　）	1. 会葬礼状 2. 葬儀代の領収書・請求書 3. 埋火葬許可証・火葬場使用許可書 4. 申立書 5. その他（　　　）	受付確認者

見本

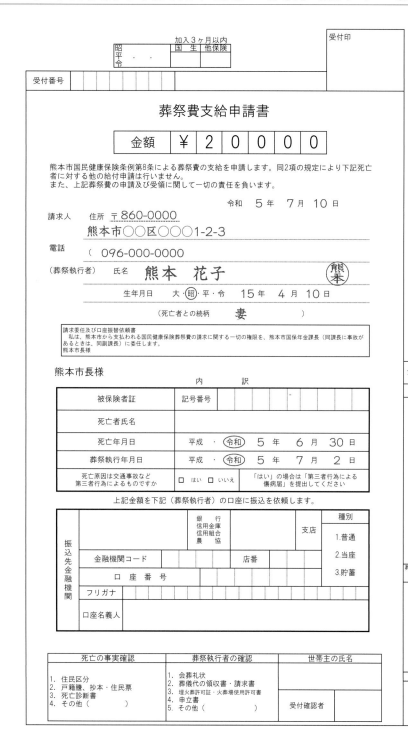

葬祭費申請の手続き

手続き先	故人が住んでいた市・区役所、町村役場
手続きする人	喪主など葬儀を行った人
期間	葬儀を行った日の翌日から2年以内
必要な書類等	・国民健康保険葬祭費支給申請書 ・故人の国民健康保険証 ・葬儀を行ったことを確認できるもの（領収書、会葬礼状など） ・葬儀を行った人名義の振込用口座番号、印鑑など

期間は葬儀を行った日の翌日から2年以内です。

■熊本県後期高齢者医療　葬祭費支給申請書の書き方

見本

窓口に来られた方　氏名　熊本　花子　（続柄　妻　）連絡先 096-000-0000

後期高齢者医療
葬祭費支給申請書　（後期）

入力　受付

受付日　年　月　日
決定日　年　月　日

保険者番号	
被保険者番号	
支給金額	￥ 2 0 0 0 0 －

※太枠の中をご記入ください。

死亡者の氏名		熊本　太郎
死亡者の生年月日		明治　大正　(昭和)　12 年　3 月　4 日
死亡年月日		~~平成~~令和５年　6 月　30 日
葬祭執行者	葬祭日	~~平成~~令和５年　7 月　2 日
	住所	熊本市〇〇区〇〇〇1－2－3
	氏名	熊本 花子
	連絡先	096-000-0000

該当するものに〇をつけて下さい。該当するものがない場合は( )内に記載して下さい。網掛けの中は記入不要です。

振込先	銀行　信用金庫　信用組合　信協同組合　(　)	本店　支店　(　)	預金種別	普通　当座　その他
口座番号□		※ゆうちょ銀行（郵便局）は、こちらに記号・番号をお書きください。記号　番号		
口座名義人（カナ）				

口座名義人はカタカナで記入して下さい。

上記のとおり申請します。　~~平成~~令和　年　月　日
熊本県後期高齢者医療広域連合長　様
申請者　〒
住所　熊本市〇〇区〇〇〇1－2－3
氏名　熊本　花子　(熊本)
死亡者との続柄　妻　連絡先　096-000-0000

委任状欄
平成　年　月　日
上記葬祭費の受領に関する一切の権限を下記の者に委任します。
(委任される者)　住所
氏名　印

健康保険の手続き（埋葬料の申請）

国民健康保険以外の埋葬料の申請

　故人が国民健康保険以外の健康保険（全国健康保険協会、健康保険組合、共済組合など）に加入していた場合は埋葬料が支払われます。支給を受けるのは故人によって生計を維持していた遺族で、埋葬を行った人が受け取ります。支給額は一律5万円です。受け取る家族がいないときには、埋葬にかかった費用の5万円の範囲内で埋葬を行った人に支給されます。

　申請先は、勤務先を管轄する全国健康保険協会（協会けんぽ）の各支部か故人の勤務先が加入して

■健康保険埋葬料（費）請求書の書き方

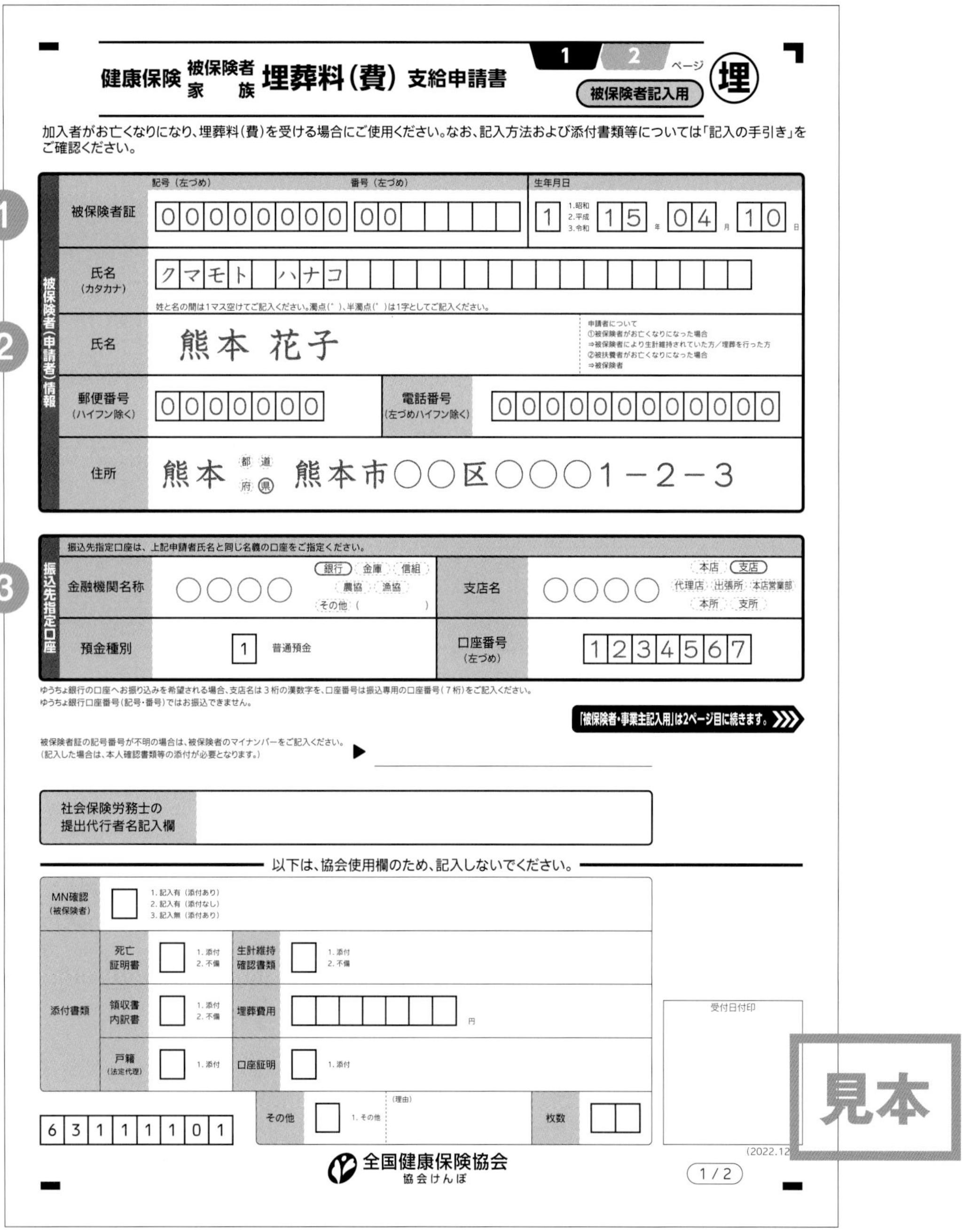

健康保険 被保険者 家族 埋葬料（費）支給申請書　1 2 ページ　埋　被保険者記入用

加入者がお亡くなりになり、埋葬料（費）を受ける場合にご使用ください。なお、記入方法および添付書類等については「記入の手引き」をご確認ください。

① 被保険者証	記号（左づめ）00000000　番号（左づめ）00　生年月日 1（1.昭和 2.平成 3.令和）15年 04月 10日
氏名（カタカナ）	クマモト ハナコ
	姓と名の間は1マス空けてご記入ください。濁点（゛）、半濁点（゜）は1字としてご記入ください。
② 氏名	熊本 花子
郵便番号（ハイフン除く）	0000000
電話番号（左づめハイフン除く）	00000000000000
住所	熊本 県 熊本市〇〇区〇〇〇1－2－3

被保険者（申請者）情報

振込先指定口座は、上記申請者氏名と同じ名義の口座をご指定ください。

③ 金融機関名称	〇〇〇〇（銀行）
支店名	〇〇〇〇（支店）
預金種別	1 普通預金
口座番号（左づめ）	1234567

振込先指定口座

ゆうちょ銀行の口座へお振り込みを希望される場合、支店名は3桁の漢数字を、口座番号は振込専用の口座番号（7桁）をご記入ください。
ゆうちょ銀行口座番号（記号・番号）ではお振込できません。

「被保険者・事業主記入用」は2ページ目に続きます。

被保険者証の記号番号が不明の場合は、被保険者のマイナンバーをご記入ください。
（記入した場合は、本人確認書類等の添付が必要となります。）

社会保険労務士の提出代行者名記入欄

以下は、協会使用欄のため、記入しないでください。

MN確認（被保険者）　添付書類　死亡証明書　生計維持確認書類　領収書内訳書　埋葬費用　戸籍（法定代理）　口座証明　その他　枚数　受付日付印

6 3 1 1 1 1 0 1

全国健康保険協会 協会けんぽ

（2022.12）　1／2

見本

① 記号・番号は、保険証に記載されています。

② 被保険者が亡くなって申請する場合は、申請される方の氏名を記入してください（住所・振込口座も同様です）。
※生年月日欄は「被保険者」の生年月日を記入してください。

③ ゆうちょ銀行の口座を希望される場合は、従来の口座番号（記号・番号（13桁））ではなく、振り込み専用の店名（漢数字3文字）・預金種目・口座番号を記入してください。

いる健康保険組合です。まずは勤務先に報告し、手続きの請求をしましょう。手続きを勤務先が代行してくれる場合もあります。

業務上の死亡の場合

業務上の事故や通勤途中の事故が原因で死亡した場合は、労働者災害補償保険（労災保険）から、葬祭料と遺族補償給付、または遺族給付が支給されます。まず勤務先へ。請求先は勤務先を所轄する労働基準監督署で、請求期限は亡くなった日の翌日から2年以内（葬祭料）と、死亡した日の翌日から5年以内（補償給付金）です。この場合は、故人が健康保険に加入していても、健康保険から埋葬料は支給されません。

見本

健康保険 被保険者／家族 埋葬料（費）支給申請書　1 2 ページ　（被保険者・事業主記入用）

被保険者氏名	熊本 太郎

申請内容		
①-1 死亡者区分	1	1. 被保険者 ➡ ①-2では「1. 埋葬料」もしくは「2. 埋葬費」をご選択ください。 2. 家族（被扶養者） ➡ ①-2では「3. 家族埋葬料」をご選択ください。
①-2 申請区分	1	1. 埋葬料（被保険者の死亡かつ、生計維持関係者による申請） 2. 埋葬費（被保険者の死亡かつ、生計維持関係者以外による申請） 3. 家族埋葬料（家族（被扶養者）の死亡かつ、被保険者による申請）
②-1 死亡した方の氏名（カタカナ）	クマモト タロウ	姓と名の間は1マス空けてご記入ください。濁点（゛）、半濁点（゜）は1字としてご記入ください。
②-2 死亡した方の生年月日	1	1.昭和 2.平成 3.令和　12年 03月 04日
②-3 死亡年月日		令和 05年 06月 30日
②-4 続柄（身分関係）	妻	➡「被保険者が死亡」した場合は、被保険者と申請者の身分関係をご記入ください。「家族が死亡」した場合は、被保険者との続柄をご記入ください。
③-1 死亡の原因	1	1. 仕事中以外（業務外）での傷病 2. 仕事中（業務上）での傷病 3. 通勤途中での傷病　} ➡ ③-2へ
③-2 労働災害、通勤災害の認定を受けていますか。	3	1. はい 2. 請求中 3. 未請求
④ 傷病の原因は第三者の行為（交通事故やケンカ等）によるものですか。	2	1. はい 2. いいえ　「1. はい」の場合、別途「第三者行為による傷病届」をご提出ください。
⑤ 同一の死亡について、健康保険組合や国民健康保険等から埋葬料（費）を受給していますか。	2	1. 受給した 2. 受給していない
「①-2申請区分」が「2. 埋葬費」の場合のみご記入ください。※埋葬費の場合は、別途埋葬に要した費用の領収書と明細書も添付してください。		
4 ⑥-1 埋葬した年月日		令和 05年 07月 02日
5 ⑥-2 埋葬に要した費用の額		円

『健康保険埋葬料（費）支給申請書記入の手引き』をご確認ください。

事業主証明欄	
6 死亡した方の氏名（カタカナ）	クマモト タロウ 姓と名の間は1マス空けてご記入ください。濁点（゛）、半濁点（゜）は1字としてご記入ください。
死亡年月日	令和 05年 06月 30日
上記のとおり相違ないことを証明します。	令和 05
事業所所在地	熊本市○○区○○○
事業所名称	○○○○株式会社
事業主氏名	○○ ○○
電話番号	000-000-0000

6 3 1 2 1 1 0 1

全国健康保険協会 協会けんぽ

4 5 被保険者により生計維持された方が申請する場合（埋葬料の場合）は、記入の必要はありません。それ以外の方で実際に埋葬を行った方が申請する場合は、必ず記入してください。

6 事業主に証明を受けてください。証明が受けられない場合、死亡したことの分かる書類の添付が必要です。

埋葬料（費）申請の手続き

手続き先	故人の勤務先を経由して管轄する協会けんぽ、もしくは勤務先が加入している健康保険組合
手続きする人	生計を維持されていて埋葬を行った人
期間	埋葬料※1：死亡した日の翌日から2年以内 埋葬費※2：埋葬を行った日の翌日から2年以内
必要な書類等	・健康保険被保険者埋葬料支給申請書 ・故人の健康保険証、埋葬を行った領収書 ・故人の死亡が確認できる戸籍謄本 ・埋葬を行った人名義の振込用口座番号、印鑑など
注意点	保険者（協会けんぽなど）により必要書類は異なる。会社（事業主）が記入する欄もあるので、保険証を返却する際に一緒に確認すること。

※1 埋葬料は、死亡した被保険者に生計の一部でも依存していた事実があって、埋葬を行うべき者に対して支給されることとなっています
※2 埋葬費は、死亡した被保険者に生計を依存している者がいなかった場合で、実際に埋葬を行った者に対して支給されるものです

国民年金・厚生年金の手続き

速やかに受給停止の手続きを

国民年金や厚生年金の受給を受けていた人が亡くなったときは、受け取りを停止する手続きが必要となります。手続きすることなく、そのまま年金が支払われていた場合、その後死亡が分かったときには全額を一括で返還しなければなりません。死後10日または14日以内に、受給停止の手続きを行ってください（左の表参照）。

遺族が受給できる一時金や年金

年金加入者が死亡すると、遺族には一時金や遺族年金が支給されますが、

年金受給権者死亡届の手続き

手続き先	最寄りの年金事務所 または年金相談センター
手続きする人	遺族
期間	国民年金:死亡後14日以内 厚生年金:死亡後10日以内
必要な書類等	故人の年金証書、死亡を証明する書類（死亡診断書や故人の戸籍謄本のコピー）など

年金受給権者死亡届について

年金を受給する権利は死亡とともに失効します。故人が老齢年金(老齢基礎年金・老齢厚生年金など)を受給していた場合は「年金受給権者死亡届」を提出し、受給停止の手続きをします。この手続きが遅れると、受け取った年金の返還を求められることになるので注意してください。

■年金受給権者死亡届（報告書）の書き方

見本

様式第515号

届書コード	処理区分コード	
8501		届書

国民年金・厚生年金保険・船員保険・共済年金・年金生活者支援給付金
受給権者死亡届（報告書）
※基礎年金番号(10桁)で届出する場合は左詰めでご記入ください。

1 死亡した受給権者

❶個人番号（または基礎年金番号）および年金コード	個人番号（または基礎年金番号）：000000000000	年金コード（複数請求する場合は右の欄に記入）：0000
❷生年月日	明治・大正・昭和・平成・令和 12年03月04日	
㋐（フリガナ）氏名	（氏）熊本《クマモト》	（名）太郎《タロウ》
❸死亡した年月日	昭和・平成・令和 05年06月30日	送信

2 届出者

❹（フリガナ）氏名	（氏）熊本《クマモト》	（名）花子《ハナコ》（印：熊本）	❺続柄：妻／※続柄
※❻未支給有無	❼郵便番号：860-0000	㋑電話番号：096-000-0000	
❽（フリガナ）住所	※住所コード	熊本市○○区○○○1-2-3（クマモトシ○○○ク ○○○○○○○）	送信

◎ 未支給の年金・給付金を請求できない方は、死亡届（報告書）のみ記入してください。

◎ 死亡届のみを提出される方の添付書類
1．死亡した受給権者の死亡の事実を明らかにすることができる書類
（個人番号（マイナンバー）が収録されている方については不要です）
・住民票除票（コピー不可）

1 亡くなった方について記入してください。亡くなった方が複数の年金を受けていた場合はすべての年金コードを記入してください。

2 届け出される方について記入してください。続柄の欄は亡くなった方からみた続柄を記入してください。

故人がどの年金に加入していたか(被保険者が分類されています)、遺族が誰であるか、また遺族の年齢などによって異なります。被保険者の分類は次の通りです。

第1号被保険者

20歳以上60歳未満の農林漁業、自営業者とその家族、学生、フリーター、無職の人など。例外として、60歳以上70歳未満の場合もあります。

第2号被保険者

会社員や公務員で厚生年金・共済年金に加入している人

第3号被保険者

第2号被保険者に扶養されている20歳以上60歳未満の配偶者で、年収130万円未満の人

残された家族がもらえる遺族年金(国民年金と厚生年金)早見表

故人の年金加入もしくは受給要件と遺族の要件により、給付される年金の種類は異なります。また、遺族が受給できる遺族年金の金額も、年金の種類、故人とその遺族の要件などによって変わってきます。

故人の職業	故人との関係	遺族が受給できる年金の種類
故人が自営業や農林漁業に従事していた場合	子(※1)がいる妻または夫、子ども	遺族基礎年金
	子(※1)がいない妻	寡婦年金
	その他の遺族	死亡一時金
故人が会社員だった場合 ●故人が老齢年金(厚生)年金受給者(※2)、または受給資格期間を満たしていた場合(※3)も含む	子(※1)がいる妻または夫、子ども	遺族基礎年金
	子(※1)がいる遺族	遺族基礎年金 ＋ 遺族厚生年金
	子(※1)がいない遺族	遺族厚生年金 ＋ 死亡一時金
	子(※1)がいない40歳〜65歳の妻、もしくは40歳に達したときに遺族基礎年金の支給対象になる子がいる妻	遺族厚生年金 ＋ 中高齢寡婦年金
	昭和31年4月1日以前に生まれた65歳以上の妻	遺族厚生年金 ＋ 経過的寡婦加算

(※1)結婚していない18歳到達年度の末日(3月31日)を経過していない子、または20歳未満で障害年金の障害等級1-2級の子
(※2)原則65歳以上で受給資格期間が25年以上の人のこと
(※3)原則65歳に達していないが、受給資格期間25年を満たしている人のこと

「ねんきんダイヤル」を活用する

年金制度には細かい条件があり、複雑です。故人が加入していた年金を把握した上で、詳しく知りたい場合は最寄りの年金事務所を訪ねて直接確認しましょう。また、年金事務所に行くのが難しいときは「ねんきんダイヤル」から確認、相談することができます。

一般的な年金に関する問い合わせは

■ねんきんダイヤル

【ナビダイヤル】0570-05-1165

【050で始まる電話からかける場合】03-6700-1165(一般電話)

受付時間
月　曜　日／8時30分〜19時
火〜金曜日／8時30分〜17時15分
第2土曜日／9時30分〜16時
※月曜日が祝日の場合は、翌日以降の開所日の初日に19時まで相談可能。
※祝日(第2土曜日を除く)、12月29日〜1月3日は利用不可。

国民年金加入者の場合（国民年金第1号被保険者）

遺族基礎年金について

故人が国民年金に加入していた国民年金第1号被保険者の場合、遺族へは遺族基礎年金、寡婦年金、死亡一時金のうち、どれか一つが支給されます。ただし、次の条件を満たしていることが前提になります。

「被保険者または老齢基礎年金の資格期間を満たした者が死亡したとき。ただし、死亡した者について、保険料納付済み期間（保険料免除期間を含む）が加入期間の3分の2以上あること」

また、対象者も次のように決められています。

「故人によって生計を維持されていた子のある配偶者、もしくは子。子は18歳を迎える年度の3月31日を過ぎていない（一定障害のある場合は20歳未満）こと」

寡婦年金について

国民年金の第1号被保険者として保険料を納めた期間（保険料の免除を受けた期間を含む）が10年以上（平成29年8月1日より前の死亡の場合には25年以上）ある夫が死亡した場合に、10年以上婚姻関係（事実上の婚姻関係を含む）のあった妻に、60歳から65歳になるまで支給される国民年金独自の年金です。ただし、死亡した夫が、障害基礎年金の支給を受けていたり、老齢基礎年金の支給を受けていた場合は支給されません。

死亡一時金について

国民年金の第1号被保険者として保険料を3年以上納めた人が、老齢基礎年金、障害基礎年金のいずれも受けないままに亡くなったとき、その遺族には死亡一時金が支給されます。受給対象の遺族は、亡くなった人と一緒に生活していた次の者です。

①配偶者
②子

■国民年金死亡一時金請求書の書き方

見本

下記のとおり裁定してよろしいか。また決裁後は通知書を送付してよろしいか。

					支給決定額
第1号被保険者期間の保険料納付状況	被保険者期間			月	
	納付済期間	定額納付月数		月	
		4分の1免除月数	（　× 3/4）	月	
		半額免除月数	（　× 1/2）	月	
		4分の3免除月数	（　× 1/4）	月	
	付加納付月数			月	
	免除月数			月	円
	却下事由				

国民年金死亡一時金請求書

死亡者	基礎年金番号	0000000000	（フリガナ）	クマモト　タロウ
	基礎年金番号以外の年金手帳番号		氏名	熊本　太郎
			生年月日	大正・（昭和）・平成　12年3月4日
			死亡年月日	平成・（令和）　5年6月30日
	住所	熊本市○○区○○○1-2-3		
請求者	（フリガナ）	クマモト　ハナコ	生年月日	大正・（昭和）・平成・令和　15年4月10日
	氏名	熊本　花子	死亡者との続柄	妻
	個人番号			
	住所	〒	電話番号	（　　）　－

受取機関　※	※1または2に○をつけ、希望する受取口座を下欄に必ずご記入ください。 ※また、指定する口座が公金受取口座として登録済の場合は、左欄に☑してください。	（フリガナ）	クマモト　ハナコ
1．金融機関（ゆうちょ銀行を除く） 2．ゆうちょ銀行（郵便局） □ 公金受取口座として登録済の口座を指定		口座名義人氏名	熊本　花子

受取口座	金融機関	金融機関コード / 支店コード	（フリガナ）○○○○ ○○○○	（銀行）・金庫・信組・農協・信連・信漁連・漁協	（フリガナ）○○○○ ○○○○	本店・（支店）・出張所・本所・支所
		預金種別	（1. 普通）・2. 当座	口座番号（左詰めで記入）	1234567	
	ゆうちょ銀行	貯金通帳の口座番号	記号（左詰めで記入）	番号（右詰めで記入）		

金融機関またはゆうちょ銀行の証明欄 ※ 貯蓄預金（貯金）口座への振込みはできません。
請求者の氏名フリガナと口座名義人氏名フリガナが同じであることをご確認ください。
○○○○銀行
○○○○支店

※通帳等の写し（金融機関名、支店名、口座名義人氏名フリガナ、口座番号の面）を添付する場合または公金受取口座を指定する場合、証明は不要です。

先順位者の有無	死亡の当時、死亡者と生計を同じくしていた人がいましたか。					
	配偶者	子	父母	孫	祖父母	兄弟姉妹
	有・無	有・無	有・無	有・無	有・無	有・無

他の同順位者	氏名	性別	続柄	生年月日	住所	請求の有無
		男・女		・　・		有・無
		男・女		・　・		有・無

寡婦年金との調整	ア．寡婦年金を受けることができるが死亡一時金を選択する。 イ．寡婦年金を受けることができない。

令和　5年　7月10日

死亡一時金の手続き

手続き先	市・区役所、町村役場、年金事務所など
手続きする人	遺族
期間	死亡日の翌日から2年以内
必要な書類等	故人の年金手帳、故人と請求者の身分関係を証明できる戸籍謄本、世帯全員の住民票、振込先の口座番号、印鑑など

③父母
④孫
⑤祖父母
⑥兄弟姉妹

受けられる順位もこの順番です。ただし、遺族基礎年金を受けられる人がいるときは支給されません。

金額は、保険料を納めた期間で異なりますが、寡婦年金と死亡一時金のどちらも受け取れる場合は、金額を比較して選択できます。申請は、市町村の担当窓口で行いますが、死亡一時金の請求書、故人の年金手帳、除籍謄本、請求者の世帯全員の住民票の写し、振込先の口座番号などが必要です。

寡婦年金の手続き

手続き先	市・区役所、町村役場、年金事務所など
手続きする人	故人の妻
期間	5年以内
必要な書類等	故人と請求者の年金手帳、故人と請求者の身分関係を証明できる戸籍謄本、世帯全員の住民票、請求者の所得証明、振込先の口座番号、印鑑など

■国民年金寡婦年金裁定請求書の書き方

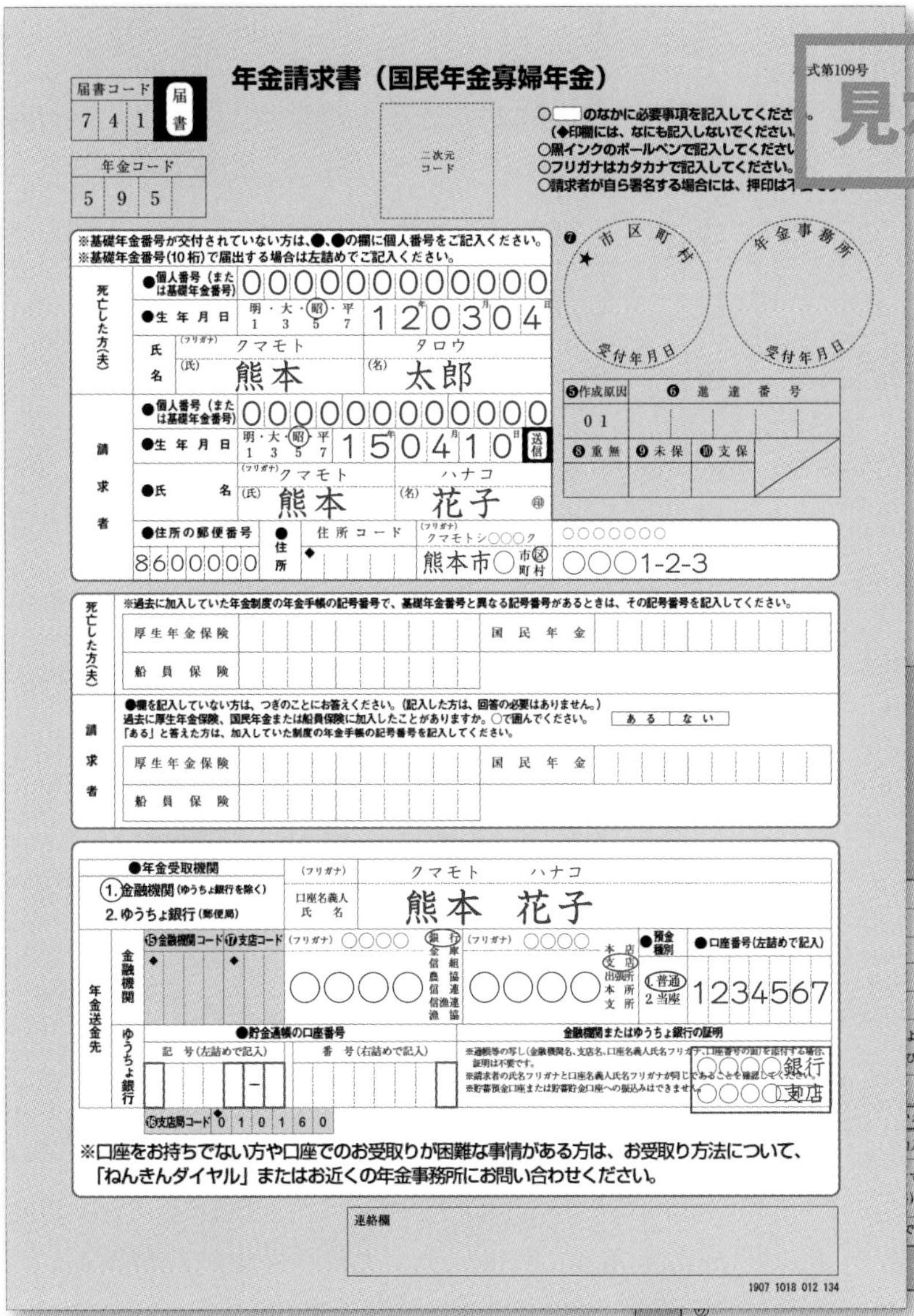

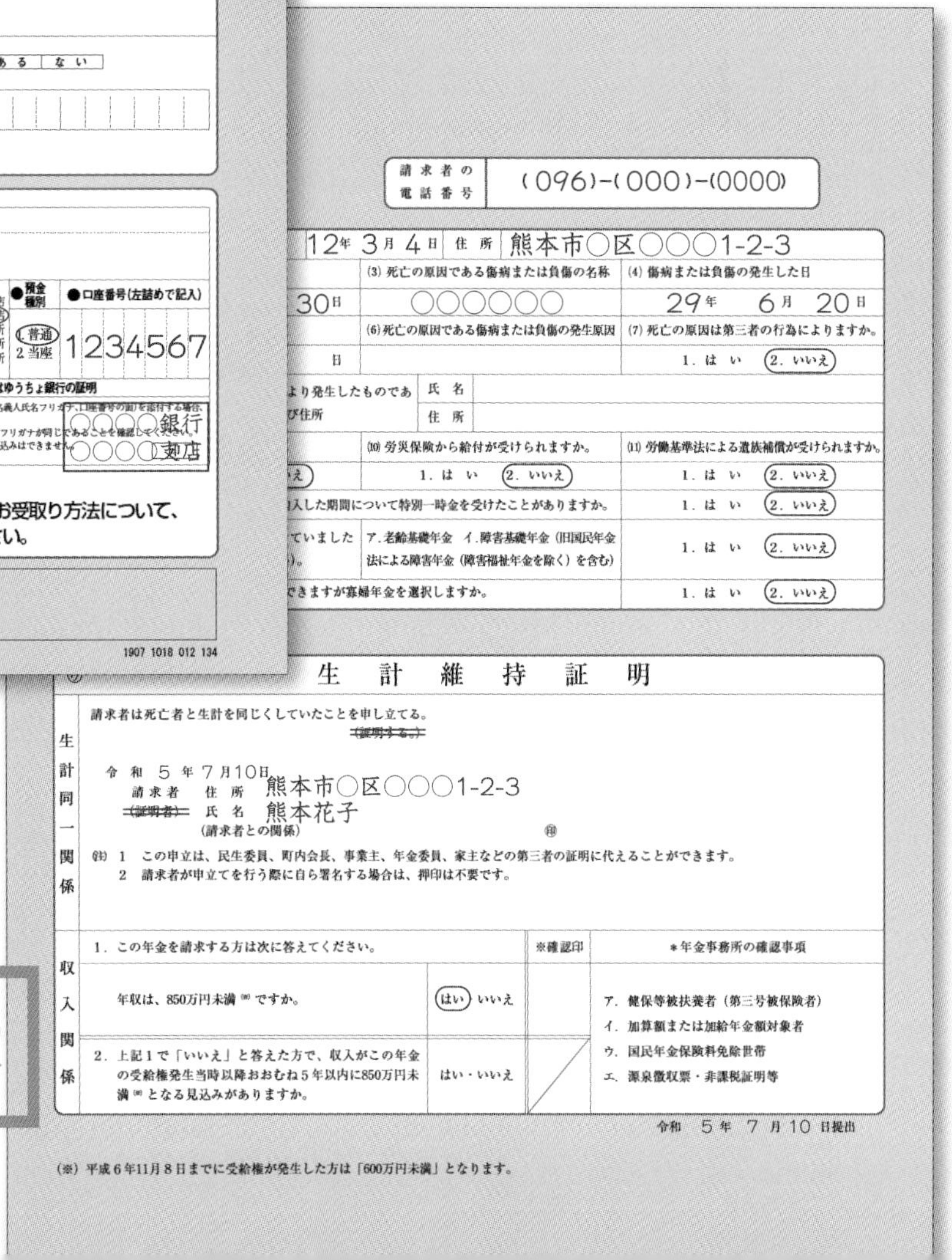

厚生年金に加入の場合（国民年金第2号被保険者）

遺族厚生年金について

故人が厚生年金に加入していた場合、生計を維持されていた遺族は、遺族厚生年金が支給されます。生計を維持されていたとは、「死亡時に生計（家計）が一つだったこと」「前年の収入が850万円未満であること。または所得が655万5千円未満であること」という二つの要件を満たすことです。遺族厚生年金を受給する要件は次のいずれかです。

遺族厚生年金を残せる故人の要件

①厚生年金の加入者

②厚生年金の加入中の病気やケガがもとで、初診日から5年以内に死亡

③老齢厚生年金の受給資格期間（25年）を満たしていた

④1級もしくは2級の障害厚生年金の受給権者

遺族厚生年金を受給できる遺族の要件

①故人の妻

②故人の子（※）や孫

③55歳以上の夫、もしくは故人の父母、あるいは故人の祖父母

※子は結婚していない18歳到達年度の末日（3月31日）を経過していない子、または20歳未満で障害年金の障害等級1級・2級の子

遺族基礎年金よりも受給範囲は広い

遺族基礎年金と遺族厚生年金の違いの一つに、遺族厚生年金は受給できる遺族の範囲が広く定められていることがあります。その範囲は、配偶者、子、父母、孫、祖父母です。

ただし、子は18歳まで（上記※参照）、夫、父母、祖父母は55歳以上、受給は60歳から（子のある夫は55歳から受給）といった制限があります。妻は年齢にかかわらず遺族厚生年金を受給できますが、夫が亡くなったとき30歳未満で子がいない場合は、5年間のみの支給となります。

中高齢寡婦加算について

中高齢寡婦加算は遺族厚生年金の加算給付の一つです。遺族基礎年金は子のいない妻には支給されませんが、子がいてもその子が18歳に達すれば（18歳の誕生日の属する年度の3月31日を過ぎると）支給されなくなります。夫が死亡したときに40歳以上で子のいない妻（夫の死亡後40歳に達した当時、子がいた妻も含む）の場合、65歳になるまでの間、中高齢の寡婦加算（定額）が遺族厚生年金に加算されます。妻が65歳になると自分の老齢基礎年金が受けられるため、中高齢の寡婦加算はなくなります。

■年金請求書（国民年金・厚生年金保険遺族給付）の書き方

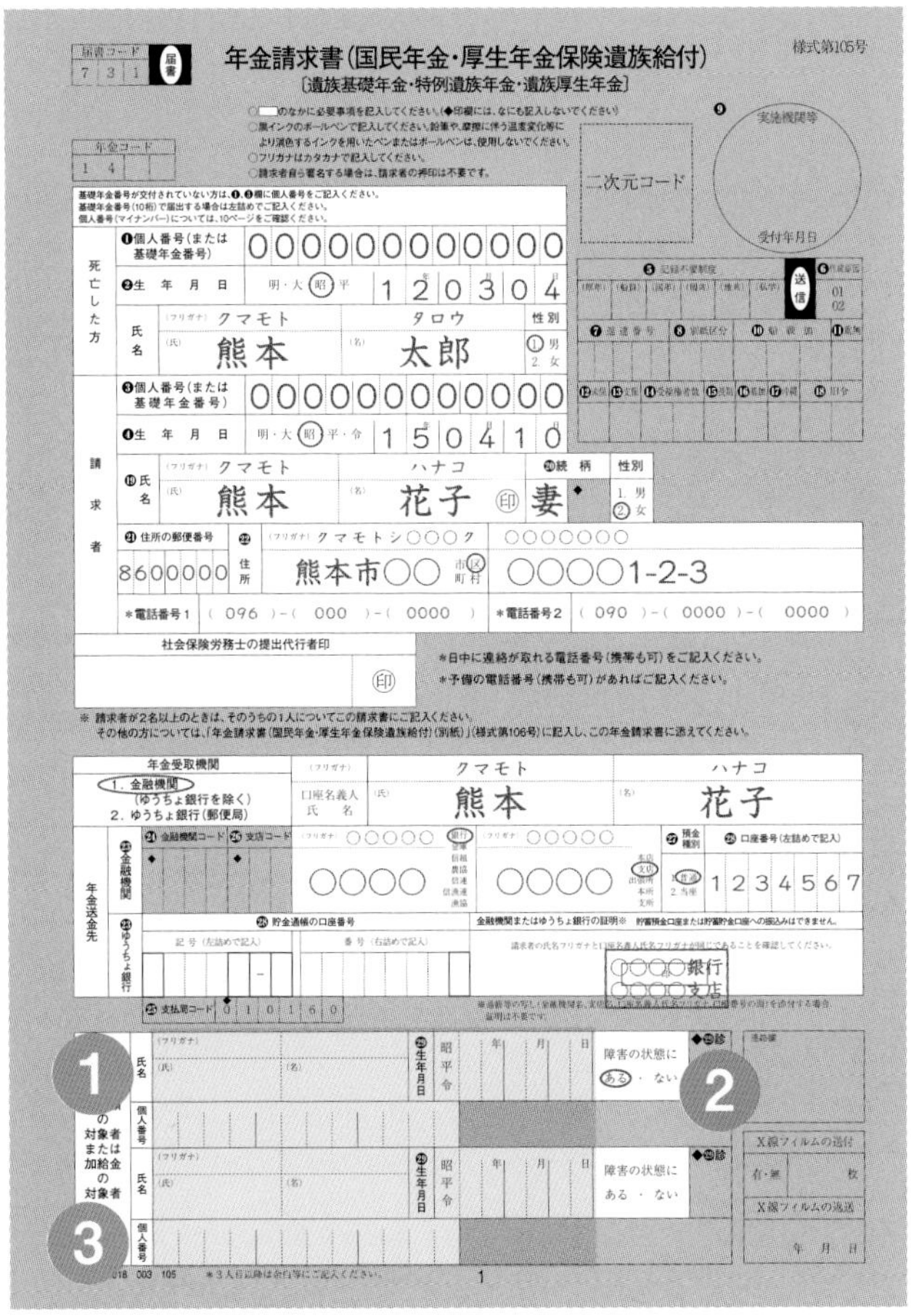

4 既に年金を受け取っている場合、または、他の年金を請求手続き中の場合は○で囲む。

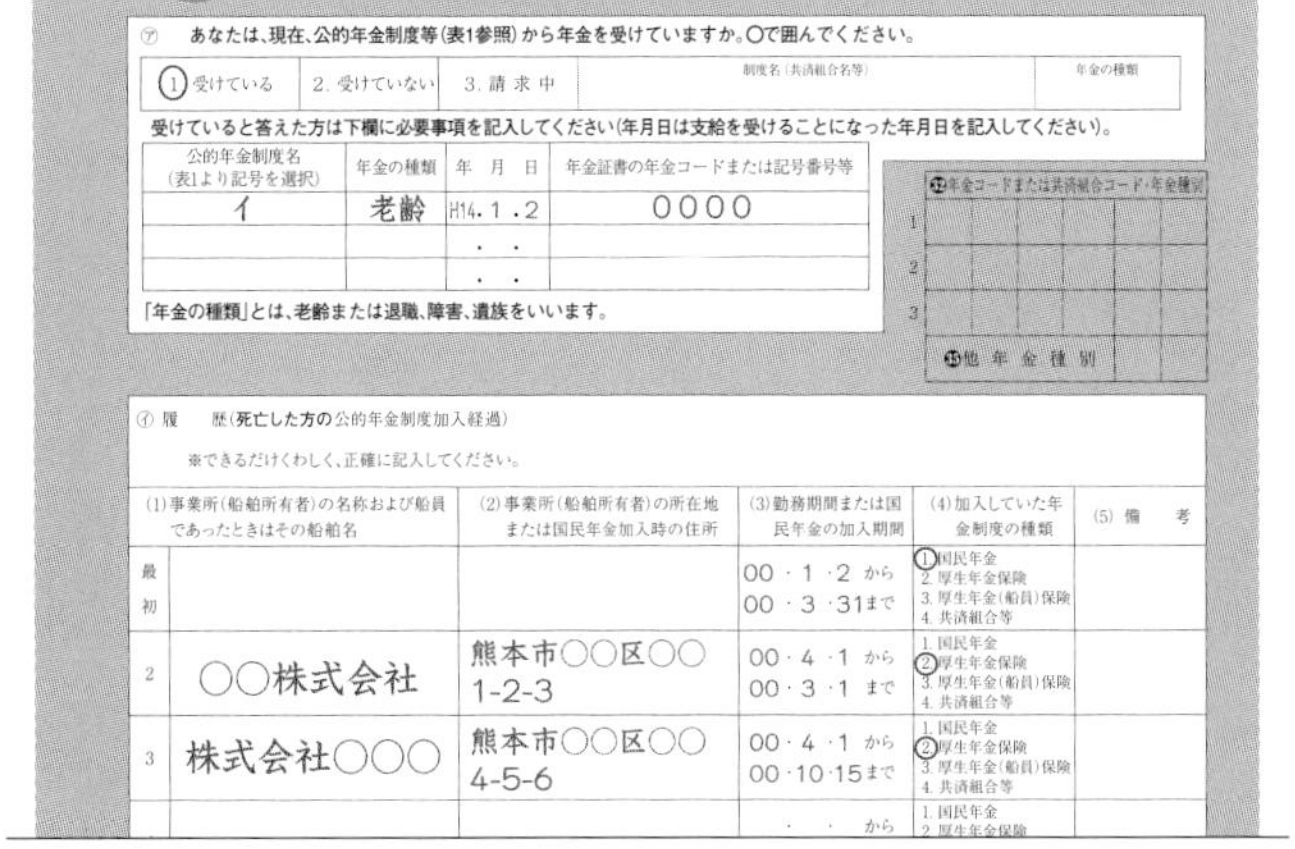

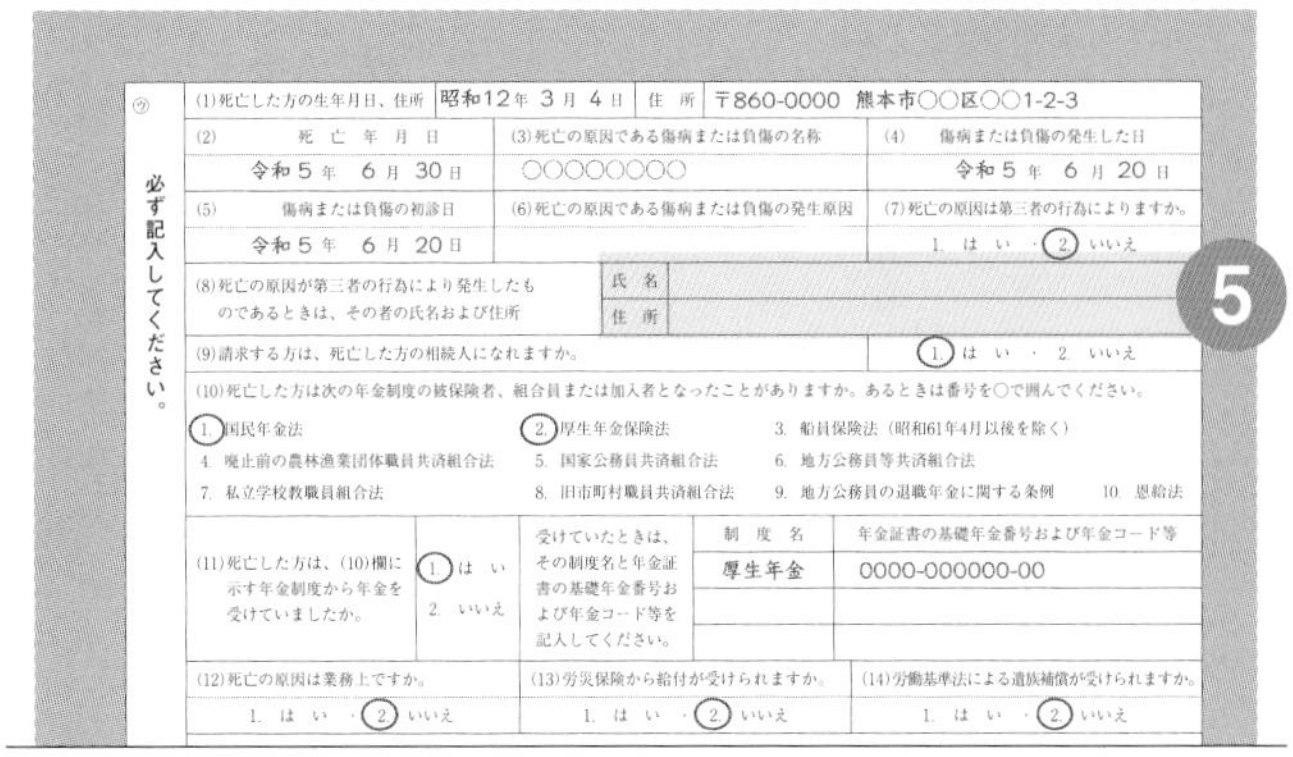

5 交通事故など死亡の原因が第三者の行為による場合はその旨を窓口へ。別途書類が必要になります。

1 生計を同じくしている子（18歳になった後の最初の3月31日まで）がいる場合は記入。

2 あるを○で囲んだ場合は診断書の提出が必要。

3 個人番号を記入すると毎年誕生月に提出している「年金受給権者現況届」の提出が原則不要に。

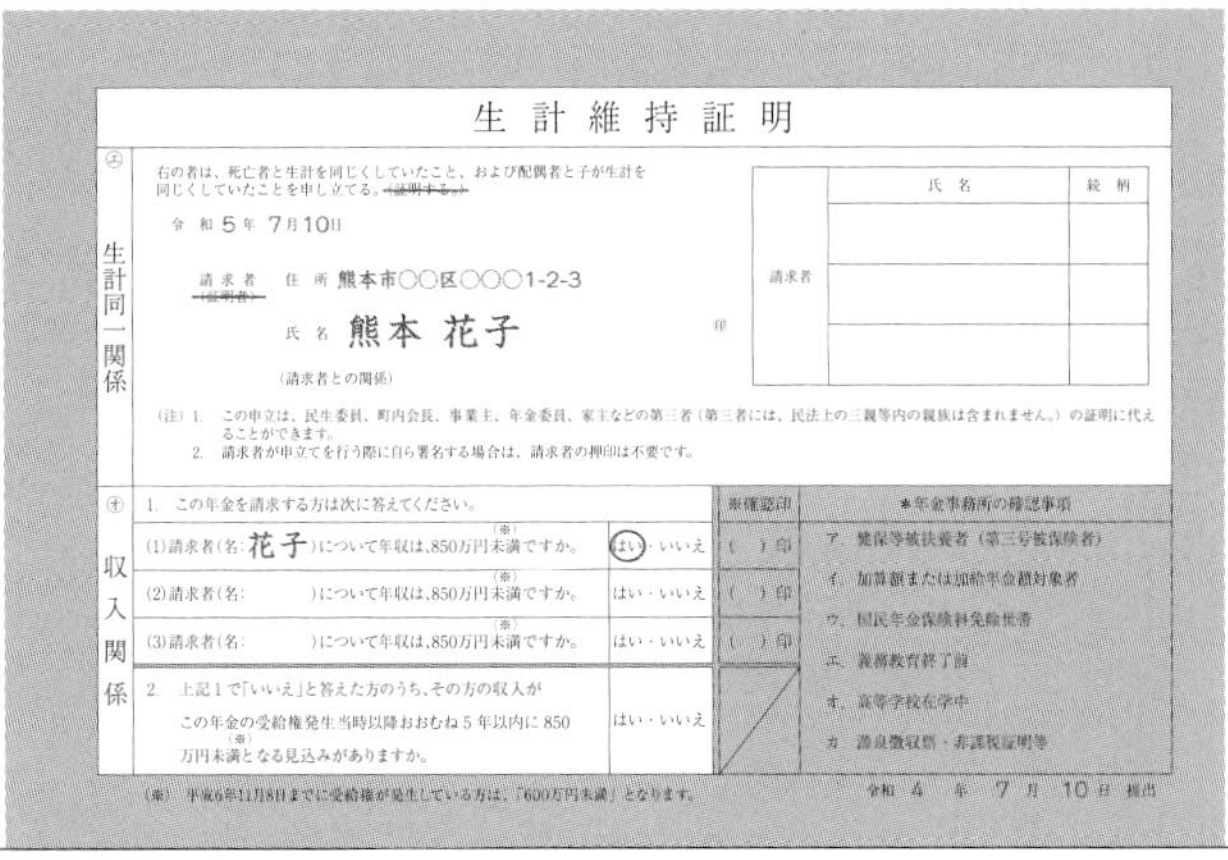

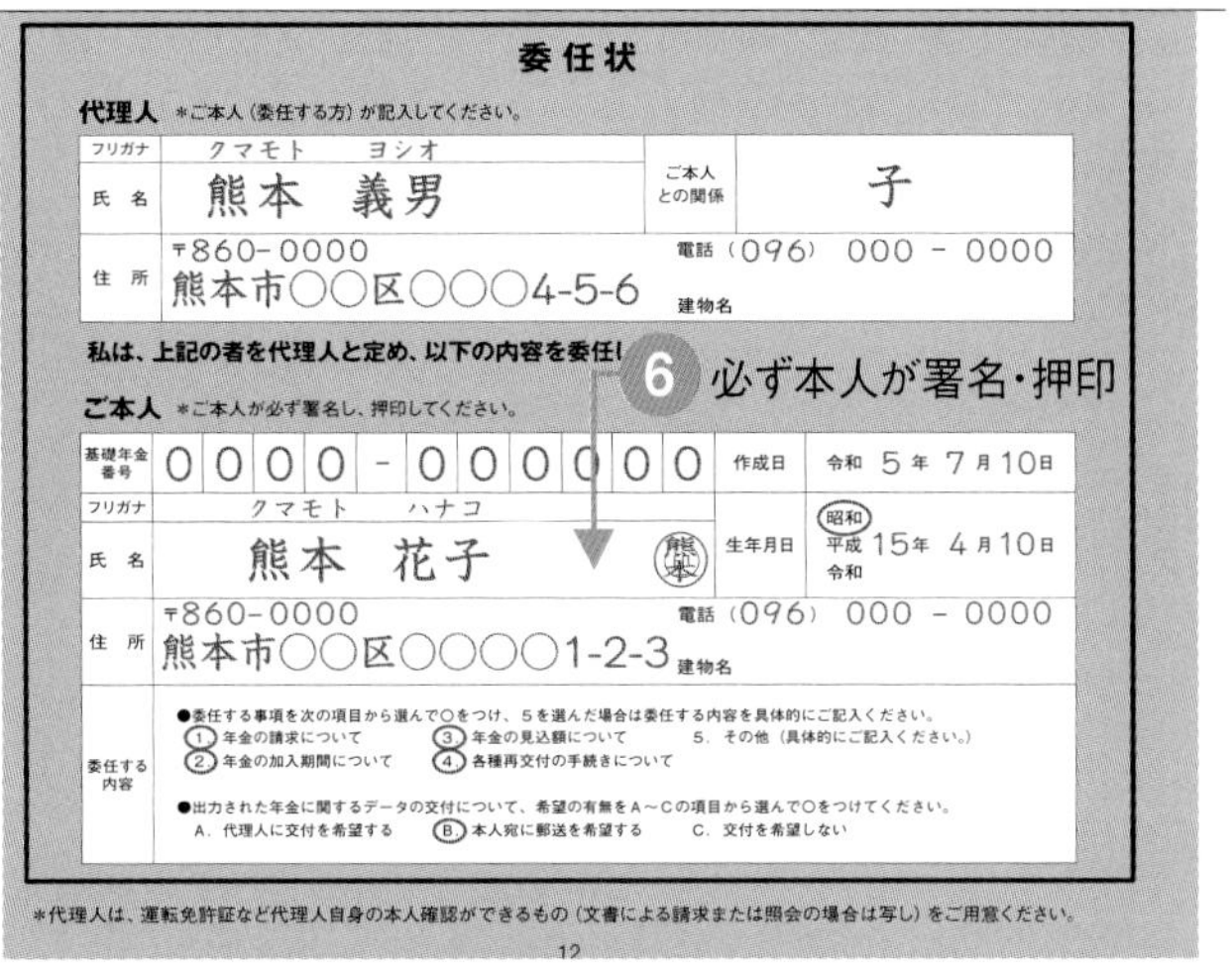

年金請求書（国民年金・厚生年金保険遺族給付）の手続き

手続き先	遺族基礎年金のみ該当の場合は、市・区役所、町村役場、それ以外は年金事務所など
手続きする人	受給資格を満たす妻、子など
期間	5年以内
必要な書類等	・故人と請求者の両方：年金手帳、年金証書等（受給権のあるもの全て）、戸籍謄本（死亡日以降の全部事項証明書） ・その他：世帯全員の住民票、住民票の除票、死亡診断書の写し、所得証明書、課税（非課税）証明書、在学証明書または学生証等（義務教育中は不要）、請求者の預金通帳と印鑑など

高額療養費の払い戻し申請

自己負担限度額を超えた医療費は払い戻される

故人が国民健康保険、後期高齢者医療制度、健康保険の加入者だった場合、「高額療養費制度」を利用して闘病や長期療養により支払った医療費の一部の払い戻しを受けることができます。

高額療養費制度では、1カ月の医療費の合計が自己負担限度額を超えた場合、その超過分の額が支給されます。申請期限は診療を受けた月の翌月1日から2年以内です。期限内であれば、死亡後でも申請は可能です。自治体によっては、介護費用もしくは介護と医療を合わせた費用が高額の場合、払い戻されることもあるので相談してみてもよいでしょう。

高額療養費に達しない場合

診療費、医療費が高額療養費の支給対象額に達しない場合でも、1カ月内の複数受診や同一世帯の医療費を足して自己負担限度額を超えれば、払い戻しを受けることができます。しかし、保険加入者が70歳未満の場合は、合算できる医療費は1診療当たりの自己負担額が、2万1千円以上のもののみとなります。

また、直近の12カ月間に3回以上高額療養費の払い戻しを受けた場合、4回目以降は自己負担限度額がさらに引き下げられます。

年齢や所得で異なる自己負担額の基準

高額療養費の申請基準は、毎月の自己負担額の大きさで決まり、年齢や所得状況によって計算式が異なってきます。

また、健康保険が使えない治療や投薬の費用、差額のベッド代、入院中の食事代などは高額療養費の対象外となるので注意しましょう。

要件を満たすと申請書が送付される高額介護サービス費

介護サービスの利用には、月々の上限額が設定されています。一般的な所得（同一世帯内に課税所得145万円未満の65歳以上がいる場合）の人の自己負担限度額は、4万4000円（同一世帯内に課税所得145万円以上の65歳以上の人が一人いる場合などは4万4400円）ですが、1カ月に支払った金額がこれを超えると、その分が払い戻しされます。

前述の要件を満たす人には、市区町村の役所から通知と申請書が送られてきます。この書面に従い手続きを行ってください。

高額療養費申請の手続き

手続き先	故人の住所地の市・区役所、町村役場、協会けんぽなど
期間	治療を受けた翌月1日から2年以内
必要な書類等	・高額療養費支給申請書（全国健康保険協会のホームページからダウンロード可能） ・故人（被保険者）との続柄が分かる書類（戸籍謄本など）

高額介護サービス費申請の手続き

手続き先	故人の住所地の市・区役所、町村役場
期間	介護サービスを受けた翌月1日から2年以内
必要な書類等	高額介護サービス費申請書、介護保険被保険者証、サービスを受けた際の領収書、印鑑、故人（被保険者）との続柄が分かる書類（戸籍謄本など）

医療費の自己負担限度額を計算する

高額療養費の自己負担限度額（70歳未満の場合）

所得区分	月額の自己負担限度額
標準報酬月額83万円以上の人（健保） 旧ただし書き所得901万円以上の人（国保）	252,600円＋（総医療費 − 842,000円）×1％
標準報酬月額53万～79万円の人（健保） 旧ただし書き所得600万～901万円の人（国保）	167,400円＋（総医療費 − 558,000円）×1％
標準報酬月額28万～50万円の人（健保） 旧ただし書き所得210万～600万円の人（国保）	80,100円＋（総医療費 − 267,000円）×1％
標準報酬月額26万円以下の人（健保） 旧ただし書き所得210万円以下の人（国保）	57,600円
低所得者 （被保険者が市区町村民税の非課税者など）	35,400円

70歳未満の人の高額療養費のイメージ（標準報酬月額28万～50万円の人の計算例）

●医療機関に3割負担で月額150,000円を支払っていた場合（総医療費50万円）、67,570円が払い戻されることになります。

80,100円＋（【総医療費】50万円 − 267,000円）×1％＝82,430円
150,000円（窓口での支払額）− 82,430円（月額の自己負担限度額）＝67,570円

67,570円が払い戻される

高額療養費の自己負担限度額（70歳以上75歳未満の場合）

被保険者の適用区分		自己負担限度額	
		外来（個人）	外来・入院（世帯ごと）
現役並み	年収約1160万円～ 標報83万円以上、課税所得690万円以上	252,600円＋（医療費−842,000）×1％ ＜多数回 140,100円 ※2＞	
現役並み	年収約770万～約1160万円 標報53万円以上、課税所得380万円以上	167,400円＋（医療費−558,000）×1％ ＜多数回 93,000円 ※2＞	
現役並み	年収約370万～約770万円 標報28万円以上、課税所得145万円以上	80,100円＋（医療費−267,000）×1％ ＜多数回 44,400円 ※2＞	
一般	年収156万～370万円 標報26万円以下、課税所得145万円未満（※1）	18,000円 （年間上限144,000円）	57,600円 （多数回44,400円）※2
低所得者	II住民税非課税世帯※3	8,000円	24,600円
低所得者	I住民税非課税世帯 （年金収入80万円以下など）※4	8,000円	15,000円

※1　世帯収入の合計額が520万円未満（1人世帯の場合は383万円未満）の場合や、「旧ただし書き所得」の合計額が210万円以下の場合も含む
※2　過去12カ月以内に3回以上、上限額に達した場合は、4回目から「多数回」該当となり、上限額が下がる
※3　II住民税非課税世帯は、被保険者が市区町村民税の非課税者などである場合
※4　I住民税非課税世帯は、被保険者とその扶養家族全ての人から必要経費・控除を除いた後の所得がない場合
●75歳以上は後期高齢者医療制度の対象者となります

70歳以上75歳未満の人の高額療養費のイメージ（一般所得者の計算例）

●医療機関に2割負担で個人月額30,000円を支払っていた場合、高額療養費の自己負担の上限額は18,000円のため、12,000円が払い戻されることになります。

30,000円（個人外来の窓口での支払額）− 18,000円（月額の自己負担限度額）＝12,000円

12,000円が払い戻される

所得税の準確定申告

故人が個人事業主の場合は、4カ月以内に申告を

個人事業主が亡くなった場合は、死亡年の1月1日～死亡日までの所得を計算したものと、消費税に対する確定申告を原則、法定相続人が行わなければいけません。これを「準確定申告」といいます。

また、その年の1月1日～3月15日に前年分の確定申告をしないで亡くなった場合は、これも同様に行うこと。期限はいずれも相続の開始があったことを知った日の翌日から4カ月以内に、申告と納税をしなければなりません。

故人が会社員でも申告が必要なケースもある

企業に勤める会社員が死亡によって退職した場合は、勤務先でその年の給与にかかる所得税を計算し、年末調整を行うケースが一般的なので、確定申告は不要です。しかし、年末調整がされていない場合は、相続人が申告をして源泉徴収税額の還付を受けます。

また、会社員でも次の場合は確定申告が必要です。

●年収が2千万円超
●給与所得や退職金などの所得のほかに、雑所得が20万円超
●2カ所以上から給与を受け取っている
●医療費控除を受ける
●住宅借入金等特別控除を受けている

法定相続人が複数いる場合は連名で申告・納税を

法定相続人が二人以上いる場合には、原則的に相続人全員が連名で1通の準確定申告書を提出しなければなりません。相続が確定しない場合においては、法定相続人の中から代表者を決めて申告してください。

基本的に所得税は相続人が負担することになりますが、相続人が二人以上の場合は、相続に応じた割合でそれぞれが納めます。また、遺言で指定相続分がある場合は、それに沿って割り振られます。

相続を放棄した人がいる場合は、その人を除いた相続人全員で、申告・納税をします。

保険料が所得から控除されるケースもある

その年の1月1日～死亡日に故人が支払った医療費、社会保険料、生命保険料、地震保険料などは、申告の際に故人の所得から控除されます。いずれも申告の際、税務署などによく確認しましょう。

医療費などの控除については、死亡日までに支払った金額が対象となります。よって、入院中に死亡した場合などは、故人の入院費を死亡後に支払うことになるため、控除の対象にはなりません。

準確定申告の手続き

手続き先	故人の住所地を管轄する税務署
期限	相続の開始を知った日の翌日から4カ月以内
必要な書類等	・準確定申告の申告用紙と付表 ・死亡日までの決算書（源泉徴収票） ・所得の内訳書 ・生命保険・損害保険の控除証明書 ・医療費の領収書 ・相続人全員の認め印 ・申告者の身分を確認できるもの（運転免許証など）
申告義務者	相続人全員

見本

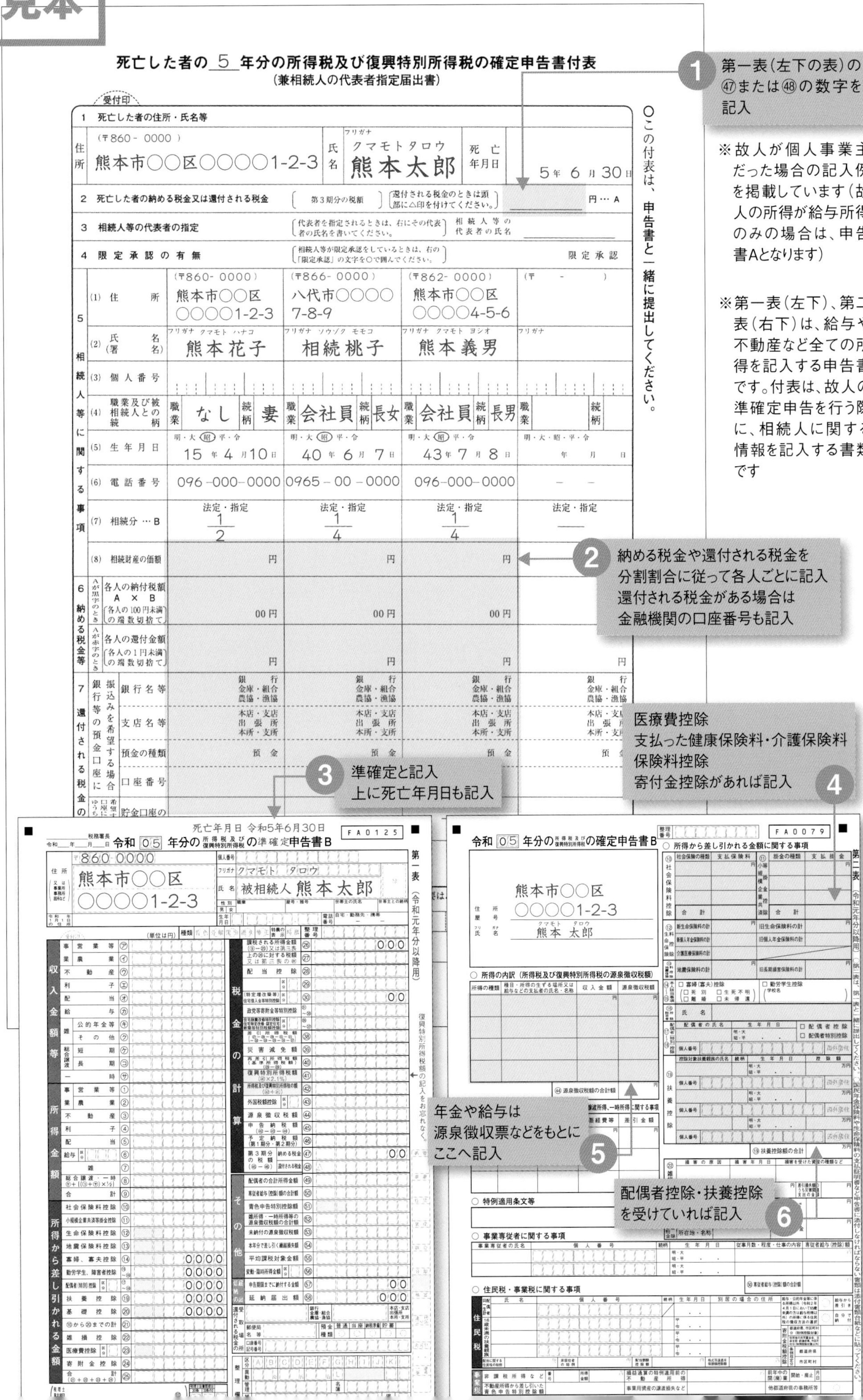

死亡した者の 5 年分の所得税及び復興特別所得税の確定申告書付表
（兼相続人の代表者指定届出書）

受付印

1 死亡した者の住所・氏名等

住所	（〒860－0000）熊本市〇〇区〇〇〇〇1-2-3	氏名	クマモトタロウ 熊本太郎	死亡年月日	5年 6月 30日

2 死亡した者の納める税金又は還付される税金　〔第3期分の税額〕〔還付される税金のときは頭部に△印を付けてください。〕　円…A

3 相続人等の代表者の指定　〔代表者を指定されるときは、右にその代表者の氏名を書いてください。〕　相続人等の代表者の氏名

4 限定承認の有無　〔相続人等が限定承認をしているときは、右の「限定承認」の文字を〇で囲んでください。〕　限定承認

5 相続人等に関する事項				
(1) 住所	（〒860－0000）熊本市〇〇区〇〇〇〇1-2-3	（〒866－0000）八代市〇〇〇〇7-8-9	（〒862－0000）熊本市〇〇区〇〇〇〇4-5-6	（〒　－　）
(2) 氏名（署名）	フリガナ クマモト ハナコ 熊本花子	フリガナ ソウゾク モモコ 相続桃子	フリガナ クマモト ヨシオ 熊本義男	フリガナ
(3) 個人番号				
(4) 職業及び被相続人との続柄	職業 なし 続柄 妻	職業 会社員 続柄 長女	職業 会社員 続柄 長男	職業 続柄
(5) 生年月日	明・大・㊗昭・平・令 15年 4月 10日	明・大・㊗昭・平・令 40年 6月 7日	明・大・㊗昭・平・令 43年 7月 8日	明・大・昭・平・令 年 月 日
(6) 電話番号	096－000－0000	0965－00－0000	096－000－0000	－ －
(7) 相続分…B	法定・指定 1/2	法定・指定 1/4	法定・指定 1/4	法定・指定
(8) 相続財産の価額	円	円	円	円

6 納める税金等				
Aが黒字のとき 各人の納付税額 A×B（各人の100円未満の端数切捨て）	00円	00円	00円	
Aが赤字のとき 各人の還付金額（各人の1円未満の端数切捨て）	円	円	円	円

7 還付される税金の受取場所 銀行等の預金口座に振込みを希望する場合				
銀行名等	銀行 金庫・組合 農協・漁協	銀行 金庫・組合 農協・漁協	銀行 金庫・組合 農協・漁協	銀行 金庫・組合 農協・漁協
支店名等	本店・支店 出張所 本所・支所	本店・支店 出張所 本所・支所	本店・支店 出張所 本所・支所	本店・支店 出張所 本所・支所
預金の種類	預金	預金	預金	預金
口座番号				
ゆうちょ銀行の貯金口座に振込みを希望する場合 貯金口座の				

〇この付表は、申告書と一緒に提出してください。

死亡年月日 令和5年6月30日

令和 05 年分の所得税及び復興特別所得税の準確定申告書B　FA0125

住所 〒860-0000 熊本市〇〇区〇〇〇〇1-2-3

フリガナ クマモト タロウ　氏名 被相続人 熊本太郎

第一表（令和元年分以降用）

令和 05 年分の所得税及び復興特別所得税の確定申告書B　FA0079

住所 熊本市〇〇区〇〇〇〇1-2-3

フリガナ クマモト タロウ　氏名 熊本 太郎

第二表（令和元年分以降用）

1 第一表（左下の表）の㊼または㊽の数字を記入

※故人が個人事業主だった場合の記入例を掲載しています（故人の所得が給与所得のみの場合は、申告書Aとなります）

※第一表（左下）、第二表（右下）は、給与や不動産など全ての所得を記入する申告書です。付表は、故人の準確定申告を行う際に、相続人に関する情報を記入する書類です

2 納める税金や還付される税金を分割割合に従って各人ごとに記入
還付される税金がある場合は金融機関の口座番号も記入

3 準確定と記入
上に死亡年月日も記入

4 医療費控除
支払った健康保険料・介護保険料
保険料控除
寄付金控除があれば記入

5 年金や給与は源泉徴収票などをもとにここへ記入

6 配偶者控除・扶養控除を受けていれば記入

医療費の控除

自己負担額が10万円以上の場合は医療費の控除を

医療費控除は、納税している本人とその扶養家族（配偶者や生計を一つにしている親族）が、1年間に支払った医療費が対象です。控除が認められるのは次の通りです。

●自己負担額が合計で10万円を超えている場合

●年間所得が200万円未満で、所得の5％超を自己負担している場合

この規定を超えた部分について、200万円を限度に所得税から医療費の控除を受けることができます。

申告をする際には、該当する医療費の領収書が必要です。その領収書は、準確定申告書に添付するか、準確定申告書を提出するときに提示することになります（詳細は106ページ参照）。

医療費控除の手続き

手続き先	故人の住所地を管轄する税務署
期　限	毎年2月16日～3月15日
必要な書類等	故人の死亡日までの決算書（源泉徴収票）、死亡年（5年前まで申告できる）の1月1日～死亡日の医療費の領収書、相続人全員の認め印、申告者の身分を確認できるもの（運転免許証など）

医療費控除額の計算式

｛（死亡年の1月1日から死亡した日までに支払った医療費の総額）－（保険金などで補てんされる金額）｝－（10万円　所得が200万円までの人は所得金額の5％）＝ 医療費控除額（最高200万円）

医療費控除の対象となる医療費とは

控除の対象となる費用

- ●医師、歯科医師による診療や治療に支払った費用
- ●治療、療養のための医薬品の購入費用
- ●治療のためのマッサージ、指圧、鍼灸などによる施術費用
- ●療養上の世話を依頼した保健師や看護師に支払った費用
- ●介護保険制度の下で提供されるサービスのうち、指定介護老人福祉施設サービスの介護費および食費として支払った額の2分の1相当額、また一定の居宅サービスの自己負担額
- ●必要とされる通院費用、入院の部屋代、食事代、医療用具の購入費用
- ●医療施設などに急患やケガなどで運ばれたときの費用
- ●6カ月以上寝たきりの人のおむつ代金（医師の「おむつ使用証明書」が必要）
- ●医師の診療、治療を受けるために通常必要な差額ベッド代金（本人や家族の都合だけで個室にしたときは医療費控除の対象にならない）

医療費控除の対象とならない費用

- ●健康増進や疾病予防のための医薬品の購入費用
- ●健康診断のための費用
- ●死亡診断書代金
- ●入院の際に準備した身の回りのものや、病院で支給される以外の食事代
- ●自己の都合による差額ベッド代金

医療費から差し引かれる費用

- ●健康保険から支給された療養費などの給付金、高額療養費など
- ●生命保険や損害保険から、医療費の補てんを目的として支払われた保険金や入院給付金など
- ●医療費の補てんを目的として支払われた損害賠償金

生命保険の手続き

死亡保険金の請求

生命保険には、生命保険会社の「生命保険」、かんぽ生命の「簡易生命保険」、勤務先での「団体生命保険」などがあります。故人が生命保険や簡易保険に加入していた場合、死亡保険金は受取人が請求しなければ支払われません。

また、まれなケースだと思いますが、死亡保険金の受取人が故人本人になっていた場合や指定されていない場合には、保険金は相続財産となるため、相続が正式に決まるまでは請求できません。団体生命保険は、勤務先で加入し、受取人が勤務先になっていることもあるので、勤務先の担当者に確認しましょう。

手続きは早めに

死亡保険金の手続きは、死後1～2カ月以内を目安に、保険会社やかんぽ生命に連絡します。被保険者（故人）の死因、死亡日、証券番号などを伝えると、請求に必要な書類が送られてきます。法律により請求時効は3年と定められていますので、保険の加入が分かった際は早めに保険会社へ連絡を。この期間を過ぎても請求に応じてくれるケースもありますので、諦めずに相談してみてください。

住宅ローンを支払っていた場合

銀行などで住宅ローンを組むときには、一般的に団体信用生命保険の契約を取り交わします。これは、契約者が返済中に死亡した場合に、ローンの残金と同額の死亡保険金が生命保険会社から契約先の銀行に支払われるというものです。故人が団体信用生命保険の契約をしていたかを借入先の金融機関に確認し、加入していた場合は所定の手続きをします。この場合、亡くなったと同時に住宅ローンは完済されることになるので、故人の債務にはなりません。また、相続税の債務控除の対象外となります。

生命保険金への課税

死亡保険金の受け取りにおいて、被保険者、保険料を負担した人、受取人が誰かによって課税される税金の種類が異なります。また、受取人が相続人の場合は相続税の非課税の適用があります。

死亡保険金の扱いと課税される税金（例）

相続税、所得税、贈与税が課税されるのは、それぞれ以下のような場合です。

被保険者	夫	夫	妻	夫
負担者	夫	夫	夫	妻
受取人	妻	子	夫	子
保険事故	夫の死亡	夫の死亡	妻の死亡	夫の死亡
税　金	妻に相続税	子に相続税	夫に所得税	子に贈与税

事業引き継ぎの手続き

開業・廃業に関わらず申請を

故人が事業主でその事業を引き継ぎ開業する、または廃業する場合、「個人事業者の死亡届出書」や「個人事業の開業・廃業等届出書」を税務署に提出しなければいけません。

引き継ぎ開業する場合、特に注意したいのが「所得税の青色申告承認申請書」の提出です。所得税の申告には青色申告と白色申告がありますが、青色申告をすれば所得税の控除など、さまざまな特典を受けることができます。ですが、故人の青色申告を引き継げるわけではなく、再度承認の申請が必要ということです。その書類が「所得税の青色申告承認申請書」になります。書類の提出期限は個人が亡くなった日によって異なるので注意が必要です。税理士などの専門家にお任せすることをお勧めします。

また、事業の承継に当たり特別な資格が必要だったり、個人の国家資格などで営業していた場合は、事業を引き継ぐことは認められていません。

個人事業の開業・廃業等届出書の手続き

手続き先	納税地を管轄する税務署
手続きする人	事業を引き継ぐ相続人
期　間	事業の開業・廃業等の事実があった日から1カ月以内
必要な書類等	届出書

所得税の青色申告承認申請書の手続き

手続き先	納税地を管轄する税務署
手続きする人	事業を引き継ぐ相続人
期　間	死亡日がその年の1月1日～8月31日の場合は死亡の日から4カ月以内 死亡日がその年の9月1日～10月31日の場合はその年の12月31日まで 死亡日がその年の11月1日～12月31日の場合は翌年の2月15日まで
必要な書類等	申請書

■所得税の青色申告承認申請書の手続き

見本

税務署受付印　　1 0 9 0

所得税の青色申告承認申請書

熊本西 税務署長

2023年 3月 5日提出

納税地	✓住所地・○居所地・○事業所等（該当するものを選択してください。） (〒860 − 0000) 熊本市〇〇区〇〇〇〇4-5-6 (TEL 096 - 000 -0000)
上記以外の住所地・事業所等	納税地以外に住所地・事業所等がある場合は記載します。 (〒 −) (TEL − −)
フリガナ	クマモトヨシオ
氏名	熊本義男（印）　生年月日 ○大正 ✓昭和 ○平成 ○令和 43年7月8日生
職業	デザイナー　フリガナ ヒゴデザイン　屋号 肥後デザイン

令和4年分以後の所得税の申告は、青色申告書によりたいので申請します。

1　事業所又は所得の基因となる資産の名称及びその所在地（事業所又は資産の異なるごとに記載します。）

名称＿＿＿＿　所在地＿＿＿＿

名称＿＿＿＿　所在地＿＿＿＿

2　所得の種類（該当する事項を選択してください。）

✓事業所得　・○不動産所得　・○山林所得

3　いままでに青色申告承認の取消しを受けたこと又は取りやめをしたことの有無

(1)　○有（○取消し・○取りやめ）　＿年＿月＿日　(2) ✓無

4　本年1月16日以後新たに業務を開始した場合、その開始した年月日　＿年＿月＿日

5　相続による事業承継の有無

(1)　○有　相続開始年月日　＿年＿月＿日　被相続人の氏名＿＿　(2) ✓無

6　その他参考事項

(1)　簿記方式（青色申告のための簿記の方法のうち、該当するものを選択して

✓複式簿記・○簡易簿記・○その他（　　）

(2)　備付帳簿名（青色申告のため備付ける帳簿名を選択してください。）

✓現金出納帳・✓売掛帳・✓買掛帳・✓経費帳・✓固定資産台帳・✓預金出納帳
○債権債務記入帳・✓総勘定元帳・○仕訳帳・○入金伝票・○出金伝票・○振替

(3)　その他

関与税理士　(TEL − −)

税務署整理欄　整理番号　関係部門連絡　A　0　通信日付印の年月日　確認印　年 月 日

見本

1. 故人の事業を引き継ぐ人の氏名、住所、事業所の住所などを記入
2. 事業所や店舗などの名前と住所を記入
3. 事業を引き継ぐなら「事業所得」、不動産経営なら「不動産所得」などいずれかを選択
4. 記載の方法や青色申告に備え付けるための帳簿名を選択

■個人事業の開業・廃業等届出書の手続き

税務署受付印　　1 0 4 0

個人事業の開業・廃業等届出書

熊本西 税務署長

2023年 3月 5日提出

納税地	✓住所地・○居所地・○事業所等（該当するものを選択してください。） (〒 860 − 0000) 熊本市〇〇区〇〇〇〇4-5-6 (TEL 096 - 000 - 0000)
上記以外の住所地・事業所等	納税地以外に住所地・事業所等がある場合は記載します。 (〒 −) (TEL − −)
フリガナ	クマモトヨシオ
氏名	熊本義男（印）　生年月日 ○大正 ✓昭和 ○平成 ○令和 43年7月8日生
個人番号	0 0 0 0 0 0 0 0 0 0 0 0
職業	デザイナー　フリガナ ヒゴデザイン　屋号 肥後デザイン

個人事業の開廃業等について次のとおり届けます。

届出の区分	✓開業（事業の引継ぎを受けた場合は、受けた先の住所・氏名を記載します。）住所＿＿ 氏名＿＿ 事務所・事業所の（○新設・○増設・○移転・○廃止） ○廃業（事由） （事業の引継ぎ（譲渡）による場合は、引き継いだ（譲渡した）先の住所・氏名を記載します。）住所＿＿ 氏名＿＿
所得の種類	○不動産所得・○山林所得・✓事業（農業）所得〔廃業の場合……○全部・○一部（　　）〕
開業・廃業等日	開業や廃業、事務所・事業所の新増設等のあった日　年 月 日
事業所等を新増設、移転、廃止した場合	新増設、移転後の所在地（電話） 移転・廃止前の所在地
廃業の事由が法人の設立に伴うものである場合	設立法人名　代表者名 法人納税地　設立登記　年 月 日
開業・廃業に伴う届出書の提出の有無	「青色申告承認申請書」又は「青色申告の取りやめ届出書」　○有・○無 消費税に関する「課税事業者選択届出書」又は「事業廃止届出書」　○有・○無
事業の概要（できるだけ具体的に記載します。）	チラシ、パンフレットのデザイン・レイアウト作業

給与等の支払の状況 区分	従事員数	給与の定め方	税額の有無
専従者	人		○有・○無
使用人			○有・○無
			○有・○無
計			

その他参考事項

源泉所得税の納期の特例の承認に関する申請書の提出の有無　○有・○無　給与支払を開始する年月日　年 月 日

関与税理士　(TEL − −)

税務署整理欄　整理番号　関係部門連絡　A　B　C　番号確認　身元確認 □済 □未済　0　源泉用紙交付　通信日付印の年月日　確認印　年 月 日　確認書類 個人番号カード／通知カード・運転免許証 その他（　）

1. 提出先の税務署を記入
2. 自宅兼事務所（店舗）の場合は「住所地」を選択し自宅の住所を記入
3. 事業主の氏名と生年月日を記入
4. 屋号がある場合に記入。なければ未記入で可
5. 「開業」を選択
6. 「事業」を選択
7. 例：賃貸不動産の仲介、雑貨品の販売
8. 青色事業専従者や従業員を雇用する予定があれば記入
9. 1人でも雇う人がいるならば「有」を選択する

法的な諸手続きに必要な書類

書類は必要な枚数を調べてまとめておく

故人名義の契約変更や生命保険金の受け取りなど、故人に関する法的な手続きをとる際には、さまざまな書類が必要となります。

特に申請する人の「住民票」や「印鑑登録証明書」、故人の「戸籍謄本」「除籍謄本」などは、提出しなければならない機会が数多く出てきます。そのたびに各市町村の窓口へ書類を請求するのは手間がかかります。あらかじめ必要となる書類は枚数を確認し、一度に発行してもらいましょう。

また、手続きに添える住民票や印鑑登録証明書などは、「○カ月以内に発行されたものに限る」など、有効期限が定められているものもあり注意が必要です。申告期限に余裕がある場合でも、書類を入手したら早めに手続きを行いましょう。

書類請求は身分証明が必要 第三者への依頼は委任状を

住民票や戸籍謄本（抄本）、印鑑登録証明書などの書類は、本人による請求が原則です。同世帯の人や配偶者、または直系親族でも請求は可能ですが、第三者からの虚偽、なりすましなどによる不

諸手続きに必要な主な書類一覧表

書類	書類を必要とする主な手続き	備考
住民票	●健康保険・国民健康保険から、葬式の費用として「葬祭費」あるいは「埋葬料」をもらうとき ●国民年金・厚生年金から「遺族年金」をもらうとき ●故人の自動車や不動産の所有権を相続し、名義変更をするとき	世帯全員の写しと一部の写しの2種類がある
印鑑登録証明書	●故人の銀行預金や郵便貯金を相続して名義変更するとき ●故人が所有していた株券などを相続して名義変更するとき ●故人の自動車や不動産の所有権を相続して名義変更するとき ●遺産分割協議書を作成するとき（相続に関わる人全員の印鑑証明書が必要） ●生命保険の死亡保険金を請求するとき	本人が登録している実印であることを証明する書類
戸籍謄本	●健康保険・国民健康保険の「葬祭費」または「埋葬料」を申請するとき ●「遺族年金」を申請するとき ●故人名義の銀行預金や郵便貯金、株券などの名義を変更するとき ●故人名義の電話、自動車、不動産の所有権の名義を変更するとき ●相続税を申告するとき ●かんぽ生命の簡易保険を受け取るとき	戸籍に登載されている全員を写した書類。除籍した人も含まれる
戸籍抄本	●生命保険の死亡保険金を請求するとき	戸籍に登録されている人のうち、請求者が必要とする人だけを写したもの
除籍謄本	●故人名義の生命保険や簡易保険の死亡保険金を請求するとき ●故人名義の電話債券や自動車の所有権を移転するとき ●故人名義の銀行預金や郵便貯金、株券などの名義変更をするとき ●故人が会社役員だった場合、役員登記の変更をするとき	一つの戸籍から婚姻、死亡、分籍、転籍などによりすべての人が除かれると、その戸籍は除籍として保存される。そこに記載されている人を全員写した書類

※手続きの方法により異なるため、ホームページで確認すること

正請求の未然防止や、個人情報の保護を目的に、窓口に訪れた人の本人確認が行われます。その際、運転免許証やパスポートといった身分証明の提示を求められることになります。

特に家族以外の第三者（代理人）に申請をお願いする場合は、委任状などが必要となります。用紙は各市町村のホームページからダウンロードも可能です。必要事項は必ず本人が記入してください。各市町村によって書式も異なるので、不明な点は申請をする市町村へ問い合わせましょう。委任状の書式の一例は下記の通りです。

印鑑を押すときは再度書面を確かめ慎重に

法的な諸手続きには、印鑑を押す機会が非常に多くあります。もちろん印を押すということは、法的に意味があることが大半ですから、押印の際はもう一度書面に目を通し、内容事項を再確認してから押すようにしましょう。

実印

印鑑でも特に重要なのが実印です。これは居住地のある市町村に、一人が1個だけ登録できる印です。発行される「印鑑登録証明書」は、この印を登録者のものであることを証明します。実印は悪用されると大変です。保管にはくれぐれも注意しましょう。

認め印

文具店や印章店で気軽に手に入れられる印鑑が、認め印と呼ばれるものです。一見重要度が低いように感じられますが、法的には認め印を押すことは、その書類の内容に同意したという効果を持ちます。押印する際は、書類内容などを確認し、十分に納得してから押すようにしましょう。

委任状の一例（熊本市）

委任状
【代理人】
住所
氏名
私は、上記の者を代理人と定め、＿＿＿＿＿＿取得について委任します。
令和　年　月　日
【委任する人（本人）】
住所
氏名　㊞
（署名または記名押印）
※この委任状は、全て本人が書いてください。
※記名の場合（署名でない場合）は、押印が必要です。
※法人からの委任の場合は、法人代表者印の押印を必ずお願いします。

旧姓に戻りたいときは復氏届を提出する

配偶者が亡くなると、婚姻関係は解消されます。こうしたことから、結婚前の姓に戻りたいときには「復氏届《ふくしとどけ》」を提出します。旧姓に戻す際には、元の戸籍に戻るか、または「分籍届《ぶんせきとどけ》」を提出し、新しい戸籍を作るのかを選択できます。手続きは本籍地か住所地の市町村で行います。手続きに必要なものは、復氏届、戸籍謄本、婚姻前の戸籍謄本、印鑑です。配偶者の死亡後、いつ手続きを行っても構いませんが、必ず本人が窓口に出向かなくてはいけません。

子の戸籍と姓を親と同一にするには

親が復氏届や分籍届で、旧姓に戻ったり新しい戸籍を作ったとしても、子の戸籍や姓は変わることはありません。子の戸籍や姓を自分と同一にしたい場合は、子の住所地の家庭裁判所に「氏《うじ》変更許可」の申し立てをします。

手続きには、子の戸籍謄本、両親の戸籍謄本、申立人の印鑑が必要です。申立人が15歳未満なら法定代理人が、15歳以上ならば本人が申し立てます。

裁判所から許可が下りたら審判書を添えて、親の本籍地か住所地、または子の本籍地の役所に「入籍届」を提出し、親と同じ戸籍、同姓にします。

遺言の手続き

遺言が見つかったら

遺言者の死後、遺言書が見つかったら、保管していた人または発見した人が速やかに家庭裁判所に提出し、「検認」を受けなければなりません。検認の申し立ては、遺言者(被相続人)が亡くなったときの住所を管轄する家庭裁判所に対して行います。

検認は、記載内容を確認し、改ざんを防ぎ、保存を確実にするために行われます。

遺言書が封印されている場合には、開封する前に家庭裁判所に提出する必要があります。勝手に開封したり、故意に検認の申し立てを行わなかったりすると、過料を科せられます。遺言の検認請求をせず、さらに隠匿《いんとく》した場合は、相続欠格により相続権を剥奪《はくだつ》されます。また、遺言を改ざんした場合は、私文書偽造に問われることになります。

検認の手続き

検認の手続きは、遺言書の原本、遺言者の死亡が記載された戸籍謄本、申立人・相続人全員の戸籍謄本、相続人以外の受遺者の戸籍謄本などを添えて、「家事審判申立書(遺言者の検認)」を提出します。

その後、家庭裁判所から検認の期日が通知されます。当日は相続人などの立ち会いのもと、遺言書の内容が確認されます。

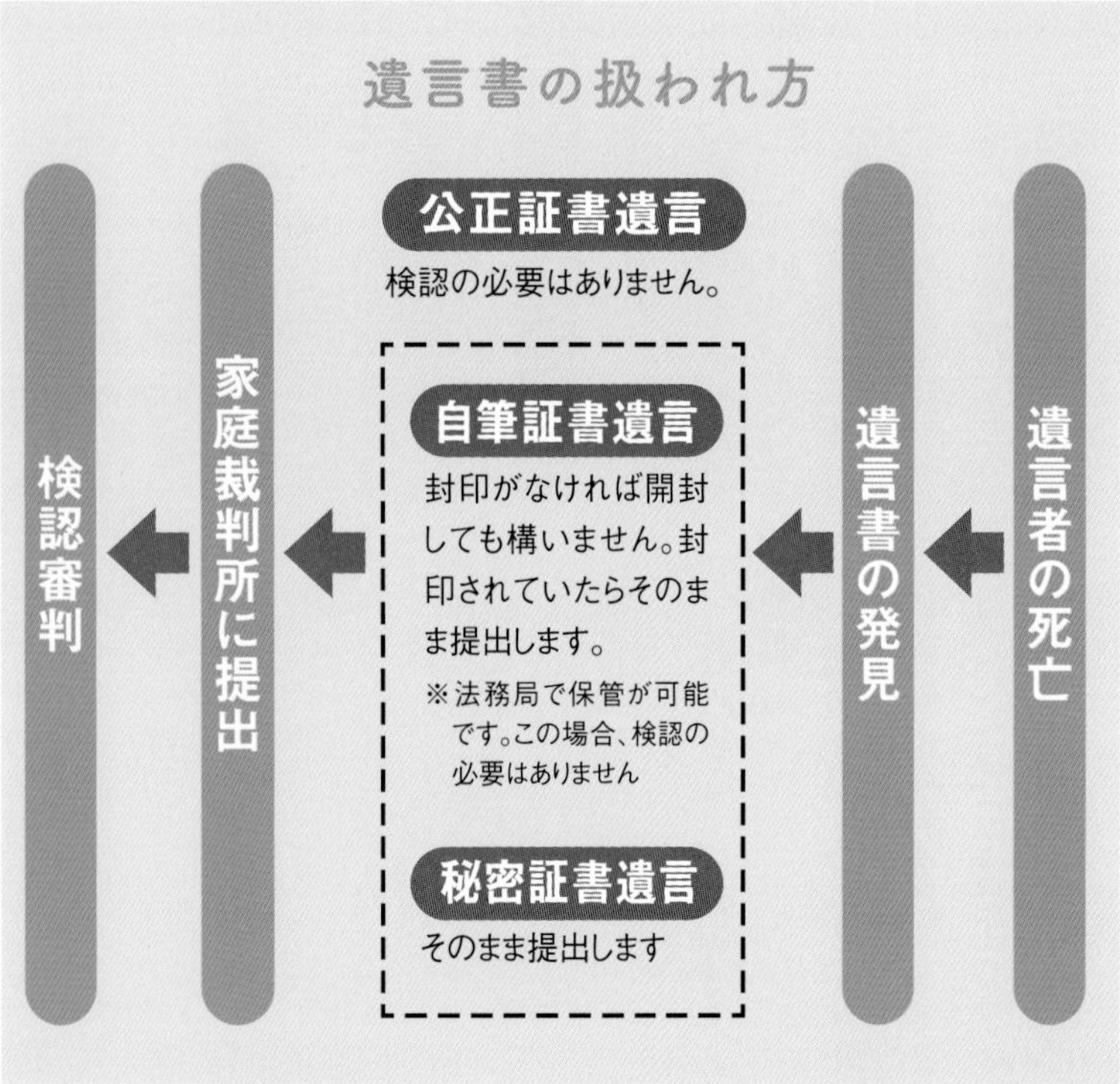
遺言書の扱われ方
遺言者の死亡
遺言書の発見
公正証書遺言
検認の必要はありません。
自筆証書遺言
封印がなければ開封しても構いません。封印されていたらそのまま提出します。
※法務局で保管が可能です。この場合、検認の必要はありません
秘密証書遺言
そのまま提出します
家庭裁判所に提出
検認審判

遺言書の種類

遺言書の作成には民法によって決められた方式があり、それに従って作成されていないと法的に無効になります。遺言の方式には大別して普通方式と特別方式がありますが、一般には次の3種類の普通方式で作成されます。

自筆証書遺言(民法968条)

ときところを問わず、遺言者の意思によって自由に作成された遺言が「自筆証書遺言」です。証人の必要もないので、内容も作成した事実も秘密にすることが可能です。

ただし、書式や内容について一定の条件を満たしていないと法的に無効になってしまいます。また、遺言者の死後、遺言が発見されなかったり、紛失や第三者によって改ざんされるといったリスクを防ぐため、2020

（令和2）年7月から法務局にて自筆証書遺言の保管が可能となりました。法務局保管制度により保管されていた場合は、検認は不要です。

全文が自筆で書かれているか

自筆証書遺言は、代筆やパソコンで作成されたものは効力を持たず、全文が必ず自筆で書かれていなければなりません。録音・録画したものも無効です。日付・署名・押印のいずれか一つが欠けても無効とされます。

添付する財産目録については、パソコンで作成したものや通帳のコピーなど、すべての目録に遺言者本人が署名押印することで有効となります。年は元号でも西暦でも構いません。

署名は、戸籍上の実名を記載します。遺言者を特定できれば、通常使用されているペンネームや芸名などでも有効ですが、作成者が誰か疑義が生じかねないのでお勧めできません。

押印の印鑑は実印でなくても可とされ、認め印でも構いません。

公正証書遺言（民法969条）

公証役場で証人二人以上の立ち会いのもとに作成された遺言が「公正証書遺言」です。口述された遺言事項を公証人が筆記し、筆記したものを遺言者と立会人全員に読んで聞かせ、筆記が正確であることを確認の上、遺言者と証人が署名・押印（実印による）します。

公証人は証書を作成した手順を付記して署名・押印します。遺言者が病気などで署名できないときは、公証人がその旨を付記し、職印を押印することによって、遺言者の署名に代えることができるとされています。

原本は公証役場に保管される

公正証書遺言は、法的に正しい書式で作成されます。また、遺言書は原本・正本・謄本の3通が作成され、原本は公証役場に保管されます。正本・謄本は遺言者が保管しますが、原本が保管されているので、死後、発見されずに紛失してしまったり、破棄されたり、内容が改ざんされたりする恐れがありません。

一度作成した公正証書遺言の取り消しや変更も可能です。万が一、正本を紛失したときは再交付も受けられます。

遺言者の死後、家庭裁判所での検認の手続きが必要なく、遺族はすぐに開封して内容を確認できます。

秘密証書遺言（民法970条）

遺言内容の秘密が守られながら、遺言の存在を明確にできる方式が「秘密証書遺言」です。遺言書を封筒に入れ、遺言書に押印した印鑑と同じ印鑑で封印します。遺言の本文はパソコンで作成しても代筆でも構いませんが、署名だけは本人の自筆で行います。

封印した遺言書は、公証役場で証人二人以上の立ち会いのもとに公証人に提出し、本人が書いたものであることを確認した上で、公証人は遺言者の申し立てと日付を封紙（封筒）に記載し、遺言者、証人とともに署名・押印し、秘密証書遺言が完成します。完成した秘密証書遺言は本人が持ち帰り、公証役場には遺言が作成された事実が記録されます。

特例により作成される遺言もある

特別方式として、「危急時遺言（臨終遺言）」「隔絶地遺言」があります。これらの遺言は、病気や事故などで死が間際に迫っているような場合、感染症病棟内や航海中の船舶などの隔絶された場所にいる場合など、特別な事情におかれた際に行われる方式です。

特別方式で遺言を作成した後で状況が変わり、普通方式の遺言作成ができる状態になり6カ月以上経過して生存している場合は、特別方式で作成した遺言は無効になります。

遺産相続の手続きとポイント

遺産相続の流れ

人が死亡した瞬間、その人の所有財産は「遺産」となり、故人は「被相続人」となります。相続とは、こうした遺産を被相続人から相続人へと移転することをいうのです。

相続は家族が亡くなった日から始まります。特に相続の手続きで重要な期限は、3カ月と10カ月です。まず自己のために相続の開始があったことを知ったときから3カ月以内に、相続するかしないかを検討し、相続税が発生すれば、被相続人が死亡したことを知った日の翌日から10カ月以内に申告と納税を行うことになります。分からないことは、相続手続きを数多く取り扱っている専門家などに相談しましょう。

遺産を相続する資格のある法定相続人とは

相続人の資格や順位、相続分に関しては、法律で定められた基準に従って相続が行われます。民法では遺産を相続する資格のある相続人を「法定相続人」とし、次のように定めています。

遺産相続の手続きの流れ

- 被相続人の死亡(相続開始)
- ▼
- 相続人の確定
- ▼
- 相続財産の調査
- ▼
- 単純承認・限定承認・相続放棄の決定

（～3カ月以内）

- ▼
- 相続財産の評価
- ▼
- 被相続人の準確定申告

（～4カ月以内）

- ▼
- 遺産分割協議
- ▼
- 相続税の計算・書類作成
- ▼
- 相続税の申告・納税

（～10カ月以内）

配偶者

故人の配偶者は常に相続人となり、相続では特別扱いとなります。

第1順位・直系卑属《ひぞく》

故人の子。実子・養子の区別はありません。認知されていれば、嫡出でない子でも実子と同様の相続権があります。妊娠中の胎児も同様です。仮に子が死亡していれば、孫が第1順位となります。

第2順位・直系尊属《そんぞく》

第1順位の相続人がいない場合の故人の両親。仮に親が死亡している場合は祖父母が第2順位となります。

第3順位・兄弟姉妹

第1、第2順位の相続人がいない場合の故人の兄弟姉妹。兄弟姉妹が死亡している場合は、その子(甥・姪)が第3順位となります。

相続する財産はよく確認しておくこと

相続の対象となる財産は、故人が死亡したときに所有していた全ての財産です。具体的には、不動産や預貯金、有価証券、古美術品が一般的です。

しかし、故人が個人事業主だった場合は、商品や営業権などの事業用財

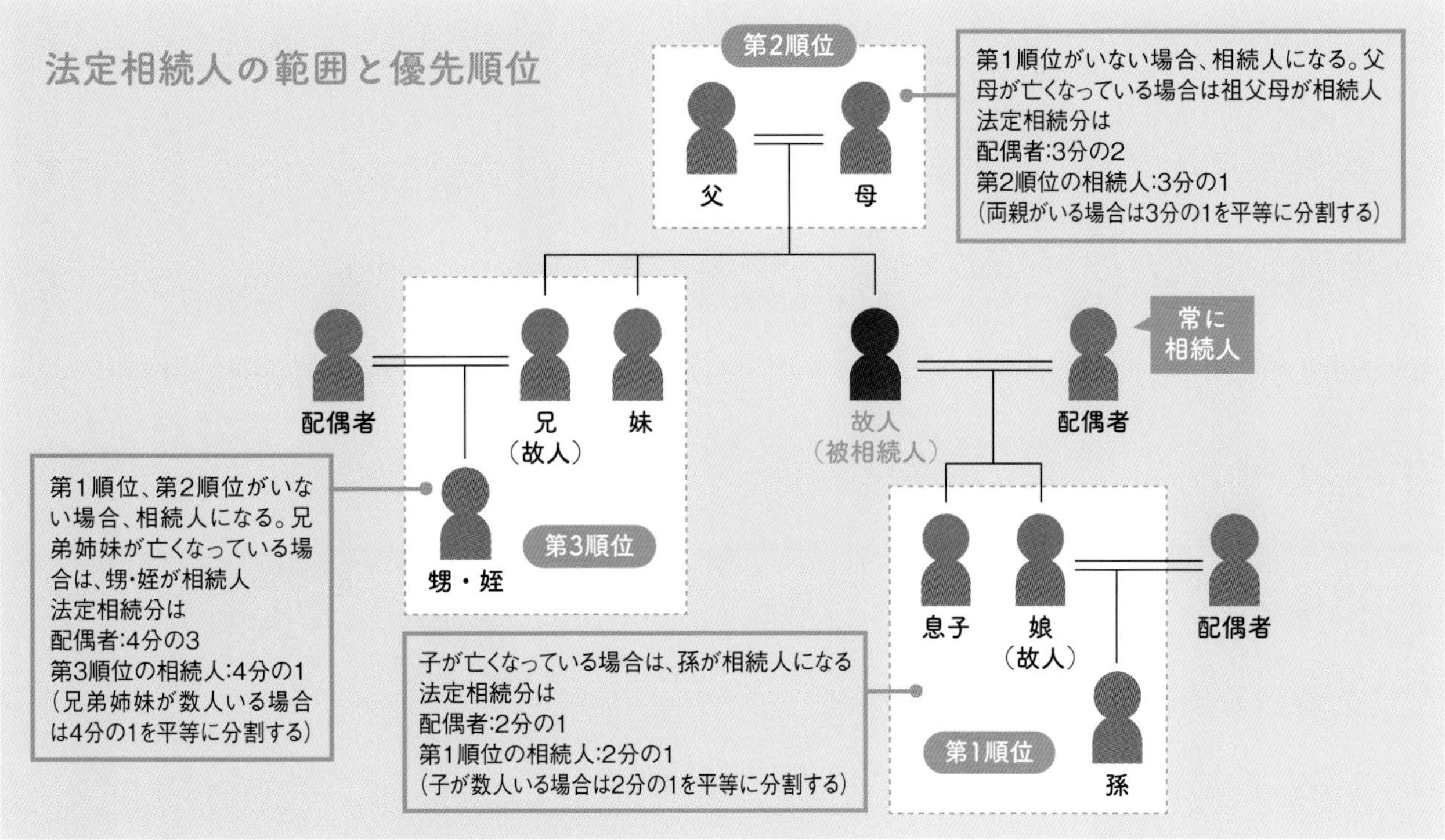

プラスの相続財産

- **現物財産**　現金・預貯金など
- **不動産**　土地・建物
- **不動産上の権利**　賃借権・抵当権など
- **動産**　自動車・貴金属・骨董品・家財家具など
- **有価証券**　株式・国債・社債・ゴルフ会員権など
- **その他債権**　売掛金・貸付金・損害賠償請求権など
- **知的財産権**　著作権など
- **生命保険金**　故人が受取人のもの
- **電話加入権**

マイナスの相続財産

- **負債**　借金・ローンなど
- **保証債務**　原則として相続
- **損害賠償義務**　不法行為・債務不履行など
- **公租公課**　未納の税金など
- **買掛金**　営業上の未払い代金など

相続財産とみなされないもの

- **祭祀財産**　墓地・仏壇・位牌・遺骨など
- **生命保険金**　故人以外が受取人のもの
- **香典・葬儀費用**
- **死亡退職金**(※例外あり)・**埋葬料**
- **その他**　故人のみに帰属する権利(一身専属権)など

産を含む動産、債権、特許・実用新案・意匠・商標などの工業所有権も含まれます。また、死亡後発生する故人が受取人の死亡保険金、退職金、年金なども相続財産となります。

注意する点は、相続する財産はプラスばかりでなく、債務といったマイナスの財産もあるということ。そのため、相続には三つの選択肢が用意されています。

❶ 相続放棄

プラス、マイナスにかかわらず全ての遺産を放棄する方法です。特にマイナスの遺産が大きいときは相続放棄によって負債を抱えずに済みます。また、相続人同士のトラブルを避けたい場合もこの方法を選択します。

相続放棄は家庭裁判所への手続きが必要です。

2 限定承認

相続した財産の範囲内で、負の遺産の支払い義務を引き継ぐのが限定承認です。この場合、債務を弁済したあとに財産が残れば、これを相続することができます。

3 単純承認

プラス、マイナスにかかわらず全ての財産を相続する方法で、もっとも基本的な相続のスタイルです。

◇　◇

なお相続放棄は一人の相続人単位で可能ですが、限定承認は相続人全員の合意が必要です。

相続人を確定する主な方法

法定相続人と相続する財産の内容が確認できたら、実際に誰が何を取得するか決めます。

遺言による確定

遺言がある場合は、全てに最優先されるため、これに基づき相続人を確定します。

遺産分割協議による場合

誰が何を相続するのか、話し合いで決めます。話し合いで解決しない場合は、家庭裁判所の調停や審判に委ねることになります。

確定した相続人が複数の場合は遺産分割協議が必要

相続人が二人以上いて、遺言で相続割合が指定されていないときは「遺産分割協議」で分割割合を決定しなければなりません。この際、相続人の中に次のような人がいる場合は、それを反映した相続分の算定が行われます。

特別受益者

故人の生存中にマンションを購入してもらったり、生活費の面倒を見てもらうなどの贈与を受けていた場合、これらを相続分の先取りとして、遺産分割に際しては、相続分から差し引かれます。

特別寄与者

故人の生存中に、財産の維持や増加に寄与した人には、法定相続分以上のプラスアルファが認められます。これを寄与分といい、どの程度にするのかは共同相続人との協議によって決められます。

◇　◇

これらを考慮した上で協議がまとまったなら、後の争いを避けるためにも、各相続人が署名押印をした「遺産分割協議書」を作成しておくとよいでしょう。なお、協議については相続に関わる全員が参加しなければ無効です。協議でまとまらない場合は、家庭裁判所に遺産分割調停の申し立てをする方法が考えられるため、弁護士等の専門家に相談しましょう。

遺産分割調停の主な進め方

1 相続人の範囲の確定　誰が相続人かを確認します。

↓ 合意

2 遺産の範囲の確定　遺産として何があるのか、何を分割の対象とするのかを確認します。

↓ 合意

3 遺産の評価　遺産分割の対象となる遺産のうち、不動産等の評価額を確認します。

↓ 合意

4 相続人の取得額の確定　②で確認し、③で評価した遺産について、法定相続分に基づいて各相続人の取得額が決まります。生前贈与等を受けた特別受益者、遺産の維持形成に特別に貢献した特別寄与者を確定し、それを考慮して各相続人の取得額を修正します。

5 遺産の分割方法の確定　④の取得額に基づいて、各相続人に分割します。遺産の分割方法には、現物分割（その物を分ける）、代償分割（物を分けるが、差額を金銭で調整する）、換価分割（売却して金銭を分配する）などがあります。

↓ 合意

調停成立

特別寄与料と遺留分の権利

介護した人の金銭請求が可能に

これまでは法定相続人ではない親族(長男の妻など)が、亡くなった義理の両親の介護にどれだけ尽くしても、相続権も寄与分も認められないという問題がありました。

しかし、２０１９(令和元)年7月より法定相続人ではない親族が無償で故人を介護するなどした場合、特別寄与者として家庭裁判所を通じ相続人に対し「特別寄与料」を請求できるようになりました。期限は、特別寄与者に当たる人が相続の開始を知った日から６カ月以内、または相続開始から1年以内です。

なお、特別寄与料の請求には上限額が定められています。具体的な算定方法は複雑なので、弁護士などに相談しましょう。

相続人の権利が最低限保障される遺留分

相続は基本的に故人の意思を尊重します。そのため、遺言書があった場合、その遺言の内容が最優先されます。ですが、仮に遺言書で「すべての財産を寄付する」とあったなら、遺族の今後の生活にも大きな影響を与えてしまいます。

そのため民法では、特定の法定相続人に最低限の遺産(遺留分)が認められています。この権利の行使を「遺留分侵害額請求」といいます。これによりたとえ遺言書があっても、特定の法定相続人(遺留分の権利者)は、遺留分を請求することができるのです。

請求した遺留分は金銭で支払われる

これまで遺留分は現物での返還が原則でした。しかし、これでは権利を行使されると現物を受遺者と特定の法定相続人で共有することになり、さまざまな問題が生じていました。特に、事業承継に必要な会社の不動産や株式を権利の行使によって共有することになれば、事業承継を円滑に行うことは難しくなります。

そうしたことから、２０１９年7月より遺留分の権利の行使は、受遺者へ対する金銭での支払い請求に限ることになりました。遺留分侵害額請求は円滑に話し合いを進めるためにも、弁護士への相談をお勧めします。

遺留分の権利が認められる法定相続人

相続人	遺留分全体の割合	各相続人の遺留分割合	
		配偶者	その他の相続人
配偶者のみ	2分の1	2分の1	—
配偶者と子		4分の1	4分の1を人数で配分
配偶者と親		3分の1	6分の1を人数で配分
配偶者と兄妹姉妹		2分の1	なし
子のみ		—	2分の1を人数で配分
直系尊属のみ	3分の1	—	3分の1を人数で配分
兄妹姉妹のみ	なし	—	なし

配偶者による居住権の取得

残された配偶者の生活を支える配偶者居住権

配偶者が相続開始時に故人が所有する自宅に暮らしていた場合、配偶者自身が亡くなるまでか、もしくは一定期間、これまで同様に自宅に無償で住むことを認める権利を「配偶者居住権」といいます。

これは、住宅についての権利を「負担付きの所有権」と「配偶者居住権」に分けて考え、故人の配偶者が「配偶者居住権」を取得すれば、配偶者以外の相続人(子)が「負担付きの所有権」を取得することができるようにしたものです。

また、配偶者居住権は完全な所有権とは異なりますが、売却したりすることができない分、不動産としての評価額を低く抑えることができます。

このため、配偶者はこれまで住んでいた自宅に住み続けながら、預貯金などの他の財産も取得できるようになります。

配偶者居住権を取得したら、弁護士や司法書士に依頼して、早めに登記の申請を行いましょう。

一定期間の居住が認められた配偶者短期居住権

仮に配偶者居住権を取得していなくても、配偶者は故人と一緒に暮らしていた住宅に一定期間(最低6カ月)、無償で住み続けることができます。この権利を「配偶者短期居住権」といいます。

申請の必要はありませんが、配偶者が相続開始時に故人が所有していた住宅に居住していることが条件とされています。

配偶者居住権のメリット

例 配偶者と子で1,500万円相当の自宅と1,500万円の預貯金、合計3,000万円の財産を相続することになった場合

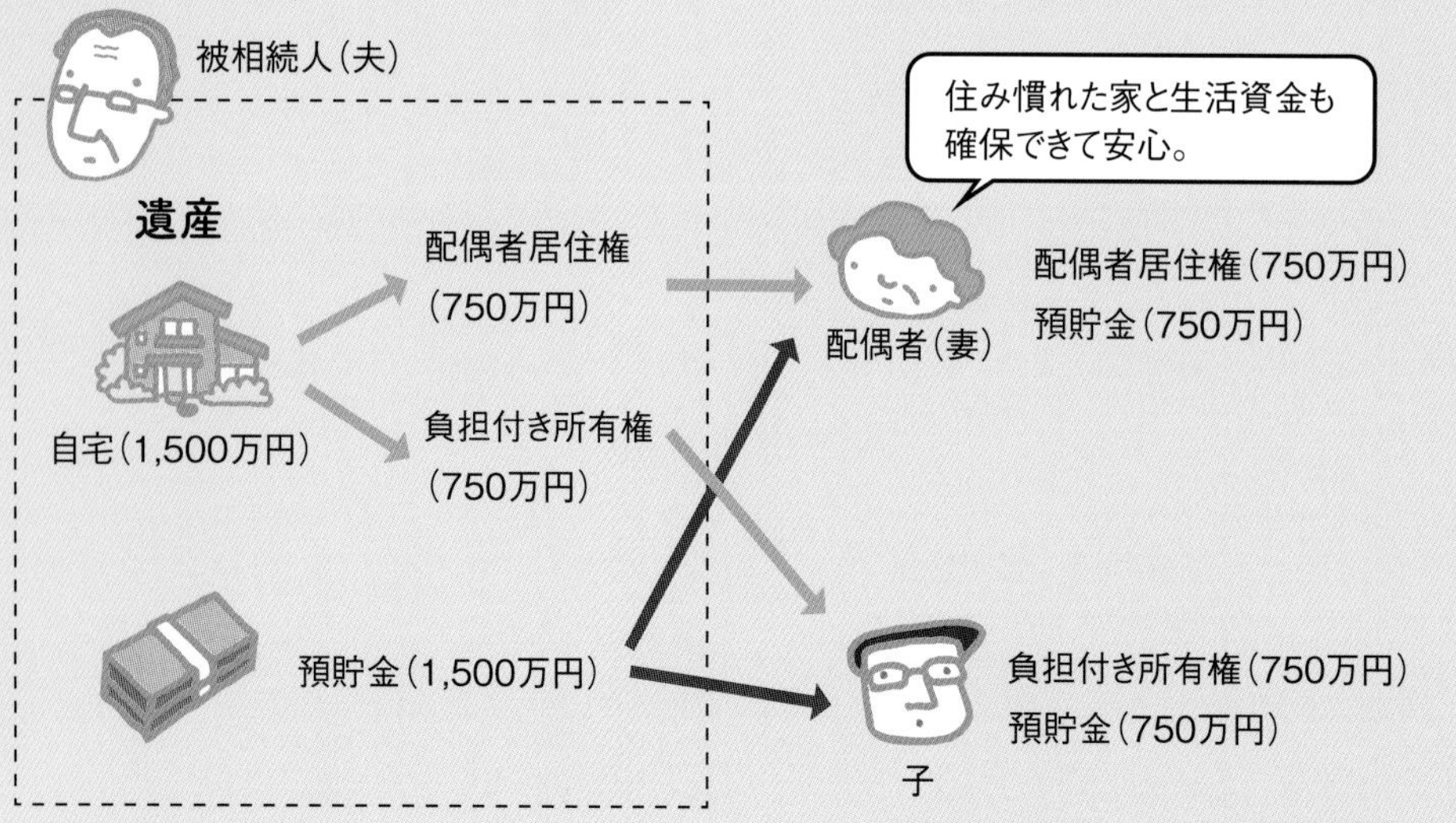

相続税がかかる財産

課税対象となる財産と対象とならない財産

相続する財産には、相続税のかかる財産と、かからない財産の二つがあります。課税となる財産は次の通りです。

① 相続や遺贈で得た財産

被相続人の死亡にともなう相続や遺贈(詳細は27ページ参照)で得た自宅や土地、預貯金、有価証券など、金銭的価値のあるものは全て含まれます。

② みなし相続財産

被相続人の死亡によって発生したみなし相続財産のうち、死亡保険金や死亡退職金については、「500万円×法定相続人の数」を上回る金額は課税対象となります。

③ 生前に贈与された財産

被相続人が亡くなる3年以内に贈与された財産は、贈与税の基礎控除額(110万円)以内であっても、相続税はかかります。

また、非課税となる財産は、墓地、仏壇、仏具、生命保険金の一定額以内、退職金の一定額以内となっています。

いずれも以下の表を参考にしてください。相続する財産のリストアップもしておくとよいでしょう。

相続税がかかる財産

本来の相続財産	土　地	宅地、田畑、山林、原野、雑種地など
本来の相続財産	土地に有する権利	地上権、借地権、耕作権など
本来の相続財産	家　屋	自用家屋、貸家、工場、倉庫、門、塀、庭園設備など
本来の相続財産	構築物	駐車場、広告塔など
本来の相続財産	事業用・農業用財産	減価償却資産(機械、器具、備品、車両など)、商品、製品、半製品、原材料、農産物、営業上の債権、牛馬、果樹、電話加入権、営業権など
本来の相続財産	預貯金・有価証券	現金、各種預貯金、株式、出資金、公社債、証券、投資信託等の受益証券など
本来の相続財産	家庭用財産	家具、什器《じゅうき》備品など
本来の相続財産	その他	宝石、貴金属、書画・古美術品、自動車、電話加入権、立ち木、貸付金、未収金(地代、家賃、給与、賞与など)、配当金、ゴルフ会員権、特許権、著作権など
生前贈与財産		生命保険金、死亡退職金、個人年金(定期金)、低額譲り受け(遺言により著しい低額で財産を譲り受けた場合)など
みなし相続財産		相続開始前3年以内に被相続人から譲り受けた財産
相続時精算課税適用財産		相続時精算課税制度の適用を受ける贈与財産

相続税がかからない財産

祭祀関係	墓地、墓碑、仏壇、仏具、祭具など
生命保険金	相続人が受け取った保険金のうち「500万円×法定相続人の人数の金額」までは非課税
退職手当金等	相続人が受け取った退職手当金等のうち「500万円×法定相続人の人数の金額」までは非課税
公益事業用財産	宗教、慈善、学術など公益を目的とする事業を行う人が取得し、公益事業用に使う財産
心身障害者の給付金	心身障害者扶養共済制度に基づく給付金の受給権
寄付金	相続税の申告期限までに、国、地方公共団体、特定の公益法人、特定の非営利活動法人へ寄付した財産

金融機関での相続手続き

相続が発生したらまずは各金融機関へ連絡を

多くの人が、銀行をはじめ金融機関に口座を持っていますから、契約者が亡くなり相続が発生した際は、速やかに各金融機関に伝えましょう。すると口座が凍結され、入出金などができなくなります。そのため公共料金など、口座振替で引き落とされているものについては、相続人の口座から引き落としできるよう名義変更する必要があります。

相続の手続きや必要な書類に関することなどは、最初に相続発生の連絡をした際に、各金融機関に確認してもよいでしょう。

残高証明を請求する

被相続人が所有する口座の残高などは、その通帳で確認することができます。しかし、記帳がされていない場合などは、残高証明の開示を請求しましょう。残された通帳や金融機関からの郵便物では分からなかった財産が見つかることもあります。この残高証明書は、相続税の申告や相続財産額を確認する際にも必要になるものです。

なお、残高証明・取引履歴の開示・照会請求は、相続人の一人からでも可能です。

口座の相続手続きに必要な書類を受け取る

相続手続きの際、多くの金融機関で所定の届け出用紙の提出を求められます。窓口あるいは郵送で所定の用紙などを受け取っておくと、その後の手続きもスムーズに進みます。一緒に戸籍謄本など必要な書類をそろえておき、なるべく速やかに手続きを済ませるようにしましょう。

ゆうちょ銀行の相続手続きも他の金融機関と同様に

まずは、最寄りのゆうちょ銀行または郵便局の貯金窓口で相続確認表を受け取り、必要事項を記入後、書類を受け取った窓口に提出します。

相続確認表を提出後、約1～2週間で代表相続人に「必要書類のご案内」が届きます。戸籍謄本や印鑑証明書など、記載されている書類を準備し相

口座の相続手続きに必要な書類の一覧

共通して必要なもの	相続人の身分証明書、通帳、カード、貸金庫の鍵など
遺言がない場合に必要なもの	相続届、戸籍謄本、法定相続情報証明、相続人全員の印鑑証明書、協議が成立している場合は遺産分割協議書など
遺言がある場合に必要なもの	相続届、遺言書、戸籍謄本、払い戻しを受ける者の印鑑証明書など

残高証明・取引履歴の開示・照会請求の一般的な手続き

提出先	各金融機関
提出人	相続人など
必要書類	請求書、相続関係が確認できる戸籍謄本、法定相続情報証明など
手数料	金融機関所定の手数料

続確認表を提出した窓口に提出します。

代表相続人の通常貯金口座に相続払戻金が入金されるのは、書類提出後1～2週間程度です。代表相続人が通常貯金口座を持っていない場合は、最寄りのゆうちょ銀行・郵便局の貯金窓口で口座を開設します。なお、払戻証書、名義書き替え済みの通帳等を簡易書留郵便で送ってもらうことも可能です。

貯金の有無が不明な場合

被相続人名義の貯金の有無や、記名番号が不明な貯金がある場合は、貯金窓口にある貯金等照会書を提出します。その際、戸籍謄本などで相続人であることを証明する必要があります。

■ゆうちょ銀行の相続確認表の書き方

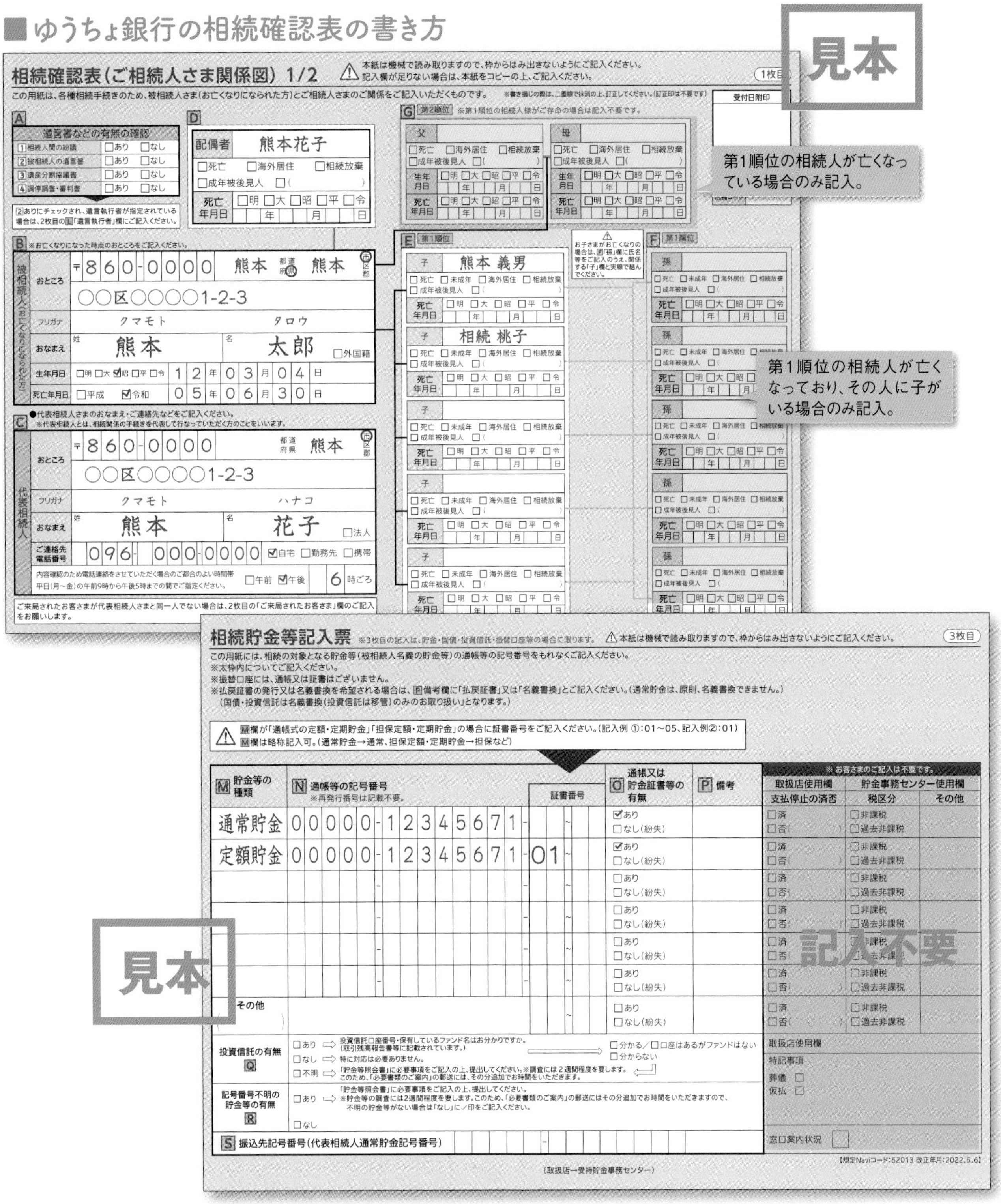

不動産の相続手続き

管轄する法務局で名義変更する登記を申請

被相続人が不動産を所有していた場合、被相続人の名義から譲り受けた相続人の名義に変更する、相続登記の手続きが必要です。

不動産の名義変更を行うには、管轄する法務局に必要書類とともに登記申請書を提出します。同居していた被相続人所有の不動産を引き継いでそのまま住む場合、または売却する予定がある場合でも、一度この手続きを行わなければなりません。

郵送による申請も可能ですが、持参すれば相談窓口で申請前に相談することもできます（※法務局の窓口での登記相談は予約制です。相談を希望する際は、事前に電話での予約が必要です）。

登記申請書には決められた書式はありませんが、個人で行うには煩雑で、法務局に通い詰めるケースもあるようです。司法書士などの専門家に任せることをお勧めします。

※２０２４（令和６）年４月から「相続登記の義務化」が始まります

土地や建物の名義変更までの流れ

1 登記の申請

遺言書または遺産分割協議書に基づき登記申請書を作成し、戸籍謄本など必要な書類をそろえて、管轄する法務局へ提出。代理人が提出する場合は委任状が必要。

2 登記の審査

提出書類に不備があった場合、呼び出しを受けることもある。登録免許税は収入印紙を申請書に貼り付けて納める方法が一般的。

3 登記の完了

指定の日に法務局に出向き、結果を確認。問題がなければ完了。登記完了までは、申請から1～2週間程度かかる。申請人ごとに「登記識別情報通知」が発行されるので、大切に保管しておく。

登記申請書の手続きの方法

提出する人	土地や建物を相続した人（代理人でも可）
提出先	登記しようとする不動産所在地を管轄する法務局
提出期間	指定はないが、できる限り速やかに ※相続登記をしないままにしておくと、相続人にさらに相続が発生するなどして、登記の手続きを行うのに必要な関係者が増えるばかりか、手続きが複雑になる場合がある。
必要書類等	・登記申請書 ・被相続人の出生から死亡までの戸籍謄本、除籍謄本 ・相続人の戸籍謄本、住民票 ・遺産分割協議書、遺言書 ・相続人の印鑑証明書 ・固定資産税評価証明書など ・代理人が申請する場合は委任状
費　用	登録免許税：固定資産税評価額の1000分の4 ：相続人以外への遺贈の場合は1000分の20

登記申請書の作り方

※相続人である子2人が遺言により、相続財産中の不動産をそれぞれ2分の1ずつ相続した場合の記載例

登 記 申 請 書

※受付シールを貼るスペースになります。この部分には何も記載しないでください。

登記の目的　所有権移転
原　　因　令和５年　６月　３０日　相続
相 続 人　（被相続人　　熊本　太郎）
熊本県熊本市○○区○○○○４－５－６
（住民票コード　１２３４５６７８９０１）
（申請人）　持分２分の１　　熊本　義男　㊞
八代市○○○○７－８－９
（申請人）　持分２分の１　　相続　桃子　㊞
連絡先の電話番号　０００－０００－００００
添付情報　登記原因証明情報　　住所証明情報
□ 登記識別情報の通知を希望しません。
令和５年９月３０日申請　　○○法務局（または地方法務局）○○支局（または出張所）

課税価格　金２，０００万円
登録免許税　金８０，０００円
不動産の表示
不動産番号　１２３４５６７８９０１２３
所　　在　熊本市○○区○○町○○丁目
地　　番　２３番
地　　目　宅　地
地　　積　１２３・４５平方メートル

不動産番号　０９８７６５４３２１０１２
所　　在　熊本市○○区○○町○○丁目２３番地
家屋　番号　２３番
種　　類　居　宅
構　　造　木造かわらぶき２階建
床 面 積　１階　４３・００平方メートル
２階　２１・３４平方メートル

> 被相続人が亡くなった日（戸籍上の死亡日）を記載

> 被相続人（故人）の氏名を記載

> 住民票コードを記載した場合、添付情報（住民票の写し）の提出を省略することができる

> 認め印でOK

> 固定資産の評価額を記載。1,000円未満は切り捨て

> 登録免許税（課税価格の0.4%）記載。100円未満は切り捨て

> 登記の申請をする不動産を、登記記録（登記事項証明書）に記録されている通りに正確に記載

> 不動産番号を記載した場合は、土地の所在、地番、地目および地積（建物の所在、家屋番号、種類、構造および床面積）の記載を省略してもよい

株式など有価証券の相続手続き

故人が口座を持っていた証券会社などに連絡を

NISA(少額投資非課税制度)などによる関心の高まりもあり、近年では株式や投資信託商品を保有している人も増えているようです。株式なども、基本的には銀行などの金融機関と手続きの流れは同じです。まずは故人が取引していた証券会社や信託銀行へ連絡し、相続に関しての資料の請求と、必要な手続きについて確認しましょう。

一般的な流れとしては、証券会社などに連絡すると、案内と必要書類が郵送されてきます。送られてきた書類を確認し、戸籍謄本や住民票、印鑑証明書などの書類を証券会社などに提出すると、相続人の口座に証券類が振り替えられることになります。

株式などの売却は名義変更してから行う

相続した株式をそのまま保有せず、売却して現金として受け取りたい場合も、いったん相続した株式などの有価証券は、相続人名義の口座(所有していない場合は、新たに証券会社などに口座を開設)に移す手続きを行います。故人名義のままで売却することはできません。

●証券会社を通していない株式を保有していた場合

故人が証券会社を通していない会社の有価証券を保有していた場合は、その有価証券を発行している会社に相続手続きの方法について、直接確認しましょう。

●自社株を保有している場合

故人が事業主として会社を経営し、自社株を保有していた場合は、まずは会社関係者に連絡をしましょう。会社の規模を問わず、株式について所定の手続きは必要です。

事業の承継や清算には会社法や税務など、専門的な知識が必要なので、速やかに会社の顧問税理士などに相談するようにしましょう。

株式など有価証券相続の手続き

届け出人	相続人
届け出先	各証券会社など
期　限	速やかに
必要書類等	※証券会社ごとに必要書類は異なる。 下記は一般的に必要なもの ・各証券会社で用意している届け出書 ・遺言書や遺産分割協議書 ・被相続人の除籍謄本 ・相続人全員の戸籍謄本 ・相続人全員の印鑑証明書など
注意点	故人宛ての郵便物、通帳の履歴などから有価証券の有無を確認すること。そのまま保有または売却したい場合でも、相続人名義の証券用口座を開設する必要がある。

自動車・ゴルフ会員権などの相続手続き

故人の愛車も相続財産の一つ

うっかりしていた……という相続の一つが自動車の引き継ぎです。故人の愛車を相続したときは、相続人の名義に変更するため移転登録という手続きが必要です。その後に廃車、もしくは売却するにしてもこの手続きが必要になるので、なるべく速やかに行いましょう。

書類の記入方法などについては、管轄する運輸局で確認することができます。購入先の自動車販売店が手続きを代行してくれることもあるので、まずは問い合わせてみてもよいでしょう。また、被相続人と相続人の住所地が異なる場合は、車庫証明が必要になります。車庫被相続人の車庫を、同居する相続人が継続して使用する場合は必要ありません。

所有の仕方、車両で異なる手続き

故人が車をどのように使用していたかによって、相続手続きは異なります。例えば、故人が車の所有者ではなく使用していただけの場合は、移転登録ではなく変更登録という手続きになります。不明の場合は手続きの際に、管轄する運輸局に問い合わせるのが確実です。

また、普通車と軽自動車では手続き先が異なります。普通車は管轄する運輸局、軽自動車は管轄する軽自動車検査協会です。必要書類なども異なるので事前に確認しておきましょう。

自動車の移転登録申請の手続き（普通車の場合）

※軽自動車は普通車に比べ必要書類が簡素化されているので、管轄する軽自動車検査協会に問い合わせましょう。

届け出人	相続人
届け出先	管轄する運輸局
期　限	速やかに
必要書類等	・被相続人の除籍謄本 ・相続人の戸籍謄本 ・相続人全員の印鑑証明書 ・遺産分割協議書または自動車の査定書と遺産分割協議成立申立書（※自動車の査定価格が100万円以下の場合） ・自動車検査証（車検証） ・車庫証明など
注意点	自動車の旧所有者（被相続人）と、新所有者（相続人）の申請住所が異なる場合は車庫証明を忘れずに。

ゴルフ場やリゾートホテルの会員権の相続は

趣味やお付き合いなどで、故人がゴルフ場やリゾートホテルなどの会員権を所有していた場合は、そうした会員権も相続の対象になります。まずはゴルフ場やリゾートホテル、もしくはそれらの管理会社に連絡し、手続きについて確認しましょう。特にリゾート地においては、不動産の所有権を共有している可能性もあります。その場合は、名義変更の手続きを求められることになります。

また、そうした権利を売却する場合でも、いったん相続人名義への変更、あるいは相続に関わる人全員の同意が必要です。いずれの手続きにも、名義変更の届け出書、相続関係を証明する戸籍謄本、相続人全員の印鑑証明書などが求められることになります。

相続税の申告と納付

申告・納税は被相続人の住所地の税務署へ

相続財産が確定したなら、相続税を計算し申告・納税します。申告・納税は相続を知った日の翌日から10カ月以内です。

申告および納付先は、相続人の住所地ではなく、被相続人が亡くなったときの住所地を管轄する税務署となります。

申告に当たり、まず遺産総額を計算する必要がありますが、遺産の中には土地や建物など価格の分かりにくいものもあるので、一般的には不動産鑑定士や公認会計士、税理士などに依頼することが多いようです。

相続したら税金を支払うものと思われがちですが、相続税の計算の結果、相続税額が発生しなかった場合には、申告・納税の必要はありません。もちろん、プラスになった場合は、申告・納税を行う義務があります。

相続税を期限までに納付できない場合

所有する土地の評価額が高過ぎる、または多額の株式を相続することになった……などの理由で、納付期限までに相続税を納められない場合も現実にあるようです。

相続税の納付期限は相続を知った日の翌日から10カ月以内です。万が一、期限までに納付が不可能な場合は、申告期限以内に次のような手続きをしなければなりません。

延納手続き

納税の期間を延ばし、何年かにわたり分割して納めます。ただし利子がかかります。

物納手続き

取得した財産が換金しにくく、金銭で納付することができない場合は、相続した財産の現物で納めるようにします。

税務署に申告すれば被相続人の配偶者は相続税が軽減される

被相続人の配偶者に税額軽減が適用され、次の二つのうちのどちらか有利な条件までは無税になります。

- **●取得財産の課税価格が、1億6千万円以下**
- **●取得財産の課税価格が法定相続分以下**

課税価格がこの条件を超えた場合でも、超えた分のみが相続税の対象となるため、かなり減額されることになります。

また、次の四つのケースでも税額が控除されます。

- **●相続人が未成年者や障害者であった場合**
- **●相続前3年以内に贈与を受けた特別受益分において贈与税を納めている場合**
- **●短期間のうちに相続が続いた場合**
- **●国外にある財産を取得し、国外でも課税された場合**

相続税の基礎控除について

相続税の基礎控除額の計算は、「３０００万円＋６００万円×法定相続人の数」となります。これを基に、例えば妻と子(2名)の計3名が法定相続人になった場合の基礎控除額は、左上図の通りです。

●相続税の税率（速算表） ※平成27年1月1日以降の相続

法定相続分に応じた取得金額	税　率	控除額
1,000万円以下	10%	—
1,000万円超～3,000万円以下	15%	50万円
3,000万円超～5,000万円以下	20%	200万円
5,000万円超～1億円以下	30%	700万円
1億円超～2億円以下	40%	1,700万円
2億円超～3億円以下	45%	2,700万円
3億円超～6億円以下	50%	4,200万円
6億円超	55%	7,200万円

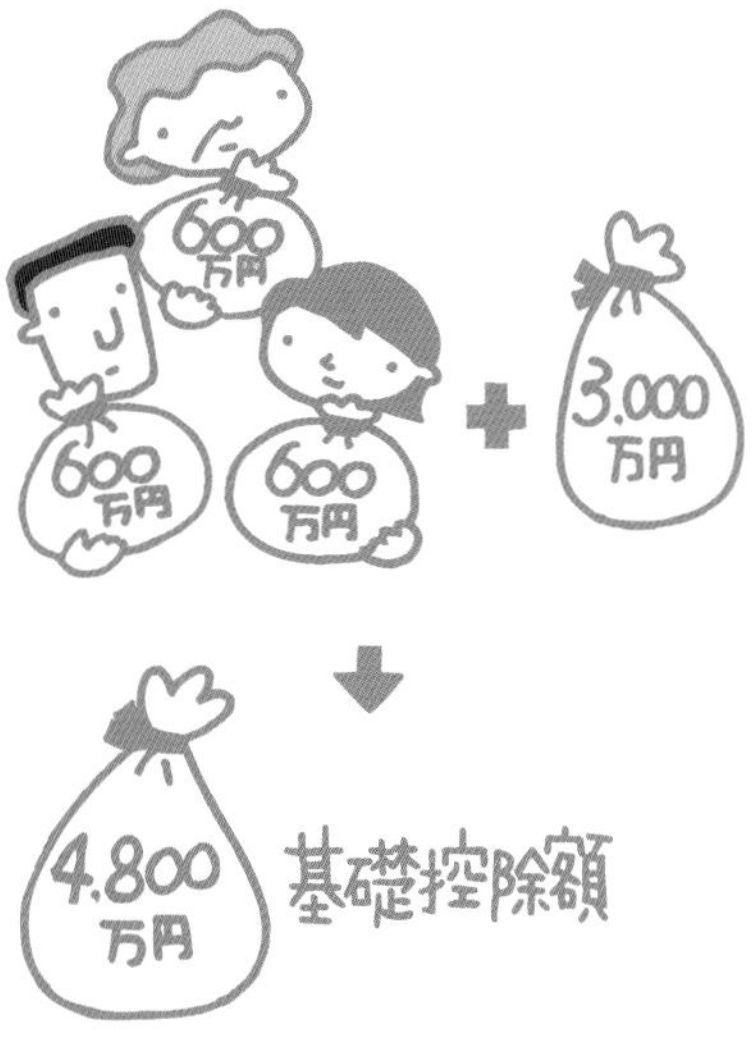

基礎控除額は法定相続人が何人かにより異なります。例えば、5,000万円の財産を相続した場合においても、相続人が3人以下の場合は相続税の申告が必要ですが、4人以上の場合は相続税の申告は不要です。

相続税の計算方法

相続税は課税遺産総額にかかるものですが、課税遺産総額から計算するものではなく、
法定相続人の人数で分けてから計算します。

妻と子2名（基礎控除額4,800万円）の相続税の計算方法

※遺産額7,800万円の場合（法定相続分で全て分割の場合）

1 実際の課税価格を計算

遺産額7,800万円 − 基礎控除額4,800万円 = 3,000万円

2 法定相続分に基づき相続税額を計算

妻 3,000万円 × 法定相続分2分の1 = 1,500万円
子（A） 3,000万円 × 法定相続分4分の1 = 750万円
子（B） 3,000万円 × 法定相続分4分の1 = 750万円
※課税遺産総額を法定相続分でいったん案分する。妻は2分の1、子は4分の1

3 相続税の総額を計算

妻 1,500万円 × 15% − 50万円 = 175万円
子（A） 750万円 × 10% = 75万円
子（B） 750万円 × 10% = 75万円
175万円 + 75万円 + 75万円 = 325万円
※上記、相続税速算表の税率を掛け、控除額を差し引いた額を合算し相続税の総額を算出

4 実際の相続割合に応じて相続税の総額を案分

妻 325万円 × 法定相続分2分の1 = 1,625,000円
子（A） 325万円 × 法定相続分4分の1 = 812,500円
子（B） 325万円 × 法定相続分4分の1 = 812,500円

5 納税額

妻 = 0円
子（A） = 812,500円
子（B） = 812,500円
※妻は配偶者の税額軽減を適用　※子はそれぞれ812,500円の相続税となる

第4章　届け出と手続き なんでもQ&A

Q 相続により土地と家屋を所有しました。どんな手続きが必要ですか？

A 早めに相続登記を行いましょう。名義を変更しないでいると、売却等の不動産取引に相続人全員の同意が必要となり取引に時間がかかるなど、将来のトラブルの素になりかねません。一方、すぐに相続登記を行うと、不動産の権利関係が明確になり、相続した不動産を売却しようとした際、すぐに売却の手続きができるほか、災害時などに行政支援をスムーズに受けることができます。

登記の手続きについては、熊本地方法務局や法務局のホームページなどでご確認ください。

Q 故人が残したデジタルデータはどう扱えばいいですか？

A SNSのアカウントや画像、連絡先などのデジタル遺品の大半が、パソコンやスマートフォンに保存されたままになっているようです。そうしたデータは場所をとるものではないため、残された家族も内容の確認まで気が回らないというところもあるでしょう。

ですが、そのまま放置しておいていいものばかりではありません。残されたデータから個人情報が流出しないとも限りません。仮に故人がネット銀行やネット証券で取り引きしていた場合、それらの口座にある現金や株式は全て相続財産になります。しかし、そうした取り引きはインターネット上で行われるため、遺族が口座の存在を把握できていないケースも珍しくないのです。まずはデジタル遺品の内容をきちんと把握・整理すべきです。個人で難しい場合は、パソコンの専門業者等に相談しましょう。

また、デジタル遺品の有無や内容に関する意思を家族で共有するためにも、エンディングノート等を活用することをお勧めします。

Q もしも相続税の申告をしなかったらどうなりますか？

A 相続税の申告期限である10カ月を過ぎていた場合、期限から1カ月以内に申告を済ませばペナルティーは科せられません。しかし、理由もなく期限内に申告しなかった場合は相続税とは別に「無申告加算税」が科せられます。

①申告期限から2週間後に自主的に申告した場合は、納付税額の5％

②申告期限後に税務調査を受けてから申告した場合は、納付税額50万円までは15％、50万円を超える部分に対しては20％

ペナルティーを受けることのないよう、くれぐれも申告期限は守るようにしましょう。

なお、過少申告の可能性が考えられる場合には税務調査が入りますが、過大に税金を支払っていたとしても、その旨が税務署から連絡されることはありません。還付を受ける必要がある場合は、納税者側から再申告しなければいけません。納税者側から更正の請求を行う必要があります。

第5章 参列のマナー

不幸の知らせを受けたら

危篤の知らせを受けたら

危篤であることを知らせるのは、身内と親族を除けば、あとは当人とごく親しい友人・知人に限られます。「できれば死に目に会わせてあげたい」との家族の気持ちを考え、たとえ深夜であっても交通手段があるならば、可能な限り駆け付けることが大切です。また連絡を受けたときには、病人の容体などを細かく聞くことはしないのが作法です。

遠方であれば地味な色合いの平服で

遠方から駆け付ける場合は、万が一の事態も考えられるので、喪服や香典の準備も必要です。ただし、家族の目に触れないようにコインロッカーに預けるなどの配慮をします。駆け付けるときの服装は、派手でなければ平服で構いません。女性の場合はアクセサリー類は外します。

死亡の知らせを受けたとき

死亡の連絡を受けたときは、故人との関係によって対応の仕方が変わります。

近親者の場合

遺族から知らせを受けたら、何をおいても駆け付けます。家族に代わり、通夜や葬儀の準備を手伝う気持ちで出掛けます。喪家に着いたら、多くの人が出入りして取り込んでいるはずなので、短い言葉でお悔やみを述べ、手伝いを申し出ます。

友人や知人の場合

故人と特に親しく、遺族とも面識がある場合は、近親者と同じように、すぐに駆け付け、手伝いなどを申し出ます。親しくても遺族と面識がない場合、それほど親しい関係がなかった場合はすぐに弔問せず、通夜や葬儀の日程、場所などを確認し通夜に出席します。

上司や同僚・部下の場合

社内の規定があればそれに従います。直属の上司や親しい同僚、部下の場合も個人の判断による勝手な行動は慎みます。

友人の家族の場合

特別に親しくしている友人で、故人や遺族とも面識がある場合は、できるだけ早く弔問します。それほど親しくない場合は、通夜や葬儀に参列します。

近所の人の場合

親しいお付き合いをしている場合は、すぐに駆け付け、お悔やみを述べ、手伝いを申し出ます。ただし、表立ったことより、台所仕事や子守、買い物

などの裏方に徹します。また、食器や座布団などの提供が遺族にとってありがたい場合がありますので、遠慮せずに申し出ます。あまり交際がない場合は、玄関先での弔問にとどめておきます。

弔問できない時は、まず電話で

訃報を受けながら、事情がありすぐに弔問できないとき、また通夜や葬儀にも参列できない場合は代理の人に弔問してもらうか、とりあえず電話でお悔やみを述べる、弔電を打つ、手紙を書くなどの方法で気持ちを伝えることが大切です。後日、都合が付き次第、電話で遅れたお詫びをして先方の都合を確認した上で弔問に伺います。いずれも故人との付き合いの深さによって判断します。

ただし電話だけで済ますのは失礼

弔問に行けないからといって電話だけで済ますのは非礼に当たります。遺族は悲しみの中、通夜や葬儀の準備で気も動転しており、電話に応対する精神的、時間的余裕がないことを理解しておきたいものです。電話口にわざわざ遺族を呼び出してもらうのは控えましょう。応対に出た人にお悔やみの言葉を伝えてもらい、葬儀の日程などを聞くだけにとどめます。

訃報を後で知ったときには

訃報を後で知った場合は、遺族に事情を話して欠礼を詫び、霊前にお参りします。また、遺族が故人の交友関係を全て把握しているとは限りません。慌ただしさの中で連絡が漏れて、訃報が届かない場合もあるかもしれません。その場合は深く考えず、弔問に駆け付けましょう。

故人との対面のしかた

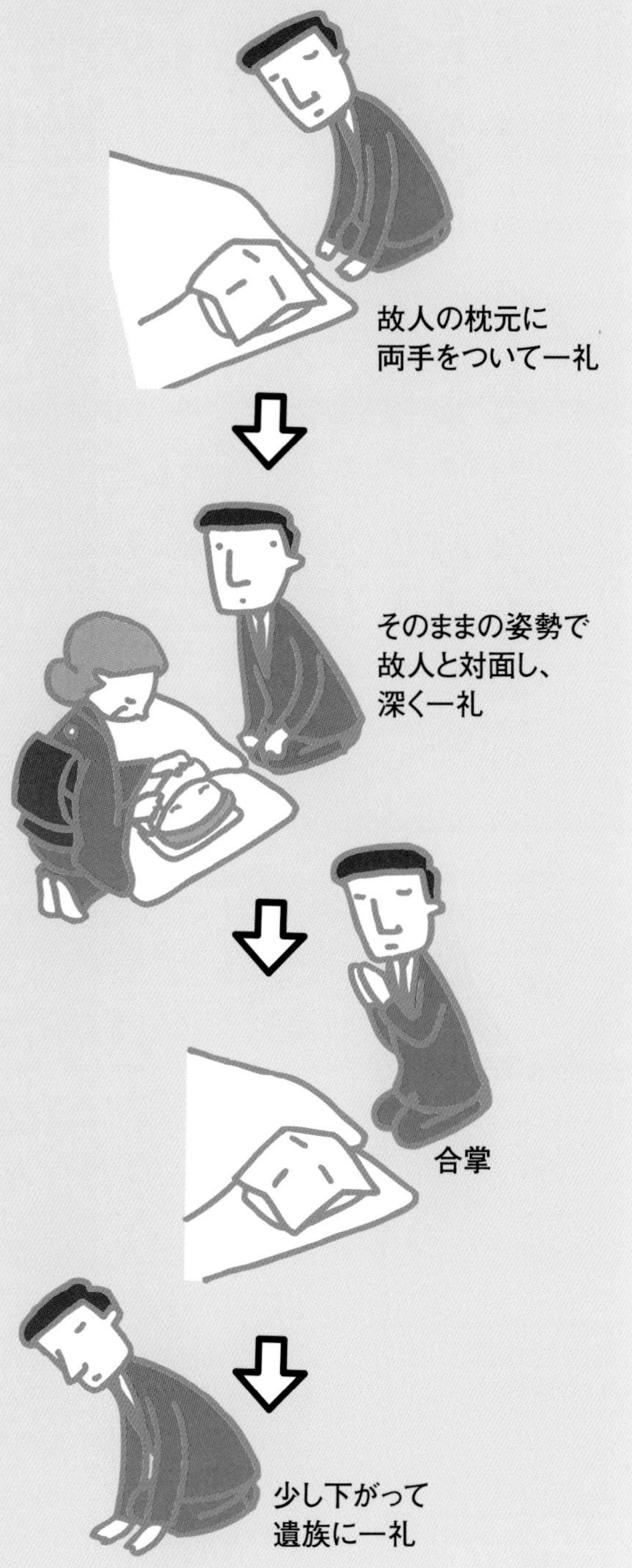
故人の枕元に
両手をついて一礼
そのままの姿勢で
故人と対面し、
深く一礼
合掌
少し下がって
遺族に一礼

お悔やみの言葉文例

ご尊父様のご逝去、誠にご愁傷さまでございます。謹んで哀悼の意を表します。

先日、お会いした折には、あれほど元気そうなご様子でしたのに、容体が急変されてしまったとは、とても信じられません。お嘆きのあまり、お体に障りがないよう、ご自愛のほどを。

香典について

先方の宗教に合わせて選ぶ不祝儀袋

市販品には略式的なものから、高級和紙を使用した豪華なものまでありますが、先方の宗教や間柄、包む金額に見合ったものを選びましょう。その際、宗教によって種類や表書きが異なるので注意が必要です(下記イラスト参照)。また、不祝儀袋の名前は薄墨で書くのが正式。弔事用に薄墨の筆ペンも売られています。

香典の包み方の基本

香典として包む紙幣は、以前は新札だと不幸を予測し、準備していたと思われるので避けるとされていましたが、今では新札を包んでも問題ないという傾向にあります。もし新札が気になるようなら、一度折って折り目をつけてから包んでも構いません。

表向きにした中包みに対し、お礼は向きをそろえ、裏向きにして入れます。中包みの封筒の表に金額を書くか、裏に金額を書く欄があればそこに記入します。住所・氏名も左下に必ず書きましょう。

香典はふくさに包んで持参

香典を持参するのは通夜の席、通夜に出席しないときは葬儀・告別式に

通夜・葬儀での表書きと中包みの書き方

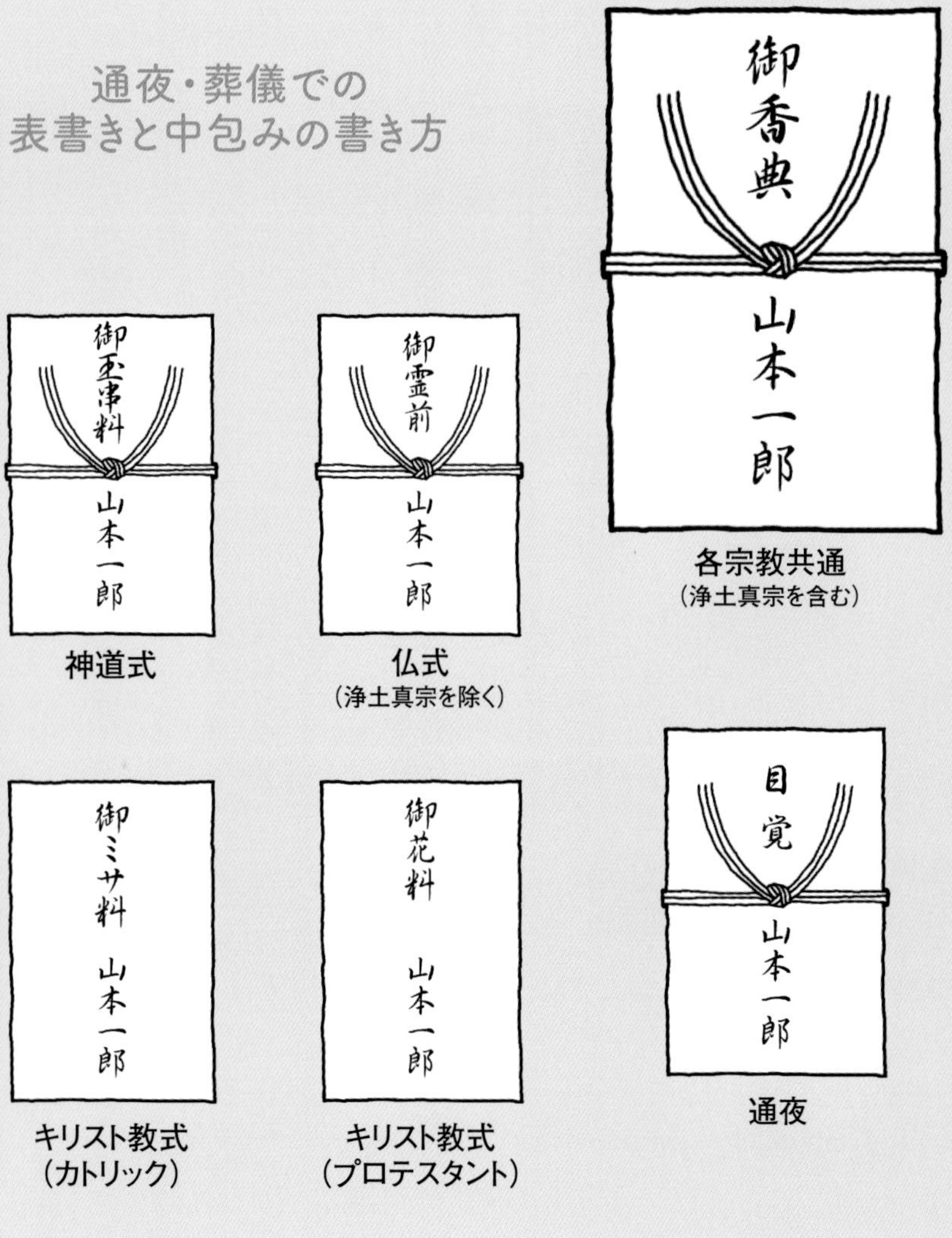

各宗教共通
(浄土真宗を含む)

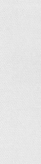

神道式

仏式
(浄土真宗を除く)

キリスト教式
(カトリック)

キリスト教式
(プロテスタント)

通夜

参列するとき、というのが一般的です。香典を差し出すときには、香典袋をバッグやポケットの中からむき出しのまま差し出すのは無作法になります。ふくさか、なければ紺や紫、グレーなどの地味な色の小さなサイズの風呂敷に包んで持参します。最近では台紙が入った慶弔両用の略式ふくさもあるので、一つ用意しておくと便利です。

参列できない場合は、香典を郵送する

通夜、葬儀・告別式にさまざまな事情で参列できない場合は、できるだけ弔電を打ち、なるべく早めに香典を郵送しましょう。郵送する際の香典は、持参するときと同様に不祝儀袋に包み、現金書留封筒で送ります。

郵送の場合も不祝儀袋には表書き、中包みに住所、氏名、金額を記入します。また、簡単でよいので参列できないお詫びとお悔やみの言葉を記した手紙も同封しましょう。

香典の金額

熊本県内における香典の金額の目安（参考）

ご近所	3,000〜5,000円
同僚	3,000〜5,000円
親しい人	5,000〜10,000円
親戚	10,000〜30,000円
目覚	1,000〜3,000円

●地域、参列者の年代・年齢、個人との関係などによって金額が異なります。

●地域や職場でまとめて出す場合は、金額が異なる場合があります。

●「目覚」の詳細については150ページを参照してください。

弔事用ふくさのたたみ方

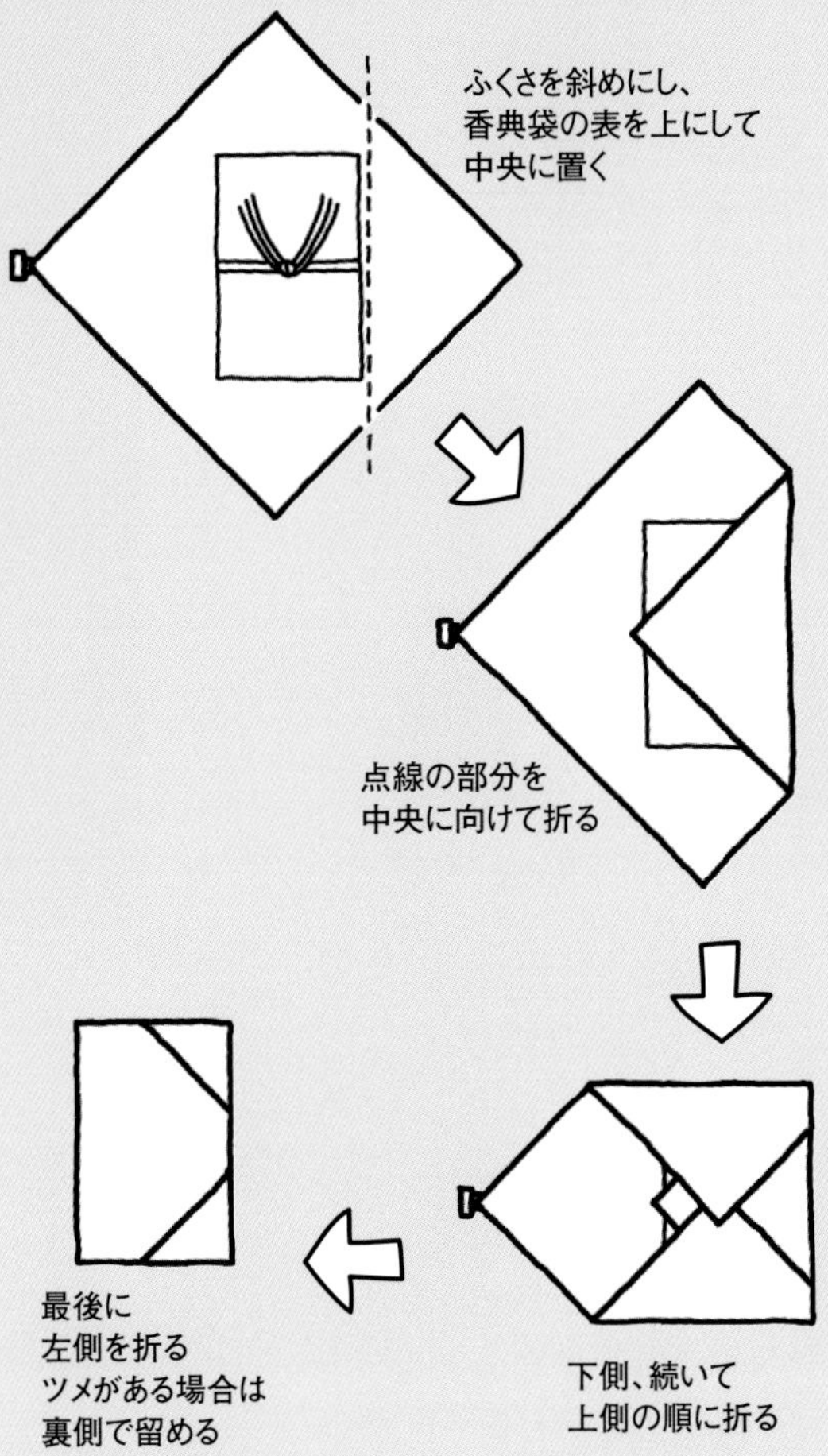

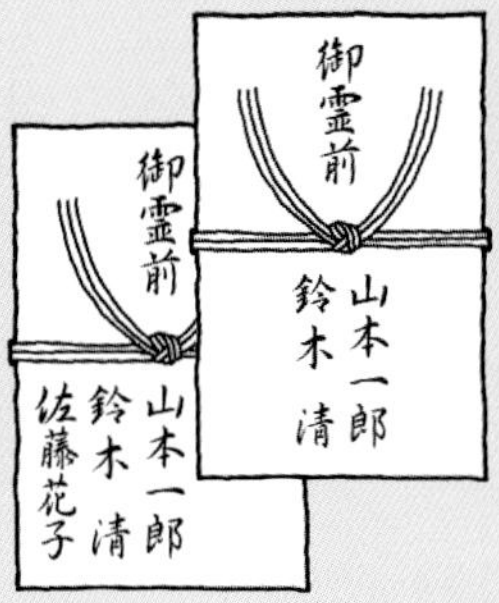

連名（2、3名）の場合
2名の場合は中央に並べて書き、3名の場合は中央から左へ目上の人から順に書く。

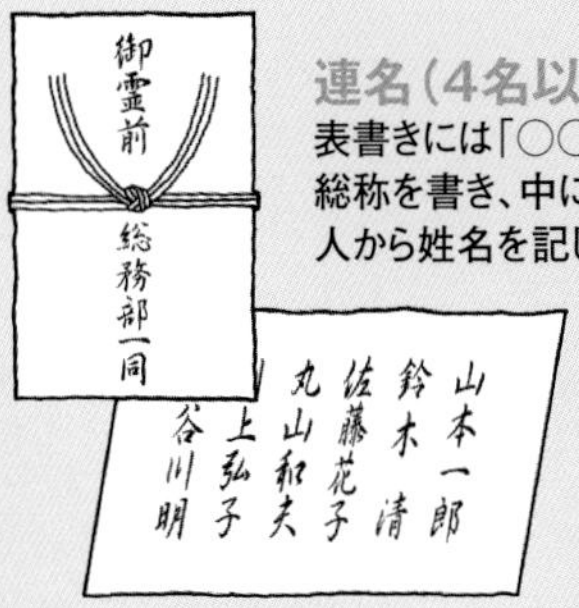

連名（4名以上）の場合
表書きには「〇〇一同」のような総称を書き、中に右から順に目上の人から姓名を記した紙を入れる。

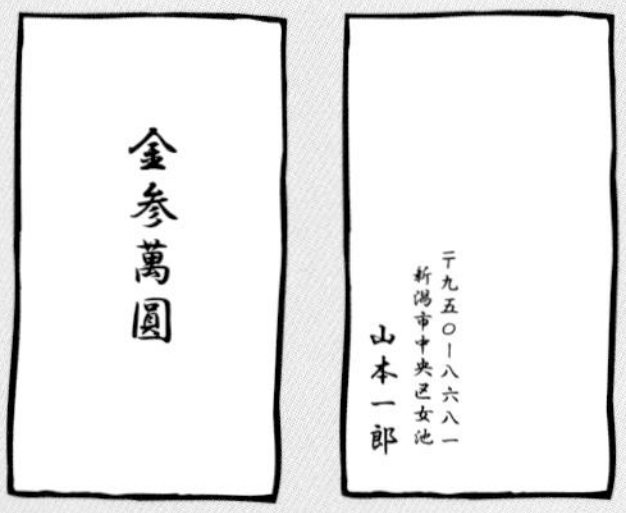

中包み
表側に書く金額は「一を壱」「三を参」と書くのが正式。裏側に書く住所と氏名は、喪家の香典の整理に必要なので忘れずに。

弔電・供物・供花について

弔問できないときは弔電を打つ

遠方に住んでいたり、さまざまな事情で通夜、葬儀・告別式に参列できない場合は、香典を郵送すると同時に、喪主宛てに弔電を打ちましょう。

弔電の宛先は、原則として喪主にします。しかし、喪主が分からないときは「故○○○○様ご遺族様」とします。弔電は告別式で読み上げられることもありますから、できるだけ音読で分かりやすい言葉を使うように心掛けましょう。また、必ず発信者の氏名をフルネームで入れます。

弔電を送るには

弔電の主な申し込み方法は、次の通りです。

●NTTの「115番」へ電話する

●NTT西日本ホームページ内の「D−MAIL」から申し込む

電話での受け付けは、午前8時～午後10時。午後7時までに申し込めば、当日配達も可能です。夜間に訃報を受けた場合は、24時間受け付けているインターネットから申し込みましょう。

そのほかには郵便局で受け付ける「レタックス」もあります。いずれも、メッセージは弔電用の文例から選ぶか、自分の言葉を付け足し作成します。その際は、忌《い》み言葉を使わないよう注意が必要です。

「忌み言葉」について

忌み言葉は不幸が続くのを避けたい、との思いから配慮される言葉です。また相手の宗教にふさわしくない言葉もあります。忌み言葉は弔問時だけでなく手紙や弔電にも使わないように気をつけましょう。

重ね言葉

「重ね重ね」「重々」「いよいよ」「再三再四」「たびたび」「またまた」「ますます」「返す返すも」など。たとえば「返す返すも残念」は「誠に残念」と言い換えます。

続くことを連想させる言葉

「再び」「続く」「なお」「追って」など。

直接的な表現

「死ぬ」「死去」「死亡」「生きる」「存命中」など。「死去、死亡」は「ご逝去」に、「存命中」は「ご生前」と言い換えます。

大げさな表現 不吉な表現

「とんだこと」「とんでもないこと」「浮かばれない」「四(死)」「九(苦)」など。

宗教によって使わない言葉

「供養」「成仏」「往生」などは仏教用語なので、仏式の弔事だけに使う言葉です。

供物・供花は喪家と関係が深いときに

供物《くもつ》や供花《くげ・きょうか》は故人の霊を慰めるために霊前に供えるものです。地域により違いはありますが、故人や喪家とかかわりが深い場合に贈ることが多いようです。

供物は仏式では線香、ろうそく、果物、菓子類などが一般的ですが、故人が好きだったものを贈っても構いません。

供花には、花輪や生花などを贈ります。花輪を贈る際には会場やスペースの関係、故人の遺志で断っている場合もあるので必ず喪家側に確認をとります。生花や供物も祭壇に飾るものなのでやはり喪家に確認をとります。了解がもらえたら生花店や葬儀社に連絡し通夜前に届くように依頼します。

社葬など大型葬は、喪家の希望で供花（生花）の金額を統一することがあります。依頼する際には希望に合わせることも大切です。

神道式の場合

神道式では供物に関してしきたりがある場合があるので喪家に問い合わせるのがよいでしょう。

キリスト教式の場合

葬儀がキリスト教式で教会で執り行われる場合は、生花しか用いられないので生花を贈ります。

花の種類は洋花のみとします。宗派・教会ごとに習わしがあるため教会へ確認します。供物は弔事用の包装に不祝儀の掛け紙をして表書きは「御霊前」または「御供物」と記し、水引の下に贈り主の氏名を書きます。

供物・供花を辞退されたら

故人の遺言や斎場の都合などの理由から、近年では供物や供花を辞退する喪家も増えてきているようです。

そのため、通夜・葬儀などの通知で「供物・供花の儀はご辞退申し上げます」とあるときは、喪家側の意向を尊重しなければなりません。

弔電用台紙には、プリザーブドフラワーをはじめ、漆や七宝、押し花、刺しゅうなどを施したものがあります（税抜き価格500円～16,000円程度）。基本の弔電用台紙は無料です。

NTTの弔電文例集

●文例番号:7513
○○○様のご逝去を悼み、謹んでお悔やみ申しあげますとともに、心からご冥福をお祈りいたします。

●文例番号:7523
ご尊父様のご逝去を、心よりお悔やみ申しあげます。在りし日のお姿を偲びつつ、ご冥福をお祈りいたします。

●文例番号:7535
ご母堂様のご急逝を悼み、謹んでお悔やみ申しあげます。いつも、お優しかったお顔を思い出し、まだ信じられない気持ちです。心よりご冥福をお祈りいたします。

●文例番号:7604
突然の悲報に接し、動揺のあまり声も出ませんでした。ご遺族の方々のお悲しみはいかばかりかとお察しいたします。心からご冥福をお祈りいたします。

服装とヘア&メークについて

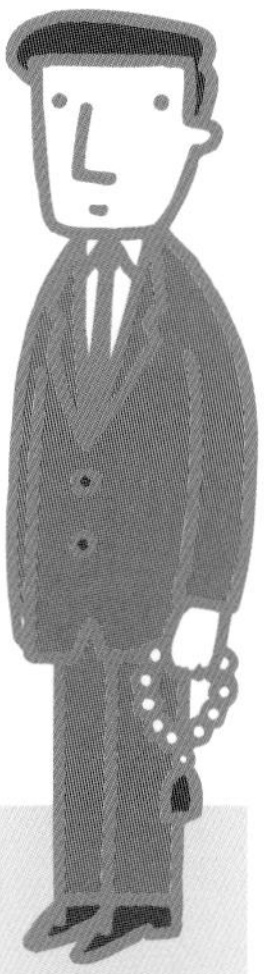

男性はダークかブラックスーツを

黒（ブラックスーツ）か濃紺もしくは濃いグレーのダークスーツを着ます。ワイシャツは白で、黒のネクタイを結びます。ネクタイピンは着けません。靴と靴下も黒無地で統一します。

会社や出張先から直行する場合は平服でも構いませんが、黒のネクタイや黒の靴下を身に着けるようにします。なお、腕章は本来親族が着けるものなので、会葬者が着ける必要はありません。

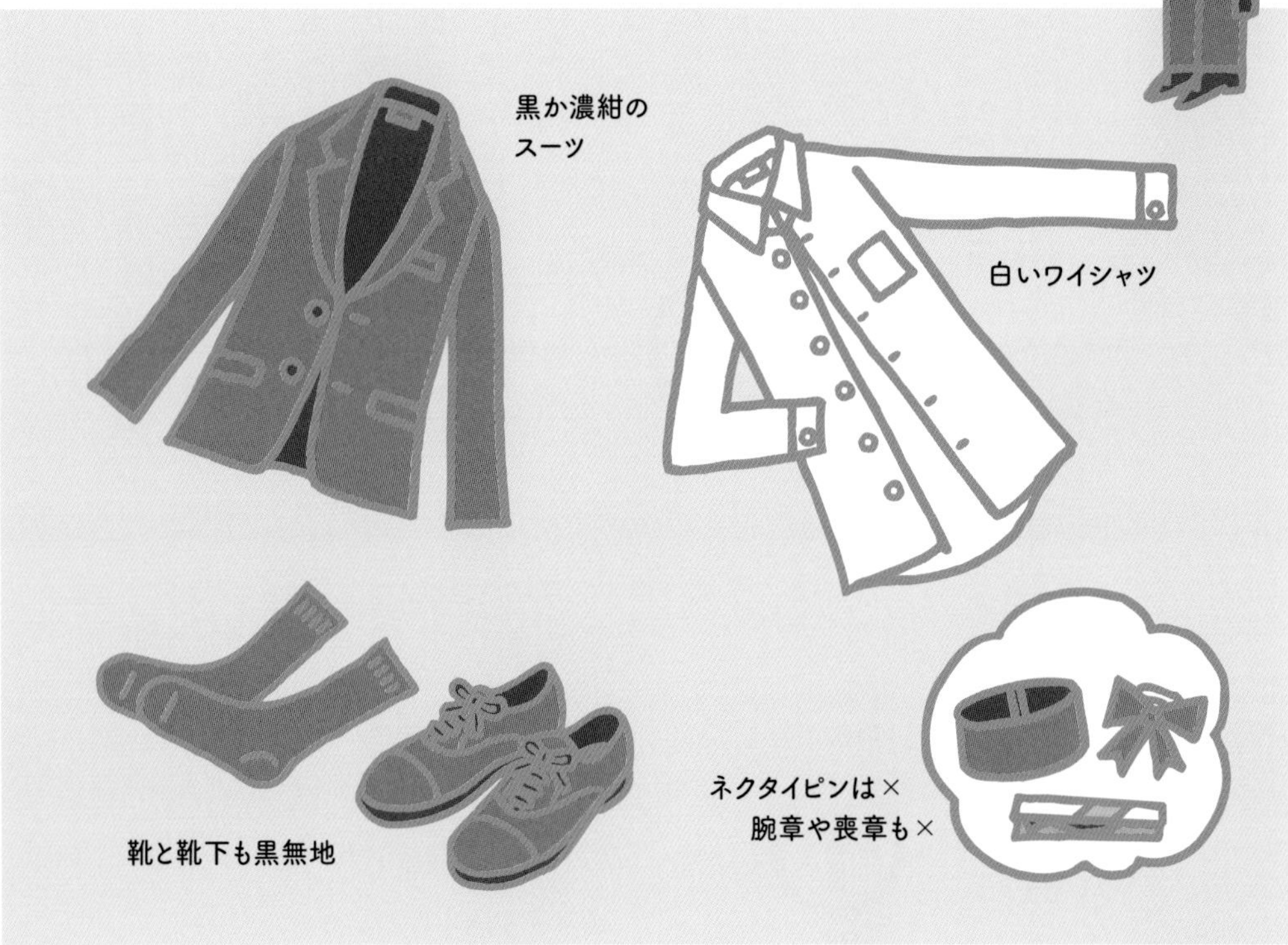

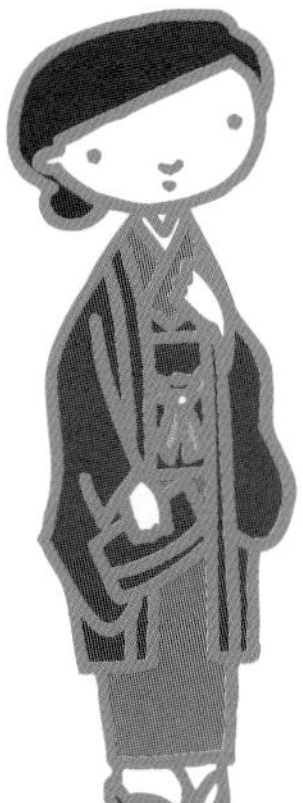

女性の洋装・和装の装いについて

洋装の場合

通夜の弔問や一般の会葬者として参列する場合は略礼服で構いません。デザインが派手なものを避け、黒、紺、グレー、茶、紫などの地味な色合いのスーツやワンピースを用意します。黒のブラウスとスカート、黒のジャケットにスカートの組み合わせでも大丈夫です。パンツもカジュアル過ぎないものであればＯＫです。

和装の場合

和装の場合の正式礼装は、黒無地染め五つ紋付きで、小物も黒でそろえます。略礼装は地味な色無地の一つ紋、三つ紋の着物に黒の喪帯を締めます。足袋の白以外は、帯揚げ、帯締めも黒にします。草履やバッグも黒で統一します。

髪形はシンプルに メークは控えめに

髪形はシンプルにまとめるのが基本。ロングヘアはきちんとまとめ、髪飾りはできるだけ避けます。着けるときは光沢のない黒のリボンやバレッタでまとめます。メークもできるだけ控えめに。ファンデーションやナチュラルカラーの口紅にとどめておきましょう。マニキュアは落とすことを忘れずに。

小物・アクセサリーは最小限に

結婚指輪以外は原則的に着けないのがマナーです。どうしても身に着けたいときは、光るものは避けてください。真珠やブラックオニキスなどの一連のものや一粒タイプのイヤリングを選びましょう。重なることを嫌う弔事では二連のものを避けます。バッグ、履物は和装、洋装ともに黒にします。

子どもは制服があればそれでOK

外出着で比較的地味な色合いのものを身に着けさせます。男の子は通園・通学用の制服があれば、それで構いません。女の子は落ち着いた色合いのワンピースなどにします。

靴はできるだけ黒でシンプルなデザインのものを用意してください。中学生や高校生は男女ともに学校の制服があれば、それが正式礼装になります。

通夜に参列したら

本来、通夜は親しい人たちの儀式

通夜は遺族や親しい友人、知人など故人と深いかかわりを持つ人たちが集まり、夜通しで故人との最後の別れを惜しみ、故人の霊と遺族を慰めるためのものです。

しかし、最近は午後6時か7時ごろから始まり、通夜振る舞いを含めても9時すぎには終わる「半通夜」が多くなりました。このため、仕事を休まずに出席できる通夜を葬儀と同じようにとらえ、故人とお別れをする場と考える人も増えています。

葬儀に参列できなければ通夜に

一般的には、遺族から通夜の日程を知らされた場合には、通夜に参列し、葬儀・告別式にも参列します。しかし、それほど親しい関係ではなく、都合でどうしても葬儀に参列できないのであれば、通夜に参列して弔意を表すのがよいでしょう。通夜への出欠を迷うときには、近親者や葬儀の世話役などに相談してみるのも一つの方法です。

会場には早めに着くように

通夜では、遅くても開始の10分ほど前に会場に着くように心掛けます。受付で記帳し、「このたびはご愁傷さまです」とお悔やみの言葉とともに香典を差し出します。通夜では僧侶の読経、遺族・親族・参列者の焼香、僧侶の法話、喪主のあいさつなどが続きます。ひと通り儀式が進み僧侶が退出し終えると、その後通夜振る舞いが始まります。

通夜振る舞いは受けるのが作法

葬儀後に喪主が簡単な料理と飲み物を出し弔問客をもてなす通夜振る舞いは、弔問に対するお礼とお清め、そして故人の供養のために行われるものです。誘われたときは遠慮せずに席に着き、一口でも箸をつけるのがマナーです。途中で退席するときには、周囲の人に「お先に失礼します」と述べて静かに帰りましょう。

お悔やみの言葉に気を付ける

通夜が始まる前や通夜振る舞いの席などで、遺族にお悔やみや慰めの言葉をかけてあげたいと思うことがあるでしょう。しかし、遺族は多くの弔問客に対して同じように接しなければならない立場です。お悔やみの言葉は長々と話し続けることを避け、状況に応じて簡潔に済ますのが礼儀です。会話では忌み言葉(136ページ参照)に気を付け、こちらから故人の病状や死因について、あれこれと尋ねることは控えます。

受け付け・記帳について

会場に着いたら まずは受け付けを

通夜・葬儀会場に着いたらまず受け付けをします。受付所では簡単なお悔やみの言葉を述べ、香典を差し出して会葬者名簿に記帳します。通夜に訪れて香典を供えている場合は記帳だけにします。故人と仕事上の関係があり、名刺を差し出したほうがよい場合は名刺を添えます。

また、会葬者名簿ではなく芳名カード形式の場合は、記帳台で記入し、香典と一緒に差し出します。

受け付け・記帳のマナー

1. **コートや手荷物は預ける**
コート、ショールなどは受け付けの前に脱ぎ、大きな手荷物があれば一緒に預ける。

⇩

2. **芳名カードを記入する**
会葬者名簿に住所、氏名を記帳する。会社関係ならば、社名と会社の住所を書く。

⇩

3. **香典を差し出す**
「このたびはご愁傷さまでございます」など、簡単なお悔やみを述べたあと、香典をふくさから取り出し先方に向けて差し出す。

⇩

4. **一礼してから式場へ**
受け付けを済ませたら「お参りさせていただきます」と一言述べて一礼し、式場内へ入る。

仏式拝礼について

焼香の作法について

焼香の順番がきたら、まず遺族と僧侶に一礼します。続いて祭壇の前に歩み寄り、本尊に深く一礼します。抹香は右手の親指と人さし指、中指の3本で軽くつまみ、目の高さにまでささげるようにおしいただき、下ろしてから静かに香炉にくべます。

回数は宗派で多少異なりますが、会葬の場合は、あまりとらわれることなく自分の宗派の回数で構いません。参列者が多い場合は1回でもよいでしょう。

焼香後は静かに合掌し、再び遺族、僧侶に一礼してから席に戻ります。

焼香の仕方（立礼）
遺族と僧侶に一礼
祭壇の前で一礼の後、
右手で香をつまみ、
目の高さまで
おしいただく
そっと香炉へ落とす
合掌後、遺族と僧侶に
一礼してから戻る

焼香の回数（抹香の場合）

- ●真宗大谷派…2回（額におしいただかず）
- ●浄土真宗本願寺派…1回（額におしいただかず）
- ●曹洞宗…2回（1回目は額におしいただき、2回目はおしいただかず）
- ●浄土宗…1回または3回
- ●天台宗…1回または3回
- ●真言宗…3回
- ●日蓮宗…1回または3回
- ●日蓮正宗…1回または3回
- ●臨済宗…1回

ただし、自分の宗派と異なる場合でも、心身を清め合掌するという目的は同じなのですから、回数の違いにあまりこだわらなくても構いません。

焼香の仕方
（座礼）
祭壇まで進み
遺族と僧侶に一礼
軽く合掌
右手で軽くつまみ、
おしいただいてから
香炉へ
合掌
遺族と僧侶に
一礼してから戻る

回し焼香の仕方

香炉を受けたら、次の方に「お先に」とあいさつを
合掌する
両手を添えて香炉を次の方へ

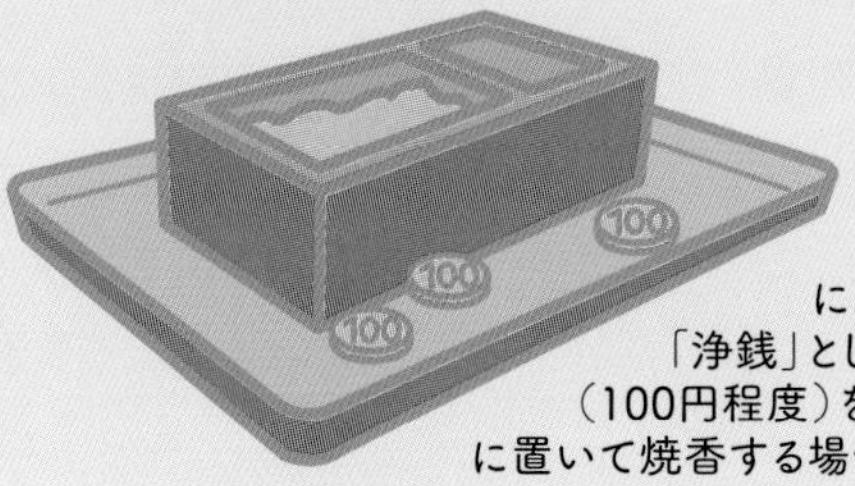

※地域によっては「浄銭」として小銭（100円程度）をおぼんに置いて焼香する場合もある

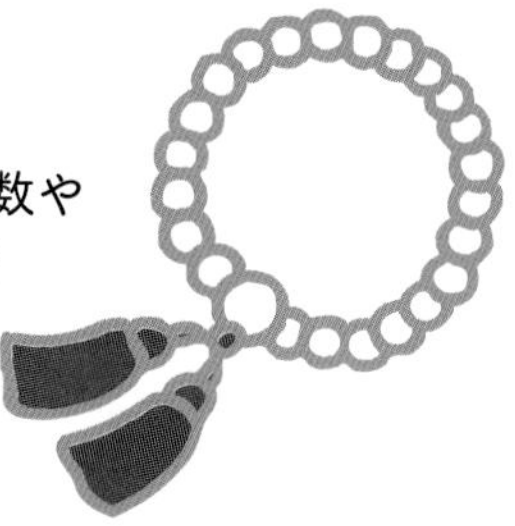

現在では珠の数や種類にはあまりこだわらない

数珠は短いものが一般的

数珠は念珠ともいい、仏事に欠かせない仏具の一つです。珠の数は１０８個にするのが正式で、仏様に合掌拝礼しながら百八つのけがれた心をはらうためのものです。珠の数が１０８個のものを「本連数珠」といい、珠の数が半分以下のものを「略式数珠」といいます。宗派により種類や用い方に多少の違いはありますが、会葬には自分の家の宗派のものを持参しても構いません。現在では珠の数や種類にはあまりこだわらず、短い数珠が一般的に用いられています。

数珠は左手で持つのが作法

数珠は持参するときは念珠入れに入れ、使わないときは左手に持つか、左手に掛けるかします。どんな場合でも畳やいすの上に置いてはいけません。合掌するときは、房が真下にくるように、両手の親指と人さし指の間に掛け、親指で軽く押さえるようにして合掌します。長い数珠の場合は両手の中指に掛け、両手の間でこすり合わせます。数珠は左手で持つのが基本で、焼香するときや合掌を終えたあとも必ず左手に持つようにします。

略式数珠の使い方

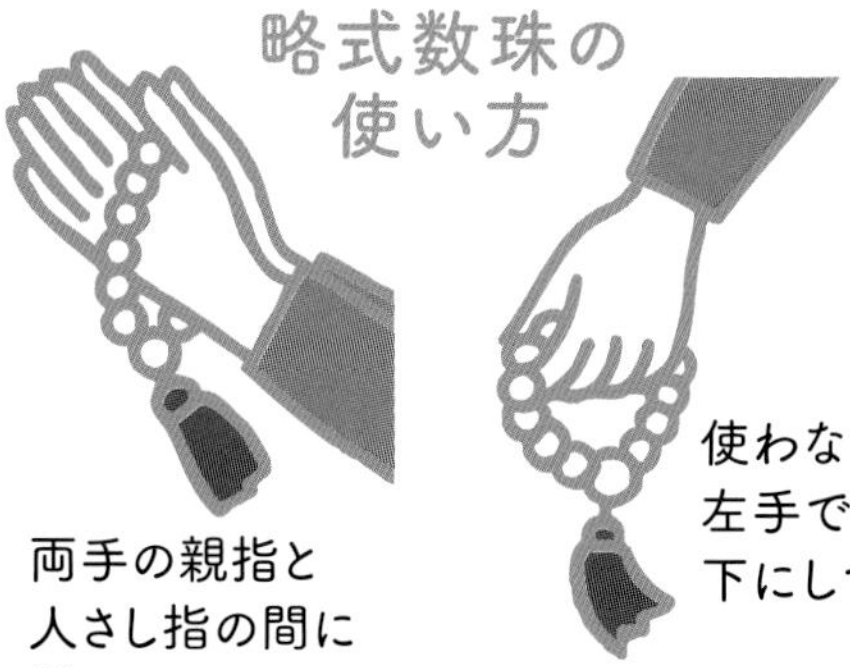

両手の親指と人さし指の間に掛ける

使わない時は左手で房を下にして持つ

本連数珠の使い方

本連数珠は宗派によって形や使い方が異なる

曹洞宗

そのまま合掌する

二重にして左手にかけ、房を下にして手に持つ

真言宗

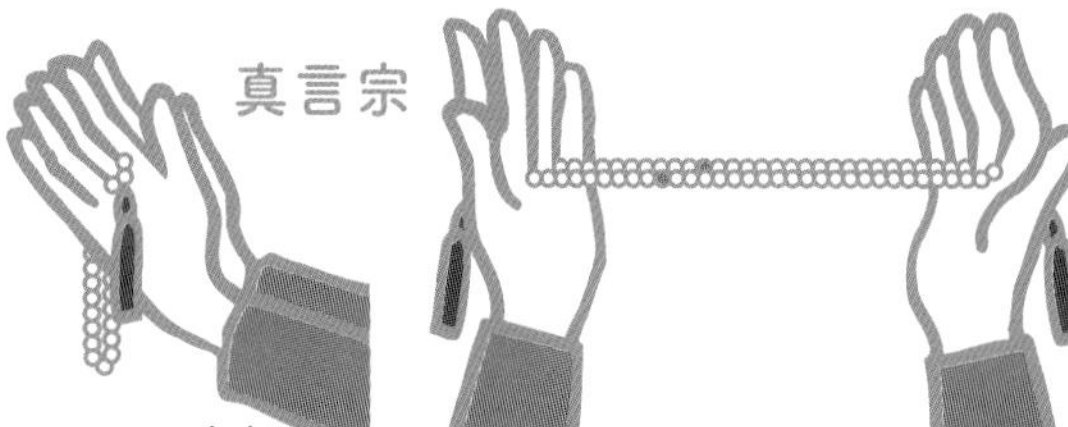

そのまま合掌する

両手の中指にかける

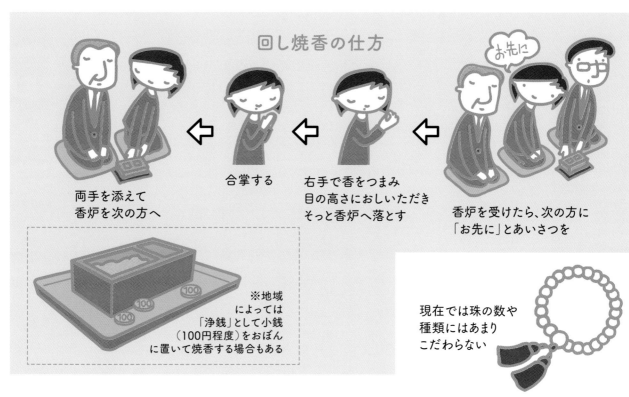

神道式拝礼について

神道式も基本的に流れは仏式と同じ

神道の葬儀は「神葬祭」と呼ばれ、意味内容は異なりますが、死亡から火葬までの大きな流れは仏教の葬儀とほとんど変わりません（詳細は60ページ）。そのなかで、故人に対し最後の別れを告げる儀式が「葬場祭」で、仏式の葬儀・告別式に相当します。

神道式において特徴となるのは「玉串奉奠《たまぐしほうてん》」という拝礼の仕方と、香典の代わりに「御《お》玉串料《たまぐしりょう》」を持参することです。服装も仏式と同じと考えて構いません。一般の会葬者は特別に身構えず、落ち着いて喪家の指示に従うようにします。

「玉串奉奠」で故人を悼む

仏式の焼香に当たるのが玉串奉奠です。これは榊《さかき》の枝に紙垂《しで》という奉書《ほうしょ》紙《がみ》を細長く切ったものが付いた玉串を供え、故人を悼むもので、神事には欠かせないものです。

なお、葬場祭で一番気を付けなければいけないのが、音を出さない「忍び手」です。普段神社などにお参りする際は、かしわ手を音を立てて打ちますが、葬儀ではゆっくり右手と左手を合わせながらも音を立てないようにします。

神道式拝礼の仕方

①神職に一礼し、玉串を受け取る。根元が右側にくるように渡されるので、右手は根元近くを上からつまむように持ち、左手は下からささげるように受け取る。

②受け取った形のまま玉串を目の高さまでおしいただき、続いて根元が手前にくるように時計回りに90度回す。

③左手を玉串の根元に、右手を枝先の下から添えるようにして左右の手を持ち替える。

④持ち替えたら時計回りに180度回し、根元を祭壇に向ける。

⑤左手を玉串の下から支えるように持ち替えて玉串を祭壇前の壇上に置く。

⑥数歩退いて故人を悼み、2回深く礼をする。

⑦「忍び手」で2回かしわ手を打ち、再び深く一礼をして数歩下がる。そして神職と遺族に一礼をしてから自分の席に戻る。

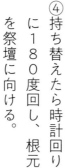

キリスト教式について

キリスト教では数珠を持参しない

キリスト教の葬儀は教会で行われますが、喪主、遺族、一般弔問客の区別はなく、故人の霊を慰めることを目的として会葬します。葬儀は生前に神から受けた恵みを感謝し、故人を神の手にゆだね、天国で永遠の安息が得られるよう祈りをささげます。

マナーとしては、自分が仏教徒でも、キリスト教式の葬儀に数珠を持参してはいけません。服装は仏式の場合と同じと考えてもよいでしょう。

気を付けたいお悔やみの言葉

キリスト教式では、仏式の焼香の代わりに献花を行います。参列者は一人一人祭壇の前に進み、故人に花をささげます。花は菊やカーネーションのように茎の長い白い花が使われますが、会場に用意されていることがほとんどですので、参列者が持っていく必要はありません。

気を付けたいのがお悔やみの言葉。キリスト教式では、神の国への出発という意味がありますので、遺族に対し「ご愁傷さま」といった言葉は使えません。「安らかな旅立ちをお祈り申し上げます」といった言葉をかけ、一礼するようにします。

献花の仕方

①順番がきたら祭壇の前に進み、係の人に向かって花が右側に、茎が左側にくるように両手で受け取る。

②祭壇前で遺影に向かい一礼し、花の根元が祭壇に向くように、時計回りに回す。

③左手の甲を下にし、右手を下から支えるようにして花を献花台に置く。

④軽く頭を下げて黙祷《もくとう》し、深く一礼した後、数歩下がり、遺族と神父（牧師）に一礼して自分の席に戻る。

献花について

カトリックでもプロテスタントでも、キリスト教の通夜、葬儀では白い花をささげる「献花」が行われます。また、最近は無宗教形式の葬儀やお別れ会などでも、献花が行われることが増えています。花は白いカーネーションや菊が使われます。花は必ず両手で持ち、根元が祭壇に向くようにささげます。

葬儀・告別式に参列したら

早めに会場に入り着席して待つ

葬儀・告別式に参列する場合は定刻より早めに会場に行き受け付けを済ませ、係の人の特別な指示がなければなるべく控えめな席に座ります。

葬儀・告別式では、僧侶の読経・引導、弔辞拝受と弔電の紹介、遺族・親族・参列者の焼香などが行われます。その後、棺《ひつぎ》の中の故人との「最後の対面」をし、棺に花を入れてお別れします。

葬儀と告別式の違い

葬儀は、故人の成仏と冥福を祈り、僧侶が引導を渡す儀式とされます。原則としては遺族、近親者、特に親しかった友人だけで営まれます。

それに対して告別式は、友人・知人に加え、故人とゆかりのあった一般の方々が焼香することによって、故人と最後のお別れをする儀式です。

しかし、近年では葬儀と告別式を区別することなく、合わせて進行するケースが増えています。そのため、一般の弔問者も葬儀の時点から参列するようになっています。

火葬場への同行を求められたら断らないのが礼儀

一般会葬者は、お別れが終わった後はできるだけその場に残り、出棺を見送るようにしましょう。出棺に先立ち喪主や親族代表のあいさつがあり、その後出棺となります。霊柩車《れいきゅうしゃ》が動きだしたら、頭を下げ合掌して見送ります。出棺を見送った後は静かに退出しますが、火葬場への同行を求められたら、できるだけ同行するのが礼儀です。

火葬場に到着すると棺は炉の前に安置され、僧侶の読経の後、喪主、遺族・親族、会葬者の順で

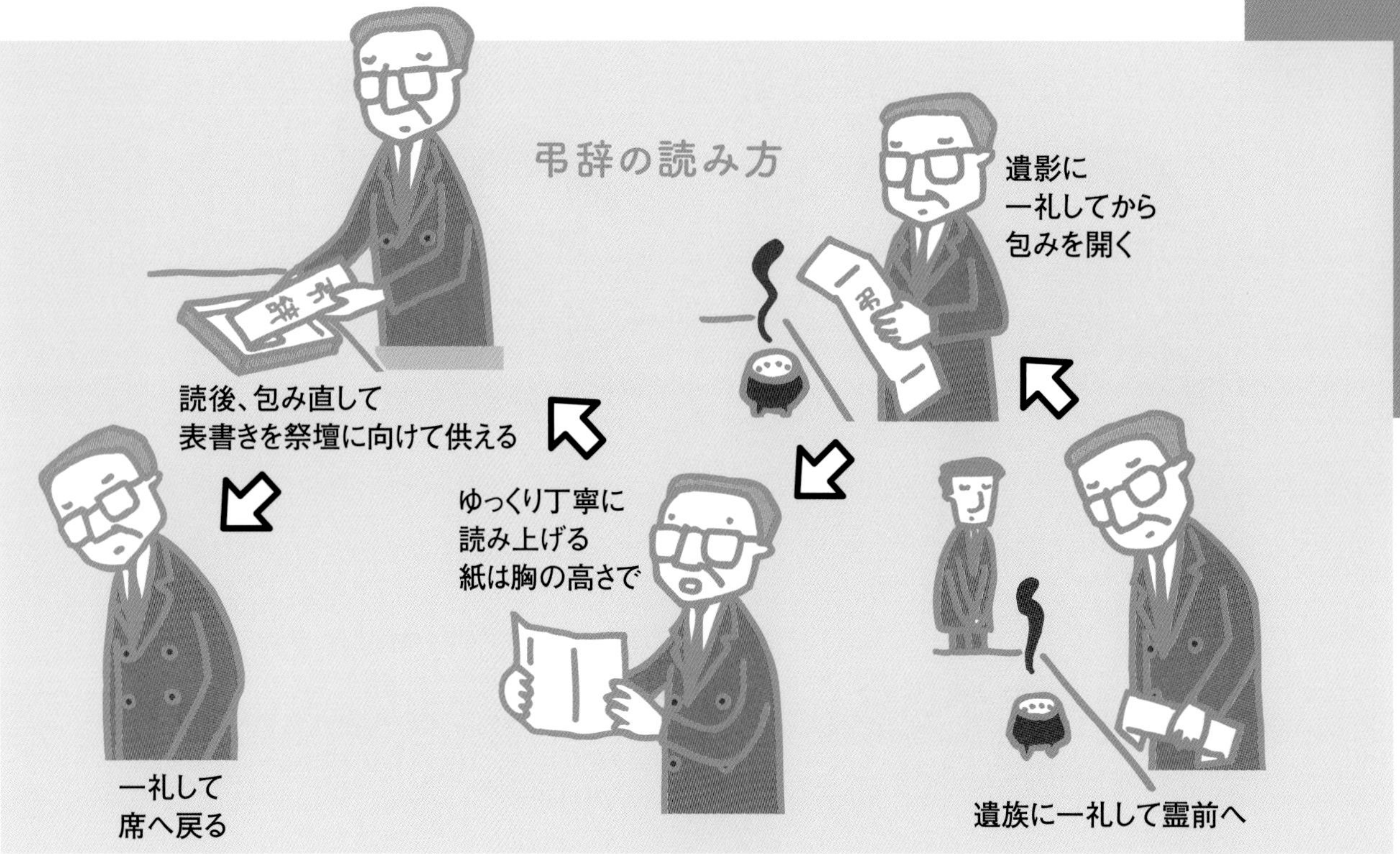
弔辞の読み方
遺族に一礼して霊前へ
遺影に一礼してから包みを開く
ゆっくり丁寧に読み上げる紙は胸の高さで
読後、包み直して表書きを祭壇に向けて供える
一礼して席へ戻る

焼香をし、火葬となります。

火葬が済むと二人一組となり一片のお骨を挟んで拾い上げ骨壺《こつつぼ》へと納める「骨上げ」を行います。故人との関係の深い順に1、2片のお骨を納めた後、順々に箸を受け渡しながら進められます。

弔辞はできるだけ引き受ける

弔辞は故人との思い出を語りつつ、故人の死を悼み、別れの言葉とするものです。遺族から弔辞を依頼されたときは、遺族の願いに応え、できる限り断らずに引き受けるのが礼儀です。

弔辞の内容は故人の人柄や業績をたたえ、追慕と感謝の気持ち、残された者の決意などを述べ、最後に遺族への慰めと別れの言葉で結びます。弔辞を読む時間の大体の目安は3分。400字詰め原稿用紙にして3枚ほどです。忌み言葉（136ページ参照）に気を付け、美辞麗句を並べたり、形式的なものにならないよう、自分の言葉で書きます。

弔辞の際の奉書紙の使い方と包み方

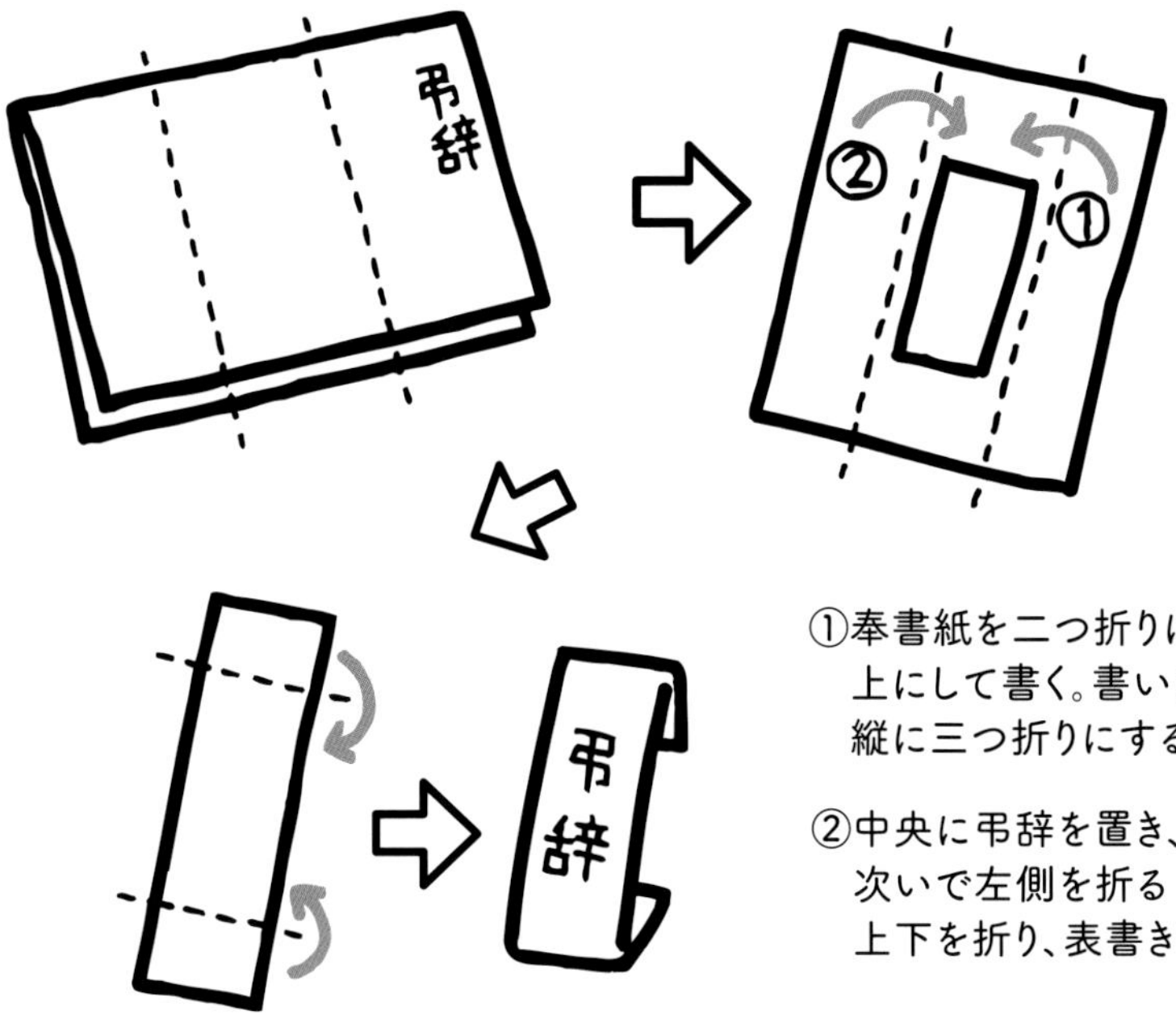

①奉書紙を二つ折りにし、折り目を上にして書く。書いた面を内側にして縦に三つ折りにする

②中央に弔辞を置き、右側を折り、次いで左側を折る
上下を折り、表書きを弔辞と書く

友人への弔辞の文例

○○君
よもや君のご霊前でこのような弔辞を読むことになろうとは夢にも思っていませんでした。

大学時代から人一倍一生懸命だった君は、勉強でも遊びでも全ての面で私たちをリードしてくれましたね。

そんな君に私たちはどれだけ助けられてきたか分かりません。

また、君は持ち前のバイタリティーあふれる行動で仕事の業績を伸ばし、将来を有望視されていたと聞きます。

私もそんな君をみて、どれだけ励まされたことかしれません。

この数年はお互い多忙でたまにしか会えませんでしたが、会えば仕事のことや人生のことについて、
まるで学生時代のように語り合いましたね。もう、そういうこともできないのかと思うと残念でしかたがありません。

これから私たちは君の分まで頑張って生きていきます。
○○君　得がたい思い出をたくさん残してくれて本当にありがとう。
どうぞ安らかに眠ってください。

●上記文例は原稿用紙にして約1枚分程度です。この内容に故人とのエピソードなどを加え、分量を調整するとよいでしょう。

法要に招かれたら

表書きは
「御供物料」
「御香料」
「御仏前」など

案内状が届いたら
返事は早めに

法要に招かれたら出席するのがマナー

法要に招かれたときは原則として出席するのがマナーです。法要の当日は不祝儀袋に現金を包むか、供物を持参します。供物は線香、生花、果物、菓子など故人が生前好んだものを用意しますが、現在では現金を包むケースが多いようです。

表書きは「御供物料」「御香料」もしくは「御仏前」などと記します。なお、「御仏前」については、浄土真宗では亡くなった時点から使用できますが、他の宗派では四十九日までの間は霊の状態でいるとされているため、四十九日法要から使用することとなります。

一周忌までは喪服に近いものを着用

四十九日や一周忌など、一周忌までの法要には、男性はブラックスーツ、女性はブラックフォーマルなど喪服に近いものを着ます。それ以降は黒でなくても地味な色合いの平服で構いません。

お斎の席は施主に従い羽目を外さないように

法要が終わると、お斎という会食の席に移ります。お斎の席次は、最上席に僧侶が座る以外はあまり神経質にならなくても構いません。一般的には、施主からあらかじめ席次について指示が用意されているので、それに従います。

お斎では、故人の思い出を語りながら、和やかな雰囲気づくりを心掛けます。お酒が振る舞われることも多いのですが、お斎は宴席ではありません。故人と関係のない話題に夢中になったり、酔っ払って大声を出すなど、羽目を外さないように気を付けましょう。

神道式では焼香ではなく玉串奉奠を行う

神道式で仏式の法要に当たるものが「霊祭」です。近年は省略されることが多くなりましたが、本来は葬儀翌日の「翌日祭」から死後10日ごとに行われるものです。特に五十日祭は忌明けになる重要な霊祭ですので、盛大に行われることが多いようです。

霊祭に招かれた場合は、なるべく出席しましょう。マナーは仏式の法要とほぼ変わりませんが、焼香ではなく「玉串奉奠」が行われます（１４４ページ参照）。

供物料は、黒白または銀一色の水引の不祝儀袋を使います。表書きは「御玉串料」「御榊料」「御神前」が一般的です。

式の内容やマナーを事前に確認してもよい

プロテスタントでは、死後１カ月目の召天記念日（亡くなった日）に記念式を行います。教会で行われるのが一般的です。信者ではないために式の内容やマナーが分からない場合は、教えてもらっても失礼には当たりません。また、キリスト教式では、参列者が生花を持参するほか、供物を贈る習慣はありません。お金を包む場合の表書きは、「御花料」とします（１３４ページ参照）。

欠席する場合の返信文例

亡き○○様三回忌のご案内を頂戴いたしましてありがとうございます。○○様には生前ひとかたならぬお世話になっておりました。何をおきましても参列すべきところ、あいにく出張の予定と重なってしまい、出席がかなわなくなってしまいました。いずれ改めてお線香など上げさせていただくつもりでございます。なお、同封のものははなはだ些少ではございますが、御霊前にお供えください。まずは、不参のおわびまで。

法要の装い一覧

四十九日法要	施主・家族・親族	男性		ブラックスーツ
		女性	和装	黒喪服の着物に黒喪帯、黒の小物の正式礼装
			洋装	黒無地のスーツ、ワンピース、アンサンブルなどに黒の小物の正式礼装
	同僚・親しい友人	男性		ブラックスーツ
		女性	和装	色無地の一つ紋、三つ紋付き、黒喪帯、小物は黒か地味な色を選ぶ
			洋装	準礼服、または地味でシンプルな略礼服

一周忌	施主・家族・親族	男性		ブラックスーツ
		女性	和装	黒に近いグレー、紫などの色無地の一つ紋、三つ紋付き、黒喪帯、黒の小物
			洋装	準礼服、または地味でシンプルな略礼服
	同僚・親しい友人	男性		ブラックスーツ
		女性	和装	黒に近いグレー、紫などの色無地の一つ紋、三つ紋付き、黒喪帯、黒の小物
			洋装	略礼服、または地味でシンプルな略礼服

第5章　参列のマナー なんでもQ&A

Q 熊本独自の「目覚《めざまし》」とは何ですか？

A 「目覚」には、次の意味が込められているとされています。①「もう一度目を覚ましてほしいという願い」②「遺族に対してお線香を絶やさないようにしてほしい」③「故人の死を通して仏法に目覚める」の三つです。よくお寺さんがこれら三つの意味について話されることがあります。現代では①と③の二つが主になっているとされています。

昔は②のように「線香を絶やさないように亡くなった人にずっと付いておきなさい」という意味合いもありました。ただ、それは兄弟姉妹が何人もいた昔の話です。現代のような少子化時代では、故人にずっと付いていたくても、付いていられる人が少ないのが現状です。子どもの数も少なく、近所に住んでいないこともあるでしょう。そのために、現在では②の意味合いは薄らいでいるようです。

昔から熊本県内各地方には「目覚」として、お通夜の席にお米やお酒を持ち寄る風習がありました。「最後の夜をずっとみんなで見守りましょう」。そこでお食事も必要だからお米やお菓子を持って行く。お酒を酌み交わして故人の思い出話をするためにお酒も必要でした。その風習を「夜とぎ」とも呼んでいました。②はそういう意味での「目覚」でした。

現在では、「目覚」として、通夜にお金を持参するケースが多いようです。その場合、封筒の表書きは「目覚」と書くのが一般的です。また、お金を持参する場合は新札を避けるのが、昔からの風習として伝わっています。

ただ、あくまでも「目覚」は、熊本県全体で行われている風習ではありません。例えば、熊本市中心部や県北地域などでは「目覚」の風習はそれほど残っていないといわれており、お通夜かお葬式のどちらかに「香典」を持っていくケースが多いようです。

一方、「目覚」が比較的残っているのは、上益城地方や宇城地方、天草地方、阿蘇地方、人吉・球磨地方などです。また、人吉・球磨地方では「目覚」に球磨焼酎を持参する風習が今でもあるとされており、地域文化を反映している地方もあるようです。

改訂版 よく分かる 熊本県の葬儀と法要

●参考文献・資料

新潟県の葬儀と法要 保存版(新潟日報事業社)
葬儀 するべきこと・進め方(西東社)
葬儀・法要・相続・供養のすべてがわかる本(永岡書店)
決定版 葬儀・法要・相続 マナーと手続き事典(主婦の友社)
新しい葬儀と法要 進め方とマナー(主婦の友社)
真宗門徒 新潟の仏事 新装版(新潟仏教文化研究会編/考古堂書店)
新・お葬式の作法 遺族になるということ(碑文谷創著/平凡社)
よくわかるお葬式(英和出版社)
新潟喪主必携マニュアル(アークベル)
知って得する民法(萩谷雅和・松江協子・渡辺一成著/ナツメ社)
お葬式豆事典(JA葬祭)
小さな葬儀と墓じまい(自由国民社)
身近な人が亡くなった後の手続のすべて(自由国民社)
困らない もめない 親が亡くなった後の届出・諸手続き(西東社)
新版 葬儀・法要・相続・お墓の事典(西東社)
葬儀とお墓の「新常識」(徳間書店)
お葬式の後にすること 後悔しない法要・相続・遺産整理(法研)
家族が亡くなったときの手続きどうしたら?事典(滋慶出版/つちや書店)
家族が亡くなった後の手続きと届け出事典(ナツメ社)
迷わずできる葬儀のあとの手続きのすべて(大泉書店)
葬儀・法要・相続 マナーと手続きのすべて(主婦の友社)
クロワッサン特別編集 身内が亡くなったときの手続き(マガジンハウス)
書き込み式エンディングノート(NHK出版)
デジタル遺品の探しかた・しまいかた、
残しかた+隠しかた(日本加除出版)
冠婚葬祭のマナー新常識(主婦の友社)

いい葬儀 http://www.e-sogi.com/(鎌倉新書)
いいお墓 https://www.e-ohaka.com/(鎌倉新書)
葬儀支援ネット http://www.sougisupport.net/index.html
小さなお葬式 http://www.osohshiki.jp/

●監修
熊本県葬祭事業協同組合

●協力
有限会社 あらき石材
カトリック手取教会
熊日サービス開発事業本部保険グループ
熊本県神社庁
熊本白川教会
東良政税理士事務所
松本実子社会保険労務士事務所
松山神佛具店
熊本総合ペット霊園 ゆうみん社
吉田法律事務所

●企画
熊日出版、新潟日報メディアネット

●取材・文
栗原寛志(里山通信社)、横山博之、野村尚志

●デザイン
荒木正明

●カバーデザイン/イラスト
work wonders/坂本雅美

●イラスト
片山千恵子、北沢 孝

改訂版 よく分かる 熊本県の葬儀と法要
2023(令和5)年9月30日 初版第1刷発行

発　　行/熊本日日新聞社
企画・制作/新潟日報メディアネット
発　　売/熊日出版(熊日サービス開発株式会社)
〒860-0827 熊本市中央区世安1-5-1
TEL 096(361)3274 Fax 096(361)3249
https://www.kumanichi-sv.co.jp/books/
印 刷 所/株式会社城野印刷所

ISBN 978-4-87755-651-8 C0077

エンディングノート「絆」の使い方

エンディングノート「絆」は、やがて訪れる人生の最期に備え、
自分がどのように生きたのか、どのように人生を締めくくりたいのか、
残される人たちに伝えるためのノートです。
もしものとき、残された人たちが故人の気持ちをくみ取りやすくなるよう、
各項目に希望などを書き込みましょう。

■各項目について

私の略歴

履歴書のようなものです。いつ、どこで生まれ、どのような経歴があり、どのようなものが好きだったのか。家族でも知らないことがあるはずです。

わが家の家系図

家系図は将来、子や孫たちが親戚付き合いをするときに役立ちます。氏名以外にも続柄や生年月日、故人には×印を付けるなどしてもよいでしょう。

判断力が衰えたときなど

治療が難しい病気になる、認知症になる、重大な事故に遭うなど、存命中でも自身でさまざまな判断を下すことが難しくなる場合に備えます。

葬儀について

本書では、おもに第1章「終活のススメ」で記されていますが、費用、式の形式など、本人の葬儀に対する希望を書き込むものです。

家族・親戚以外に訃報を知らせるべき人

友人や知人の連絡先をまとめておきましょう。たとえ全員でなくても、他の人にも連絡してくれそうな人を記入しておけば問題ありません。

遺言・遺品処分について

葬儀の後に行わなければならないことです。第1章「終活のススメ」を参考にしてください。

パソコンなどのパスワードや金庫の暗証番号は、人には見られないほうがよい重要な情報です。特に、インターネットで株式投資などの金融取引をしている場合は、管理には十分気を付けましょう。

また、金庫について詳細を記入する際には、防犯上の注意を怠らないこと。エンディングノートが不用意に人の目に触れないよう、厳重に管理してください。

埋葬について

多様化するお墓や埋葬について、どのようにしてほしいか、第1章「終活のススメ」を参考にしながら記入しましょう。

思いを伝えるエンディングノート「絆」

※本人の意思が記されていますが、
法的な拘束力はありません。

お名前

記入開始日　　年　　月　　日

記入終了日　　年　　月　　日

私の略歴

※戸籍や住民票の写し、免許証などを見て、間違いのないように書きましょう。

氏名			
生年月日		血液型	
本籍地			
出生地・ゆかりの土地			
現在の住所			

名前の由来	

資格・免許	

学歴	

職歴		
受賞・勲章など		
趣味・好きなものなど	座右の銘	
	趣味	
	好きな本・映画・音楽	

参加している会・グループなど	名称	
	内容	
	連絡先	
	名称	
	内容	
	連絡先	

そのほかに伝えておきたいこと	

わが家の家系図

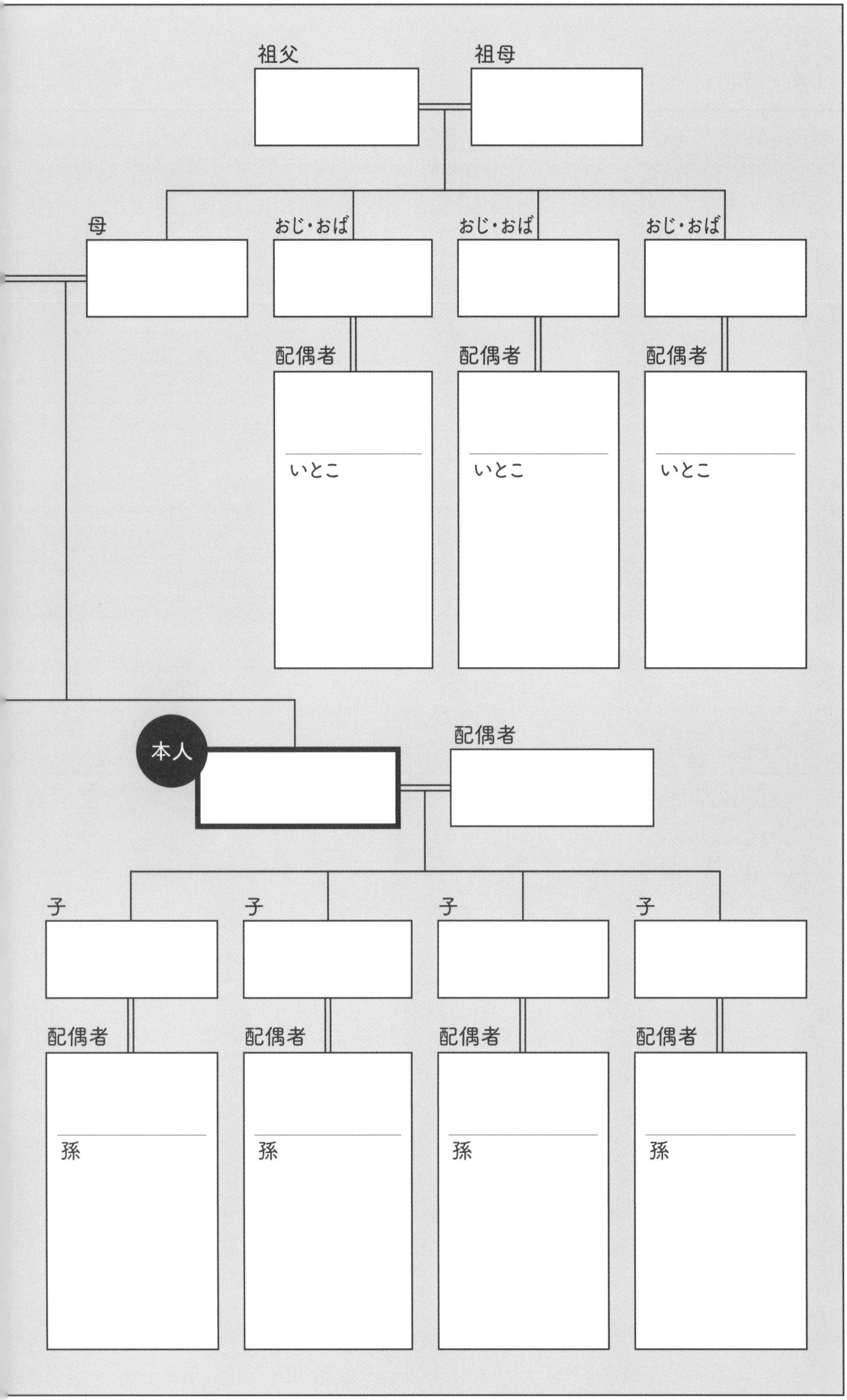

祖父
祖母
母
おじ・おば
おじ・おば
おじ・おば
配偶者
配偶者
配偶者
いとこ
いとこ
いとこ
本人
配偶者
子
子
子
子
配偶者
配偶者
配偶者
配偶者
孫
孫
孫
孫

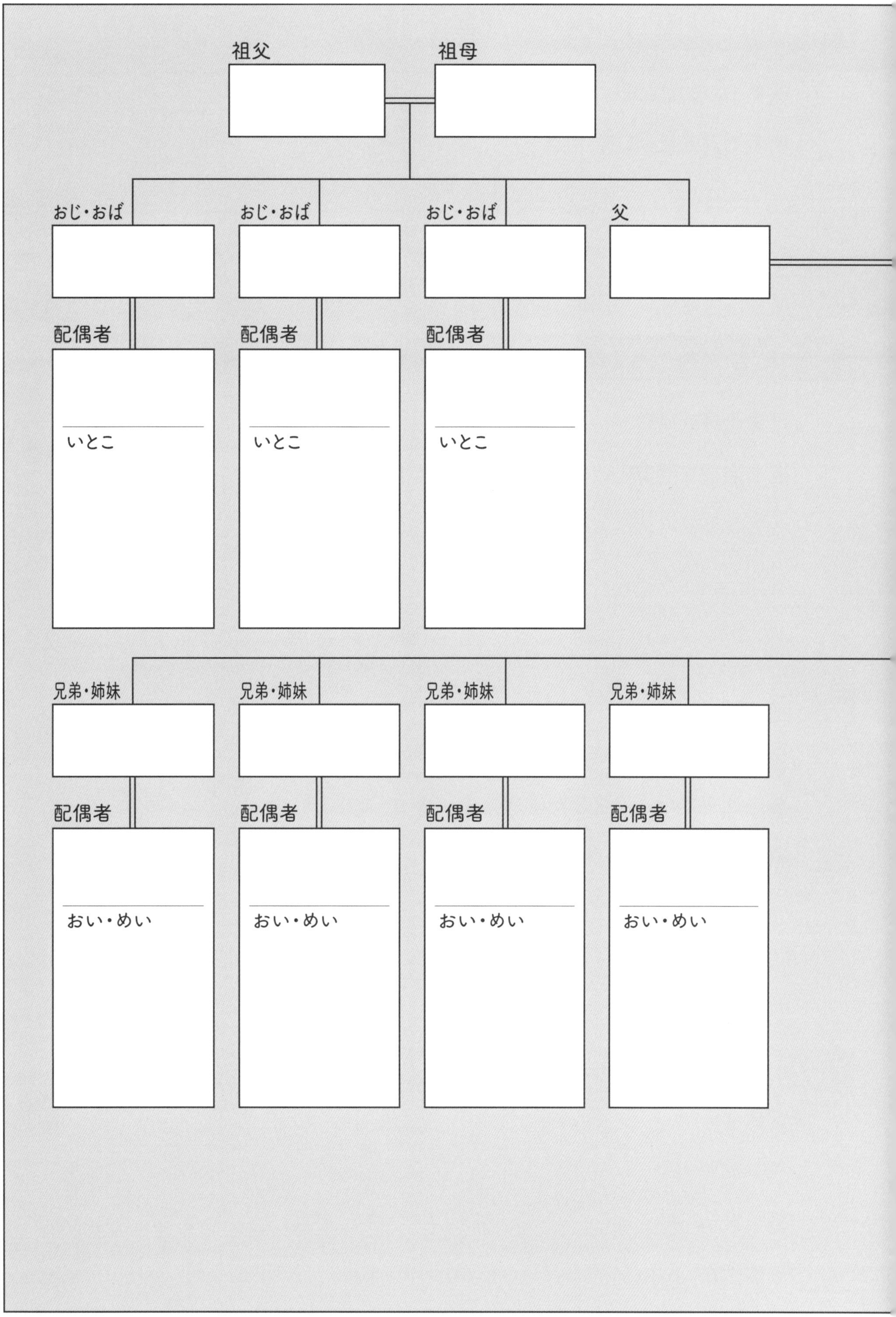
祖父
祖母
おじ・おば
おじ・おば
おじ・おば
父
配偶者
いとこ
配偶者
いとこ
配偶者
いとこ
兄弟・姉妹
兄弟・姉妹
兄弟・姉妹
兄弟・姉妹
配偶者
おい・めい
配偶者
おい・めい
配偶者
おい・めい
配偶者
おい・めい

治療が難しい病気になったときには

- [ ] 病名、余命を告知してほしい
- [ ] 告知してほしくない
- [ ] 病名だけを告知してほしい
- [ ] そのほか

延命治療について

- [ ] 延命治療を望む
- [ ] 延命治療を望まない
- [ ] そのほか

尊厳死について

- [ ] 尊厳死宣言公正証書または宣言書を作成している
- [ ] 尊厳死宣言公正証書または宣言書は作っていない
- [ ] 尊厳死について私の考え

認知症になったときの財産管理は、次の人に管理してもらいたい

- [ ] 配偶者
- [ ] 子　名前
- [ ] 親　戚　名前
- [ ] そのほか　名前

判断力が衰えたときなど

※該当する項目に☑チェックを入れ、ご記入ください。

☐ **任意後見制度を利用して、後見人を決めている**

後見人の氏名・ 法人名	
後見人の住所	
後見人の 連絡先	
公証役場の 名称	
公証役場の 連絡先	
公正証書番号	
公正証書の 保管場所	

臓器提供について

☐ **希望する** 提供を希望する臓器

☐ **希望しない**

臓器提供意思表示カードを

☐ **持っている** カードの保管場所

☐ **持っていない**

自分の遺体を献体することについて

☐ **希望する** ☐ **希望しない**

献体を希望している場合

☐ **献体登録している** 登録証の保管場所

登録している大学・ 団体の連絡先	名称	
	電話	

☐ **献体登録していない**

私が死んだ際には

☐ 葬儀を行ってほしい　☐ 葬儀は必要ない

☐ 家族に任せる

葬儀の準備について

☐ 葬儀の生前予約をしている　☐ 互助会に加入している

☐ 特に準備していない

生前予約をしている場合

予約先名

担当者名

連 絡 先

契約内容

互助会に加入している場合

予約先名

担当者名

連 絡 先

契約内容

葬儀費用について

☐ 用意している　☐ 用意していない

預け先

葬儀について

※該当する項目に☑チェックを入れ、ご記入ください。

葬儀を行ってほしい寺院や教会

☐ 希望がある　☐ 特に希望はない（家族に任せる）　☐ 無宗教で行ってほしい

寺院・教会名

住所

連絡先

戒名について

☐ すでに戒名をいただいている　戒名

☐ 特に希望はない（家族に任せる）　☐ 無宗教で行ってほしい

喪主の希望

☐ 喪主になってほしい人がいる　☐ 特に希望はない

名前

棺について

☐ 棺についての希望がある　☐ 特に希望はない

具体的には

☐ 棺に入れてほしいもの

具体的には

葬儀に望むこと

家族・親戚以外で訃報を知らせるべき人

氏　名	
関　係	
連絡先	
氏　名	
関　係	
連絡先	
氏　名	
関　係	
連絡先	
氏　名	
関　係	
連絡先	
氏　名	
関　係	
連絡先	
氏　名	
関　係	
連絡先	
氏　名	
関　係	
連絡先	

氏　名

関　係

連絡先

氏　名

関　係

連絡先

氏　名

関　係

連絡先

訃報を知らせる際の希望

遺言について

□ 作成してある　□ 作成していない

遺言の種類　自筆証書遺言　・　公正証書遺言　・　秘密証書遺言

保管してある場所

※公正証書を作った公証役場の名称

※公証役場の連絡先

※遺言の公正証書番号

※印の付いている項目は、公正証書遺言の場合に記入してください

遺言の作成年月日

年　月　日に作成

遺言についてのメモ

遺言・遺品処分について

※該当する項目に☑チェックを入れ、ご記入ください。
遺言を作成している場合は、遺言の種類を選んでください。

財産について

☐ **不動産**

居住の土地・建物

その他の不動産

所有地

貸借不動産

所有地

☐ **預貯金**

金融機関名

支店名　口座の種類・番号

連絡先

金融機関名

支店名　口座の種類・番号

連絡先

自宅の金庫	貸金庫
設置・保管場所	金融機関名　銀行　支店
暗証番号・鍵の保管場所	暗証番号

□ 株式・投資信託

金融機関名・支店名

支店コード・口座番号　　担当者・連絡先

金融機関名・支店名

支店コード・口座番号　　担当者・連絡先

□ 生命保険・損害保険・火災保険

会社名

保険の種類・商品名

証券番号　　担当者・連絡先

会社名

保険の種類・商品名

証券番号　　担当者・連絡先

□ そのほか、ゴルフ会員権など

種類　　銘柄

連絡先

遺品について

□ パソコン・タブレットについて

○起動時のパスワード（　　　　　　　　　　　　）

○内容を見ないでほしい　　　　　○内容を見られてもかまわない

○内容を消去して廃棄処分してほしい

○内容を消去してから使ってもらってかまわない

□ スマートフォン・携帯電話について

○起動時のパスワード（　　　　　　　　　　　　）

○メーカーのログインID・パスワード

（ID:　　　　　　　　　　　　）／（パスワード:　　　　　　　　　　　　）

○内容を見ないでほしい　　　　　○内容を見られてもかまわない

○内容を消去して廃棄処分してほしい

※定額課金サービスについて

○利用しているサービスがある

○サービス名・会員ID・パスワード

（ID:　　　　　　　　　　　　）／（パスワード:　　　　　　　　　　　　）

○サービス名・会員ID・パスワード

（ID:　　　　　　　　　　　　）／（パスワード:　　　　　　　　　　　　）

□ 日記・手紙について

○書いている（保管場所　　　　　　　　　　　　　　　）

○読んでもかまわない　　○読まずに焼却処分してほしい

○私の棺に一緒にいれてほしい　　○判断を任せる

□ 趣味の品について

品名（　　　　　　　　　　　　　　）

○（　　　　　　　　　　）にもらってほしい

○（　　　　　　　　　　）に寄付してほしい

○処分してもらってかまわない　　○判断を任せる

品名（　　　　　　　　　　　　　　）

○（　　　　　　　　　　）にもらってほしい

○（　　　　　　　　　　）に寄付してほしい

○処分してもらってかまわない　　○判断を任せる

□ その他の遺品、家財道具の処分など

埋葬方法の希望

☐ **菩提寺または先祖の墓に納骨してほしい**

お墓の場所

お墓の管理人

☐ **生前に用意した墓・納骨堂などに納骨してほしい**

お墓の場所

お墓を建てた日

お墓の費用　　支払い済み　　未払い　　私の預貯金を使ってほしい
（　　　　　　　　　　　預金）

☐ **新たにお墓を建てて納骨してほしい**

墓地の希望（場所）

墓石の希望（デザインなど）

墓碑銘の希望

☐ **家族に任せる**

☐ **お墓はいらない**

樹木葬を希望する　場所

散骨を希望する　場所

海洋葬を希望する　場所

その他

菩提寺または先祖のお墓について

建てられた日

建てた人

納骨されている人

そのほか希望の場所がある

場所等

理由

メッセージ へ

メッセージ へ

メッセージ へ

メッセージ へ

大切な人へのメッセージ

形見分けの希望

形見の品

贈りたい人

保管場所

メッセージ

形見の品

贈りたい人

保管場所

メッセージ

形見の品

贈りたい人

保管場所

メッセージ

形見の品

贈りたい人

保管場所

メッセージ